주식투자 리스타트

왜 나는 주식투자로 돈을 못 벌까?

주식투자 리스타트

systrader79 지음

주식 내박으로 인생 역전을 원하는 당신에게

안녕하세요. systrader79입니다. 여러분의 나이와 직업, 주식 경력과 실력은 얼굴 생김새만큼이나 천차만별이겠지만, 이 책을 보시는 여러분의 목적은 모두 같을 것이라고 생각합니다. 유일한 목적, 그것이 무엇일까요? 네, 그렇습니다. 주식으로 돈을 버는 거죠. 기왕이면 조금씩 버는 방법보다는 대박으로 인생 역전을 할 수 있는 방법을 원하실 것입니다.

여러분 중에는 주식시장에서 산전수전 다 겪은 분도 계실 것이고, 이제 갓 주식에 입문해서 이평선이 뭔지, 캔들이 뭔지조차 잘 모르는 초보자분들도 계실 것입니다. 개개인의 환경이나 사정, 주식에 대한 배경 지식은 이렇게 다양할지라도, 사람들이 마약 같은 주식에 빠지는 패턴은 거의 비슷합니다. 주식에는 전혀 관심이 없다가 주변에서 누군가 주식으로 대박을 터뜨렸다는 소식을 듣고, 나도 큰돈을 벌 수 있으리라는 막연한 희망으로 아무 준비와 지식도 없이 주식시장에 뛰어드는 것이지요.

하지만 결과는 불을 보듯 뻔합니다. 물론 저도 그랬습니다. 이런 식으로 주식에 손을 대는 것은 '도박'에 손을 대는 것과 눈곱만큼도 다르지 않습니다. 사실 주식투자를 제대로 하기 위해선 뼈를 깎는 인내와 공부가 필요합니다. 그럼에도 불구하고 처음에는 아무것도 모르면서 '다른 사람은 망해도 나는 아닐 것이다'라는 말도 안 되는 자신감과 오만으로 시장에 뛰어듭니다.

재수가 좋아 처음부터 돈을 버는 사람도 있지만, 대다수의 준비 안 된 투자자들은 얼마 못 가 주식시장의 '쓴맛'을 보게 됩니다. 지금 이 책을 읽는 분들 중에도 지푸라기라도 잡고 싶은 절박한 심정으로 책장을 넘기는 분들이 분명 계시리라 생각합니다.

이렇게 깨지고 나면 비로소 '아…… 이 국가 공인 도박장이 절대 만만한 곳이 아니구나'라는 것을 깨닫고 드디어 '주식 공부'를 시작하게 됩니다. 책을 보든, 주변의 고수로부터 도움을 받든, 유료 강의를 듣든 어쨌거나 다양한 경로로 말이죠.

서점에만 가도 많은 수의 주식 관련 서적들이 나와 있습니다. 책 내용대로만 하면 누구나 삼성 이건희 회장처럼 부자가 될 수 있을 것 같고, 돈을 너무 쉽게 벌 수 있을 것 같은 무한한 자신감으로 충만하게 되죠. 특히나 이제까지 잘 접하지 못했던 독특한 매매 기법이나 지식을 발견이라도 하면, 이런 건 나만 알고 싶은데 대중에 공개되는 것이 야속하게 느껴집니다.

책뿐만 아니라, 인터넷에 무수히 널려 있는 주식 관련 사이트나 카

페 등을 돌아다니다 보면 주식에 관한 정보들을 한도 끝도 없이 접할 수 있습니다. 유료 강의도 듣고, 주식시장 불패의 필살 기법이 소개된 서석노 여러 권 읽습니다. 이제는 더 이상 어이없이 털리는, 주식시장에서의 호구는 아니라고 생각하며 무한한 자신감으로 다시 전쟁터에 뛰어듭니다. 그런데 결과는 어떻습니까? 여러분이 주식시장에서 성공하기 위해 그토록 열심히 공부한 책이나 강의 혹은 기법들은 분명 나름대로 근거도 있어 보이고, 숱한 시행착오와 경험을 통해 얻은 값진 결정체일 텐데, 왜 내가 하면 잘 안 먹히는지 궁금하지 않으십니까?

이유는 단순합니다. 사실 주식시장에서 손해 보지 않고 완벽하게 돈을 벌 수 있는 불패의 매매 기법이나 마법 같은 절대 공식은 존재하지 않기 때문입니다. 수많은 주식 서적에서 나름대로의 검증을 거쳐 소개하는, 확률이 높다고 하는 매매 기법조차도 사실은 여러분이 생각하는 것만큼 완벽하지 않습니다. 설령 그 매매 기법이 진짜로 돈을 잘 벌어주는 방법이라 해도 그 기법은 그것을 만든 사람에게는 적합한 방법일 수 있으나 여러분이나 저 같은 사람에게는 맞지 않을 수도 있기 때문입니다.

주식시장은 많은 돌발 변수가 존재하고, 온갖 '작전'이 판을 치는 전쟁터입니다. 피 같은 돈이 오가는 곳이기 때문입니다. 이런 무서운 시장에서 단순히 어떤 종목을 어떤 자리에서 사서 어떤 자리에서 팔면 돈을 벌 수 있다는 순진무구한 발상으로는 돈을 벌기는커녕 살아남기조차 힘든 곳이 바로 주식시장입니다.

따라서 주식시장에서 살아남으려면 돈 버는 방법을 알기 이전에 너무나 다양하고 복잡한 주식시장의 원리와 돌발 변수, 주식시장의 위험성에 대해 심도 있게 이해하는 과정이 필요합니다. 이 과정을 끝내면, 주식시장이 절대로 단순한 보조 지표 몇 개 따위로 돈을 벌 수 있는 만만한 시장이 아니라는 것을 깨닫게 되고, 100% 완벽한 기법은 없다는 것을 알게 됩니다. 아이러니하게 들릴지 모르겠지만, 여러분이 어떤 매매 기법을 사용할 때, 이 기법대로 해도 손해 볼 수 있다는 사실을 인정하고, 그에 대한 대비책을 마련해둘 때에야 비로소 시장에서 살아남을 수 있습니다.

거듭 말하지만, 이 책은 '이대로만 하면 주식으로 100% 돈을 벌 수 있다'라고 주장하는 책이 아닙니다. 지푸라기라도 잡는 심정으로 확실한 매매 기법을 찾을 목적이라면 다른 책을 보시기를 권합니다. 물론 매매 기법에 대해서도 상세히 언급하겠지만, 이 매매 기법대로 하면 언제나 돈을 벌 수 있다는 식이 전혀 아닙니다. 저는 그건 사기라고 생각합니다. 많은 주식 관련 서적이 이대로만 하면 된다고 얘기하지만, 저는 이렇게 해도 안 되는 경우가 생길 수 있고 따라서 그런 경우 큰 손실을 입지 않기 위해선 어떻게 대처해야 하는지를 강조하려고 합니다.

이 책을 읽다 보면 단편적인 기법이나 매매 공식을 제시한 일반적인 주식 책과는 사뭇 다른 느낌을 받으실 것입니다. 주가가 움직이는 원리와 매매 기법의 원리에 중점을 두고 썼기 때문입니다. 단순하게 매매 기법이나 공식 몇 개를 배울 목적으로 보시는 분이라면 실망할 수도 있습니다. 하지만 지금까지 막연한 매매 공식이나 기법에 얽매여 불안한 심정으로 매매하신 분에게는 갈증을 해소할 수 있는 기회가 될 것입니다.

단언하건대, 주가가 움직이는 원리, 주식으로 잃지 않을 수 있는 매매 구조와 기법의 원리에 대한 고민과 이해가 없다면 일시적으로는 운이 좋아서 돈을 벌 수 있을지 몰라도 결국에는 반드시 망하게 되어 있습니다. 적어도 여러분이 주식투자를 한다면, 원하건 원하지 않건 간에 이런 부분에 대한 심도 있는 고민과 물음을 한번쯤 심각하게 짚고 넘어가야 합니다.

그 이후에 시장에서 살아남을 수 있는 트레이더가 될 수 있는지 여부는 끝없는 노력과 함께 자신만의 경험 그리고 매매 원칙을 어떻게 수립하느냐에 달려 있습니다. 저는 이 책을 통해 여러분이 험난한 주식시장에서 겪어야 할 시행착오와 고민과 아픔이 조금이나마 줄었으면 하는 바람입니다.

2012년 여름에

systrader79

제6장 | 주가의 속성과 주가 움직임의 해석

제7장 | 추세 추종 매매

제8장 | 눌림목 매매

제9장 | 종가 베팅

제1장

주식투자에서
실패하는 이유

주식투자의 목적은 무엇일까요? 여러 가지 답이 있겠지만 결국은 돈을 버는 것이라고 할 수 있습니다. 주식투자를 통해 수익을 내는 방법은 다양합니다. 우량 기업의 주식을 장기간 보유해서 큰 시세를 취할 수도 있고, 등락폭이 큰 급등주를 사서 단기적인 시세 차익을 얻을 수도 있습니다.

그럼에도 불구하고 왜 많은 투자자들이 실패를 겪는 것일까요? 매매 기법 또는 원칙이 없거나 이를 몰라서일까요? 기법이나 원칙이 없으면 당연히 손해를 보지만 아무리 기법을 잘 쓰고 원칙에 따라 매매해도 손실을 볼 수 있습니다. 왜냐하면 그 어떤 기법도 완벽하지 않기 때문입니다. 또한 주식시장에서 돈을 벌 수 있는 구조는 지극히 단순한데, 사방에 예기치 못한 치명적인 위험이 상존하기 때문입니다. 따라서 이런 요소들은 아예 생각조차 안 하고 '이렇게만 하면 확실히 돈을 벌 수 있다'와 같이 '돈을 버는 것'에만 집중하는 단순한 마인드로 접근하면 실패할 수밖에 없는 것입니다.

지금부터 주식시장에서 실패하는 이유에 대해 좀 더 자세히 살펴보겠습니다.

주식시장의 리스크에 대한 무지와 오해

많은 사람들이 주식으로 돈을 벌 수 있을 것이라는 사실은 너무나 당연하게 받아들이면서 돈을 잃을 수도 있다는 사실에 대해서는 생각조차 안 하는 경향이 있습니다. 다른 말로 얘기하면 '주식으로 돈을 잃는 것은 뭔가 잘못된 것이고, 정상적인 상황에선 있을 수 없는 일이다. 매매 기법과 지식을 습득하고 노력하면 절대 돈을 잃지 않을 수 있다'고 생각하는 것입니다.

하지만 그 어떤 매매 기법이나 지식으로도 주식시장의 리스크를 '완벽하게' 예측하거나 피할 수는 없습니다. 왜냐하면 주가는 예측이 불가능한 불확실성과 '리스크' 그 자체이기 때문입니다. 이는 이상한 것이 아니라 '당연한 것'입니다.

사실 여러분은 이미 본능적으로 주식시장에서 완벽한 그 무언가는 원래 없고, 있을 수도 없다는 사실을 잘 알고 있습니다. 하지만 막상 매매할 때에는 뭔가 확실한 '절대 불패의 매매 기법'을 찾아 헤매는 모순된 상황에 빠집니다.

주식으로 돈을 벌 수 있는 합리적인 원리나 원칙은 존재하지만, 100% 완벽하게 잃지 않고 항상 돈을 벌 수 있는 절대적인 방법은 없습니다.

여러분이 주식시장에서 살아남기 위해서는 딱 한 가지만 바꾸시면 됩니다. 주식시장의 불확실성과 리스크는 내가 노력한다고 피할 수 있는 것이 절대 아니라는 사실을 깨닫고, 그것을 자연스럽게 인정하고 다루는 방법을 알면 됩니다.

그러면 주식시장의 위험(리스크)에 대해 구체적으로 살펴보겠습니다.

■ 체계적 위험

체계적 위험이란 산업이나 주식시장 전반에 공통적으로 영향을 미칠 수 있는 위험을 의미합니다. 주로 거시 경제나 정치 문제로 인해 주식시장 전체가 영향을 받는 상황으로, 지수나 장세에 의해 불특정 종목의 주가가 동시에 하락하는 경우가 이에 해당합니다.

한 예로, 서브프라임 사태로 인한 글로벌 위기감이 극에 달했던 때인 2008년 10월 27일을 들 수 있습니다. 공포감이 최고조였던 그날, 코스피 지수는 장중 하한가 수준까지 내려갔습니다. 이날 시가 총액 1위 삼성전자가 무려 13%까지 내려갔고 대표 우량주인 POSCO 역시 장중에 하한가를 찍기도 했습니다. 대부분의 다른 종목은 사실상 볼 필요도 없는 상황이었습니다.

과거의 IMF나 서브프라임 사태, 일본 대지진, 유럽발 재정 위기 등

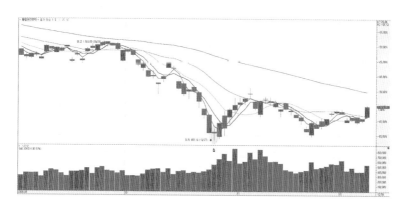

체계적 위험-2008년 금융 위기로 인한 지수 급락

과 같이 시장 전반에 영향을 미칠 굵직굵직한 이슈에 의해 지수가 큰 폭의 하락을 보이는 경우, 개별 종목의 특성과는 무관하게 대부분의 종목이 똑같이 하락하는 경우 모두 체계적 위험에 해당합니다.

■ 비체계적 위험

비체계적 위험이란 전반적인 주식시장의 상황과는 무관하게 개별 기업의 부정적인 요인이나 악재에 의해 발생하는 위험을 의미합니다. 장이 아무리 좋아도 어떤 종목의 주가에 영향을 끼칠 돌발 악재가 나타나는 경우 장세와는 무관하게 개별 종목의 주가는 급락합니다. 바로 이것이 비체계적 위험입니다. 대표적인 예로 예상치 못한 유상증자, 실적 악화, 횡령 등을 들 수 있습니다.

본질적인 측면에서 바라보았을 때의 리스크는 이처럼 체계적 위험과 비체계적 위험으로 구분할 수 있지만, 실제로 주식을 거래하는 측면에서의 리스크는 또 다른 관점에서 살펴볼 수 있습니다.

■ 변동성 위험

변동성 위험은 쉽게 말해서 주가가 변동성이 큰 폭으로 움직일 때 발생하는 위험입니다.

하루에도 10% 이상의 등락폭을 보이는 소위 코스닥 잡주에 여러분이 전 재산을 투입했다고 가정해봅시다. 만일 여러분이 이러한 개별 종목의 변동성을 충분히 고려하지 않은 상태에서 무턱대고 큰 자금을 투입한다면, 불과 3~4일 만에 반 토막이 나는 비극도 얼마든지 가능합니다.

또한 전일 종가와 당일 시가의 차이인 '갭'이 비정상적으로 크게 발생해서 좀처럼 메워지지 않는 경우, 내가 아무리 원하는 가격과 손실 수준에서 팔려고 해도 매도 기회조차 오지 않는 경우가 있습니다. 예를 들면, 장이 열리자마자 10% 하락으로 시작해서 장중에 반등 한 번 없이 하한가로 가는 상황 등이 있습니다.

대개는 재무 상태가 불량한 코스닥 저가 급등주에서 이런 현상이 많이 생기지만, 코스피 대형 우량주에서도 예상치 못한 돌발 악재에 의해 얼마든지 나타날 수 있기 때문에 거래소 종목만 거래하면 항상 안전할 것이라는 생각은 금물입니다.

■ 유동성 위험

유동성 위험이란, 내가 원하는 가격에 원하는 물량을 충분히 팔지 못하는 상황에서 나타나는 위험을 말합니다.

특정 가격에 대량의 물량을 매도하고자 할 때에는 그 물량을 다 받아줄 매수자가 있어야 하는데, 거래량이나 거래 대금이 적은 종목을 매매하는 경우 충분한 매수자가 없어서 원하는 가격에 다 팔지 못하거나 그보다 훨씬 낮은 가격에 매도를 체결해야 하는 경우가 생깁니다. 이것이 유동성 위험입니다.

　차트를 관찰해보면, 수급이 우량한 대형 거래소 종목도 얼마든지 이런 돌발적인 변동성에 의한 리스크에 노출되는 것을 드물지 않게 확인할 수 있습니다.

우량주의 돌발 폭락(STX조선해양)

　위의 차트는 KOSPI 200에 속하는 대형 우량주 STX조선해양입니다. 노란색 구간에서 보는 것처럼 탄탄한 상승 추세를 형성하는 구간에서도 얼마든지 돌발적인 하한가나 10%대 이상의 폭락이 발생합니다.

　등락폭이 크고 위험한 급등주는 말할 것도 없습니다. 다음의 삼영홀딩스 차트에서 보는 것처럼 손절이고 뭐고 손쓸 새도 없이 3분의 1 토

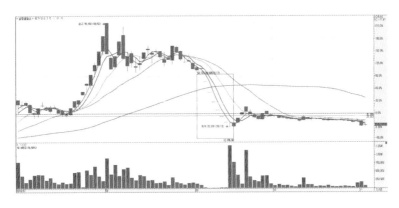

급등주의 돌발 폭락(삼영홀딩스)

막이 나는 경우도 비일비재합니다.

이와 같이 주식시장은 언제 어디서 무슨 일이 터질지 모르는 지뢰밭입니다. 만일 여러분이 이러한 주식시장의 본질적인 리스크에 대해 깊이 생각해보지 않고 막연히 내가 사면 오를 것이라는 안일한 마인드로 접근했다가 시장이 내가 원한 대로 움직여주지 않는다면 어떻게 되겠습니까?

여러분이 100번 거래를 해서 99번 수익을 내도, 방금 언급한 삼영홀딩스와 같은 경우에 당하지 말라는 법은 절대로 없습니다. 우량한 대형주 매매를 해도 마찬가지입니다.

리스크를 줄이기 위해 분산투자를 하고, 종목 선정에 신중을 기하고, 매매 기법도 신중하게 적용하고 손절도 철저히 해보지만, 근본적으로 이러한 리스크에 의해 발생할 수 있는 치명적인 손실을 완전히 차단할 수는 없습니다.

왜냐하면 리스크는 예측 불가능할 뿐만 아니라 주식시장의 본질적인 속성이 '리스크 그 자체'이기 때문입니다. 따라서 매매 기법에만 의존한 투자 습관으로는 주식시장에서 절대 장기적으로 살아남을 수가 없습니다.

자금 관리가 도대체 뭐지?

　　주식시장의 다양한 리스크는 여러 방법을 통해 줄이고 관리해야 하지만, 근본적으로 리스크를 최소화하고 치명적인 타격을 줄이는 방법은 종목 선정이나 매매 기법과 같은 지엽적인 기술이 아닙니다. 그 핵심은 바로 자금 관리입니다.

　　자금 관리란 한마디로 내 자산 중 어느 정도의 자금을 투입해서 주식을 매매할지를 결정하고 관리하는 원칙이라고 할 수 있습니다. 아마 여러분 대부분은 자금 관리에 대해 별로 들어보지 못했거나, 설령 들어보았다 해도 막연하고 추상적인 이야기, 실전에서는 그다지 영양가 없는 이야기 정도로 치부하는 분이 상당수 계시리라 생각합니다.

　　매매 기법이나 기술을 익히는 것은 당연히 중요합니다. 하지만 문제는 그 어떤 매매 기법도 완벽하지 않다는 데 있습니다. 또한 앞서 살펴본 것처럼 주식시장에는 예측 불가능한 리스크가 상존하고 있어 예기치 못한 큰 손실을 얼마든지 볼 수 있습니다. 따라서 자금 관리가 그 무엇보다 중요하고 매매 기법에 우선합니다.

매매 기법을 통해서는 수익이 날 수도 있고, 손실이 날 수도 있습니다. 많은 사람들이 어떤 매매를 통해 나타난 손익률에만 신경을 쓰는 경향이 있습니다. 그런데 사실은 매매 기법의 결과로 나타나는 '손익률'보다 내 계좌상의 손익률이 훨씬 더 중요합니다. 왜 그럴까요?

여러분이 어떤 매매 기법을 통해 200%의 수익이 났다고 가정합시다. 여러분은 떼부자가 되었을까요? 반대로 까딱 잘못 걸려서 반의 반토막이 나버렸다고 칩시다. 여러분은 이제 알거지가 되어 비참한 인생을 살게 될까요? 전혀 그렇지 않습니다. 왜일까요?

만일 여러분의 전 재산이 5000만원인데, 5만원짜리 주식 딱 1주만 샀다고 칩시다. 200% 수익이 났다고 큰 의미가 있습니까? 수익률 자체는 200%이지만, 투입 금액이 전체 자산의 0.1%에 불과하기 때문에 총 자산 대비 실질 수익률은 0.2%에 불과합니다. 200%라는 엄청난 매매 수익률은 아무 의미가 없습니다.

똑같이 5만원만 투입한 상태에서 반의 반 토막이 난들 아니면 상장폐지를 당한들 무슨 의미가 있습니까? 매매 수익률은 −75%, −100%일지 몰라도 실제 내 계좌상의 손실은 −0.1% 수준에 불과합니다. 여러분의 인생에는 별 영향이 없습니다.

그런데 이러한 부분은 투입 자금을 결정하는 '자금 관리'라는 개념 없이 그냥 무턱대고 매매 기법에 의한 '손익률' 자체에만 혈안이 되어서는 절대로 알 수 없는 것입니다.

또한 한 번의 매매 이후 손익이 발생한 경우 다음번 매매 시에는 어떻게 자금을 투여해야 하는지 결정하는 것도 중요한 부분입니다.

　바로 이것이 자금 관리가 매매 기법에 의한 수익률보다 우선하며 중요한 이유입니다.

　많은 사람들이 일정한 원금으로 투자하는 것을 안정적이라 믿고 있지만 사실은 안정적이지도 않거니와, 수익을 크게 불리는 데에도 적합하지 않습니다. 왜 그런지는 이후의 자금 관리 편에서 좀 더 자세히 살펴보겠습니다.

　이처럼 '자금 관리' 요소는 그 어떤 매매 기법이나 기술보다 우선적으로 중요한 부분임에도 불구하고 많은 사람들은 이에 대해 아무런 개념이 없습니다. 이런 상태에서 본질적으로 완벽할 수도 없고 존재하지도 않는 절대 불패의 기법에만 혈안이 되어 매매를 하니 실패할 수밖에 없는 것이죠. 즉, 주식시장의 위험성에 대한 무지가 곧 자금 관리의 중요성에 대한 무지로 연결되는 것입니다.

　자금 관리가 무엇이고 왜 중요한지 약간 감이 오십니까? 자금 관리에 대한 구체적인 내용은 제2장에서 자세히 살펴보겠습니다.

장세 판단에 대한
무개념과 매매 중독증

여러분, IMF 때나 서브프라임 사태 때 기억나시나요? 근 1년이 넘는 기간 동안 거래소의 전 종목이 끝없는 나락으로 추락했던 때입니다. 만일 여러분이 이때 매매를 했다면 가치투자를 했건 기술적 분석에 의한 투자를 했건 대다수가 큰 손실만 보았을 것입니다.

물론 어쩌다 운이 좋아서 내가 고른 몇 종목이 시장은 좋지 않은데 단기간 동안 선방할 수는 있습니다. 하지만 그것은 어디까지나 운입니다. 많은 사람들이 주식시장의 장세와는 무관하게 수익을 낼 수 있는 절대적인 기법이나 비기(秘技)를 원하지만, 사실 냉정하게 말해서 시장의 흐름을 거스르고 항상 이길 수 있는 방법은 없습니다.

매매 기법이나 원리가 무의미하다는 것이 아니라, 이런 매매 원칙도 안정적인 시장 상황일 때에만 빛을 발한다는 이야기입니다. 아무리 자금 관리와 위험 관리를 열심히 하고 매매 기법을 갈고닦아서 매매를 한들 시장이 끝없는 하락세로 치닫는다면 매매를 하는 것이 도대체 무슨 의미가 있습니까?

결국 돈을 벌어주는 것은 매매 기법이 아니라 시장입니다. '쉬는 것도 투자다', '상승장에서만 투자하라'는 말이 있죠? 하지만 사람들은 매매하지 않으면 돈을 벌 수 있는 기회를 날리는 것이라 생각해 장세가 좋지 않은데도 무리하게 매매하다가 큰 손실을 봅니다.

철저한 자금 관리와 매매 기법, 원칙도 시장의 흐름을 고려하지 않으면 반쪽밖에 되지 않습니다. 아니, 반쪽이 아니라 아무 의미가 없습니다. 이처럼 매매 기법보다 시장의 흐름을 고려하여 매매 여부를 결정하는 것이 가장 중요한 요소임에도 사람들은 매매 기법이나 종목 선정에만 매달리다가 손실을 봅니다.

매매 기법은 근본적으로 불완전하다고 했죠? 이런 불완전성을 보완하는 핵심 요소가 바로 시장의 흐름, 즉 장세입니다. 언제 매매해야 할지, 언제 쉬어야 할지를 구분하는 것은 매매 기법이나 종목 선정보다 더 중요하고 우선적인 문제입니다. 혹시 여러분은 그 어떤 상황에서든 단 하루도 빠지지 않고 주식시장에 머무르면서 수익을 내야 한다는 욕심이나 강박관념에 사로잡혀 있지는 않으신가요?

주가 자체의 움직임을 경시하는
매매 습관

사람들이 주식으로 돈을 잃는 또 하나의 원인으로, 주가 자체의 움직임을 경시하는 매매 습관을 들 수 있습니다. 대개는 기업의 성장성이나 재료, 내재 가치 등과 관련된 뉴스나 호재성 공시에 기반을 두고 유망 종목을 선정하여 매매합니다. 물론 이런 요인은 분명 참고할 만한 부분이지만 그 자체만으로 매매하는 데에는 치명적인 문제점이 있습니다.

첫 번째 문제점은 부수적인 요소들이 주가는 아니라는 것입니다. 주가에 영향을 미치는 기본적인 요소들은 분명히 주가와 연관이 있고 의미가 있습니다. 하지만 주가 그 자체는 아닙니다.

어떤 종목에 엄청난 호재와 재료가 떴다고 칩시다. 그것만 믿고 매수했는데 주가는 이상하게 폭락합니다. 믿고 버텼지만 계좌는 '박살'이 나고, 엄청난 손실을 입습니다. 이럴 경우 재료나 호재, 기업의 가치가 무슨 의미가 있을까요? 항상 명심해야 할 점은 여러분은 '주가'를 거래하고 있으며, 돈을 버느냐 잃느냐를 결정하는 유일한 변수도 '주가' 그 자체라는 것입니다.

두 번째 문제점은 주변 인자나 재료에는 치명적인 함정이 숨어 있다는 것입니다.

주식시장은 전쟁터와 다를 바 없습니다. 조금이라도 남보다 싼 가격에 사서 조금이라도 남보다 비싼 가격에 팔기 위해 갖은 수단과 방법, 권모술수가 자행되는 곳입니다. 여러분이 HTS든 신문이든 혹은 주변 사람들을 통해 정보를 얻었든 간에 어떤 호재성 재료나 뉴스 등은 사실 여러분이 아무리 빨리 봤다고 해봐야 재탕 삼탕된 것이고, 시장의 주도 세력은 이미 다 알고 있다는 사실을 아셔야 합니다.

더 심각한 문제는 호재성 뉴스나 공시는 말 그대로 '호재'처럼 보이지만, 주식을 매매할 때에는 오히려 '악재'로 작용할 수도 있다는 사실입니다. 악재로 작용할 수도 있는 것이 아니라 오히려 그런 경우가 더 많습니다.

HTS에서 제공되는 뉴스가 나가는 타이밍도 실제로는 세력이 이미 다 짠 상태에서 내보내는 경우가 대부분이고, 호재성 공시를 터뜨려 개미들의 추격 매수세를 유도한 후 고점에서 차익을 실현하고 유유히 빠져나가는 수법도 일상화되어 있습니다. 믿지 못하시겠다고요? 한 가지 예만 보여드리겠습니다.

2차 전지와 관련하여 큰 폭의 상승 추세를 보였던 엘앤에프는 2010년 9월 17일, 장중 큰 폭의 하락을 보입니다.(손가락 표시 참조) 이때 장중에 어떤 뉴스가 나왔는지 볼까요?

공시를 악용한 사례(엘앤에프)

공시를 악용한 사례(엘앤에프)

　　장중 하한가를 기록한 10시 16분경, 하청 중단설 뉴스가 나오면서 투자자들을 충격에 빠뜨렸습니다. 그러다 이내 '하청 중단설 사실무근, 오히려 물량 확대' 뉴스가 나오더니 11시 41분에는 아예 대놓고 애널리스트의 코멘트를 언급하며 '오히려 저가 매수 기회로 삼아야 한다'는 뉴스가 보도되었습니다.

공시를 악용한 사례(엘앤에프)

위의 차트는 공시 이후의 움직임입니다. 3만원대였던 종목이 2만원대까지 추락했고 언제 상승 추세로 복귀할지도 요원한 상황이 전개되었습니다.

'소문에 사고 뉴스에 팔라'는 유명한 격언이 있죠? 여러분이 이 말을 단순한 음모론으로 생각하시거나 의심에 가득 찬 사람들이 하는 얘기라고 치부하신다면 대단히 위험한 생각을 하시는 것입니다. 주식시장은 이렇게 순진해서는 절대 살아남을 수 없습니다.

이런 부수적인 요인은 주가 그 자체도 아닐뿐더러, 오히려 주가의 움직임을 왜곡하기 위해 다분히 의도적인 교란 수단으로 이용되는 경우가 부지기수이기 때문에 이런 것에 전적으로 기초한 매매 방식은 매우 위험할 수 있습니다.

정보력이 부족한 개미가 유일하게 진실을 판별할 수 있는 기준은 '가격' 자체의 움직임밖에 없습니다. 왜냐하면 결국 모든 정보는 가격에 반영되어 나타나기 때문입니다.

세 번째 문제점은 주변 인자들이 주가에 얼마나 큰 영향을 미칠지 객관적으로 알 수가 없다는 겁니다.

개인투자자들이 흔히 매매하는 방식 중 하나가 바로 '재료 매매'입니다. 예를 들어, A사에서 세계 최초로 신기술을 개발했다든지, 아니면 초대형 수주 건이 성사되었다든지 하는 뉴스를 접하고, '크게 가겠지'라는 단순한 마인드로 이것에만 의존하는 매매 방식이죠.

여러분은 A라는 주식에 대박 재료가 터졌다고 한다면, 이게 몇 퍼센트짜리 수익을 낼 수 있는 거라고 생각하십니까? 호재의 파급력, 악재의 파급력을 판단하거나 예측할 기준이 있습니까? 호재냐 악재냐, 강한 재료냐 아니냐를 결정하는 것은 결국 그것이 반영되어 나타나는 주가의 흐름이지, 주관적이고 불완전할 수밖에 없는 재료의 임팩트가 아닙니다.

객관적으로 확인하고 분석할 수 있는 기업의 기본적인 가치 지표(재무 상태, 성장성, 실적)는 얼마든지 투자에 참고할 수 있고 도움이 되는 것이지만, 주관성이나 악의적인 의도가 개입될 수 있는 부수적인 요인들은 반드시 해석에 유의해야 하고, 투자의 절대적인 기준으로 삼아서는 안 됩니다. 이러한 요인은 '불확실'할뿐더러 '속임수'가 섞일 수도 있기 때문입니다. 따라서 주가를 형성하는 주변적인 요인에 집중할 것이 아니라 주가가 어떻게 형성되고 움직이는지의 원리에 대한 지식과 이해를 쌓아나가야 합니다.

기술적 지표나 매매 기법에 대한
맹목적인 추종

　어느 정도 매매 경험이 쌓이다 보면 종목에 대한 전망이나 뉴스만 보고 무턱대고 매매하는 것이 얼마나 무의미한지를 알게 됩니다. 그리고 주가의 움직임을 분석하는 방법이 중요하다는 것을 뒤늦게 깨닫습니다. 그래서 소위 '기술적 분석'이라는 것을 공부하고, 그러한 움직임에서 규칙을 찾아 기법화하면 돈을 벌 수 있을 것이라고 생각합니다.

　앞서 언급했던 어떤 주가에 영향을 미치는 부수적인 인자에만 의존하다가 이런 쪽으로 넘어오게 되면, 처음에는 엄청난 비밀을 안 것 같은 착각에 빠집니다.

　'주가가 이동평균선을 돌파할 때 사서, 깨고 내려갈 때 팔면 돈을 벌겠구나.'

　'이평선만 갖고 해보니 실패할 때도 있는 것 같아서, 스토캐스틱 같은 지표를 추가했더니 성과가 더 좋아지는군.'

그런데 매매를 하다 보면 어느 순간 이것도 한계에 부딪칩니다. 그 기법이 통하는 경우도 있지만, 안 통하는 경우도 많기 때문입니다. 이는 기술적 지표에 의한 매매 역시 완벽하지 않다는 방증입니다. 이를 해결하기 위해 온갖 지표를 조합해보고, 지나간 차트에 대입해서 최적의 값도 찾아내려는 시도를 합니다. 그렇게 해서 만들어낸 '마법의 공식'을 가지고 이 공식대로만 하면 돈을 벌 수 있을 것이라는 환상에 빠집니다.

그런데 이런 방식의 문제점이 무엇일까요? 저 또한 많은 시행착오를 겪으면서 느낀 바이지만 지표를 아무리 조합해서 그야말로 마법의 공식을 만들어내도, 다른 종목에 대입하면 여지없이 깨지고, 같은 종목이라도 다른 시점의 차트에 대입하면 또 깨지는 현상이 끊임없이 반복된다는 점이죠.

이것을 '과최적화의 오류'라고 합니다. 즉, 그런 지표의 조합이나 최적화 값으로 만들어낸 마법 같은 불변의 공식이 주식에 정말 존재하는 것이 아니라 과거 주가 흐름의 데이터를 통해 결과적으로 추출해낸 껍데기 공식에 불과하다는 것입니다.

제가 숱한 시행착오를 겪고 나서 얻은 결론은 지극히 단순하고도 상식적인 것이었습니다. 주가의 움직임을 수학식 몇 개의 조합으로 '완벽하게' 예측할 수 있다는 생각 자체가 '논리적'으로 틀렸다는 것이죠. 기술적 지표에 대한 저의 이해력이 떨어져서도 아니고, 제가 충분히 좋은 기술적 지표를 공부하지 않아서도 아니며, 좀 더 많은 연구를 하지 않아서도 아니었습니다.

이런 기술적 지표와 규칙에 따른 매매 신호를 통해 기계적으로 매매하는 방식을 시스템트레이딩이라고 하는데, 이를 전문적으로 연구하는 사람들조차 완벽한 매매 기법이나 전략은 없다는 것을 사실로 인정하고 있습니다. 어떤 기술적 지표의 조합으로 완벽한 매매 전략이나 기법을 찾으려 하는 것은 일종의 '영구 기관'을 만들려는 시도와 조금도 다를 게 없습니다.

그렇다면 기술적 지표는 왜 본질적으로 불완전할까요? 그 이유는 간단합니다. 기술적 지표는 한마디로 주가의 그림자에 불과하기 때문이죠. 무슨 말이냐고요? 주가의 움직임에 의해 기술적 지표의 값이 나타나는 것이지, 기술적 지표에 의해 주가의 움직임이 결정되는 것이 아니라는 말이죠.

흔히 알려진 매매 기법 중에 20일 이동평균선 돌파 전략이 있죠? 주가가 20일 이동평균선을 돌파하면 상승하므로 매수하고, 하향 이탈하면 매도하여 수익을 내는 방법입니다.

여러분, 20일 이동평균선을 돌파했기 때문에 주가가 오릅니까? 주가가 올랐기 때문에 20일 이동평균선이 돌파되는 현상이 나타납니까? 말장난하는 것처럼 들릴지 몰라도 대단히 중요한 개념입니다. 어느 것이 정답일까요? 주가가 올랐기 때문에 그 결과로 20일 이동평균선이 돌파되는 현상이 나타나는 것이죠?

그렇다면 20일 이동평균선을 돌파했다고 해서 항상 주가가 오른다고 보장할 수 있습니까? 논리적으로는 당연히 아닙니다. 실제로 확인해볼까요?

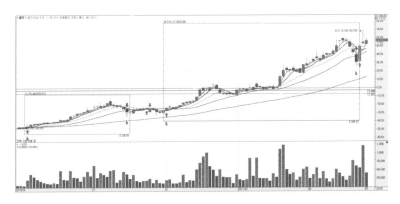

기술적 지표를 이용한 매매가 잘 맞는 경우(톱텍)

붉은색 화살표가 20일 이동평균선 돌파 매수 지점, 파란색 화살표가 매도 지점입니다.

이동평균선 돌파가 일어난 이후 우리가 원하는 것처럼 상승해서 시세를 줄 수도 있습니다.

기술적 지표를 이용한 매매가 잘 맞지 않는 경우(NHK)

하지만 이와 같이 추가 상승하지 못하면 지속적으로 손실을 볼 수도 있습니다. 여러분이 알거나 책에 많이 나온 모든 보조 지표도 마찬가지입니다. MACD든 스토캐스틱이든 RSI든, 그 어떤 지표든 궁극적으로 후행적인 주가의 움직임에서 파생되어 나왔다는 점에서는 똑같고, 본질적인 한계점을 가지고 있습니다.

여러분이 햇살이 내리쬐는 낮에 야외에서 걷고 있다고 가정합시다. 여러분의 그림자는 여러분의 움직임을 그대로 따라갑니다. 여러분의 그림자가 앞으로 가고 있기 때문에 여러분도 앞으로 갈 것이라고 얘기할 수 있습니까? 여러분이 어디로 갈지는 그림자의 이동 방향이 아니라, 여러분의 '생각'이 결정하는 것이죠? 주가는 여러분의 생각이고, 기술적 지표는 여러분의 그림자입니다.

기술적 지표를 통한 매매도 좋은 방법이 될 수 있지만, 이것도 결국은 주가의 움직임을 정확히 예측하는 것이 아닙니다. 따라서 기술적 지표나 매매 전략이 본질적으로 불완전할 수밖에 없다는 한계를 받아들여야만 이를 제대로 쓸 수 있게 됩니다. 기술적 지표의 움직임이나 결과값은 주가의 움직임에 의해 후행적으로 나타난 '주가의 그림자'에 불과한 것이지, 주가의 움직임의 원인이 되는 '선행 지표'가 아니라는 것을 명심해야 합니다.

주가 움직임의 원리에 대한
무지와 무관심

    기술적 지표의 결과물들도 유용한 정보를 제공하는 툴이지만 주가의 움직임을 '본질적'으로 결정하는 인자가 아니라면, 도대체 어떤 인자가 주가의 움직임을 본질적으로 결정하는 것일까요? 주가를 움직이는 것은 과연 무엇일까요?

    주가를 움직이는 근본적이고 본질적인 원동력은 바로 주식으로 돈을 벌려는 인간의 욕심입니다. 기왕이면 많이 벌려는 욕심입니다. 주식시장에 참여하는 그 어떤 매매자, 개미든 기관이든 외국인이든, 이 욕심에는 단 한 명도 예외가 없습니다.

    결국 주식시장의 참여자들은 모두가 서로 적입니다. 어떻게 해서든 남보다 싼 가격에 사서 남보다 비싸게 팔아야 내가 돈을 벌기 때문이죠. 이런 과정에서 충돌이 일어나고 갖은 수법들이 등장합니다.

    남들이 살 때 사면 내가 돈을 못 버니까 남들이 관심 없을 때 조용히

샀다가, 남들의 관심을 끌기 위해 주가를 확 띄운 뒤 천천히 팔아치운다든지, 남들보다 싸게 사려고 일시적으로 가격을 급락시켜 투매를 유도한 후 다시 유유히 매집한다든지 하는 등의 다양한 패턴으로 나타나게 됩니다.

결국 주가를 움직이는 본질적인 요소는 인간의 탐욕과 공포, 즉 심리입니다. 모든 부수적인 요소는 다 여기에 녹아 '주가'에 반영되며 그것을 수치적으로 분석한 결과물이 기술적 지표입니다. 따라서 주가의 그림자에 불과한 기술적 지표에 혈안이 될 것이 아니라, 인간의 심리가 주가에 어떻게 반영되고 그것이 어떻게 나타나는지를 분석하는 것이 더 논리적이고 합리적인 접근 방법이라 할 수 있습니다.

그렇다면 뜬구름 잡는 것처럼 얘기한 인간의 탐욕과 심리에 의해 형성되고 움직이는 주가의 움직임은 무엇으로 분석할 수 있을까요? 그것은 바로 캔들 패턴, 지지와 저항, 거래량, 매집과 돌파, 되돌림, 수급 주체 분석 등과 같은 기본적이고 일차원적인 것들입니다.

사실 이런 것들은 주식 공부를 조금이라도 하신 분은 익히 알고 있는 내용입니다. 또한 실전 매매 기법의 대부분은 이처럼 단순한 원리에 기반을 두고 있습니다. 하지만 이런 본질적인 부분에 대해 깊이 고민해보지 않으면 이 같은 원리가 너무나 하찮고 시시하게 느껴져 그 진가를 알지 못합니다.

주가는 남보다 싸게 사서 남보나 비싸게 팔려는 인간의 탐욕에 의해 움직이는데, 이러한 것들은 지지와 저항이나 거래량의 변동과 같은 가장 기본적인 요소에 반영되므로, 오히려 이러한 부분에 집중해서 매매 구조와 원칙을 세워야 성공하는 투자자가 될 수 있습니다.

많은 투자자들이 주식시장에서 손실을 보는 이유는 다음과 같습니다.

❶ 주식시장의 위험성에 대한 개념조차 없고 대충 사놓으면 막연하게 돈을 벌 수 있는 시장이라고만 생각한다.

❷ 위험 관리나 자금 관리에 대한 개념이 아예 없고, 이런 구조로 매매하는 경우 어떤 상황이 벌어질지에 대해서도 생각해본 바가 없다.

❸ 시장의 흐름은 무시한 채 항상 시장에 참여해야 한다는 강박관념과 기법에 대한 맹신으로 투자한다. 시장에 참여해야 할 때와 빠져야 할 때를 모른다.

❹ 본질적인 가격의 움직임 그 자체는 경시하고 속임수가 많은 불완전한 재료나 기업의 부수적인 요소에만 '전적으로' 의존하여 매매를 한다.

❺ 기술적 지표의 움직임에만 의존하여 주가의 움직임을 해석하고 매매에 활용하려 한다.

❻ 주가가 움직이는 기본적인 원리나 메커니즘에 대해 근본적으로 오해하고 있으며, 무지하다.

이제 주식에서 왜 돈을 잃는지를, 어디에 문제가 있는지를 알았으니 각각의 문제점을 순서대로 하나하나 해결해나가면 성공하는 투자자가 되지 않겠습니까?

제2장

리스크와
자금 관리

앞서 주식으로 실패하는 이유 중 가장 중요한 것이 리스크, 즉 위험 관리에 대한 무개념과 자금 관리의 부재라고 언급한 바 있습니다.

지금부터는 자금 관리가 무엇이고, 얼마나 중요한지에 대해 살펴보고 구체적인 자금 관리의 방법을 살펴보겠습니다.

성공 투자의 첫 번째 단추

　자금 관리란 주식을 매매할 때 얼마나 많은 자금을 투입할지를 결정하고 관리하는 일종의 자산 운용 원칙이라고 할 수 있습니다. 그렇다면 자금 관리가 도대체 왜 필요할까요? 앞서 언급한 바와 같이 기법은 불완전할 수밖에 없고, 주식시장은 워낙 위험한 돌발 변수투성이라 얼마든지 손실을 볼 수도 있다고 했죠? 따라서 손실 관리는 위험 관리이고 이것은 곧 자금 관리입니다.

　이것이 왜 그토록 중요할까요? 주식을 하는 근본적인 이유는 돈을 벌기 위한 것인데, 돈을 버는 게 아니라 돈을 잃는 것에 대해 강조할까요? 그 이유는 손실을 제대로 관리하지 않으면 치명적이기 때문입니다. 손실 관리를 반드시 해야 하는 가장 중요한 이유는 바로 손익의 비대칭성 때문입니다. 손익의 비대칭성이란, 손실의 규모가 커질수록 이를 복구하기 위해 손실률보다 더 큰 수익률을 올려야 한다는 원리입니다.

여러분이 어떤 종목을 매매해서 1% 손실이 났다면 이 손실을 만회하기 위해 얼마의 수익률을 올려야 할까요? 1% 떨어졌으니 1% 오르면 될까요? 아닙니다.

100/99=1.01이므로, 실제로는 1%보다 근소하게 더 오른 1.01%가 올라줘야 비로소 만회됩니다. 2% 손실이 발생한 경우 원금을 회복하기 위해서는 2.04%(100/98=1.0204),

5% 손실이 발생한 경우는 5.26%(100/95=1.0526),

10% 손실이 발생한 경우는 11.11%(100/90=1.1111),

20% 손실이 발생한 경우는 25%,

50% 손실이 발생한 경우는 100%,

90% 손실이 발생한 경우는 900%의 수익을 올려야 합니다.

예를 들어 여러분이 1000만원을 투자했는데 1% 손실이 났다면 남은 999만원으로 1만원을 메우기 위해서는 거의 1% 수준의 수익을 올리면 됩니다.

그런데 반 토막이 나서(-50%) 500만원이 되었다면, 손실액 500만원을 메우기 위해서는 50%가 아닌 100%의 수익률을 올려야 원금을 회복할 수 있습니다.

손실은 규모가 작을 때는 별문제 없지만 커지면 커질수록 수익은커녕 원금 회복조차 감당하기가 힘들어집니다.

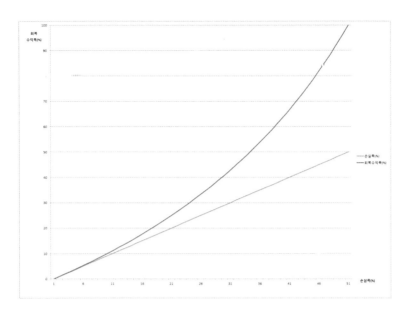

손익 비대칭의 원리

　　위의 그래프는 특정 수준의 손실이 발생했을 때 그 손실을 회복하기
위해 올려야 하는 수익률을 도식화한 것입니다. 손실은 커지면 커질수
록 치명적이기 때문에 이것이 바로 손실을 관리해주는 자금 관리가 그
토록 중요한 이유입니다.

자금 관리와 매매 기법상 손절매의 차이

    이쯤에서 여러분은 '손실을 관리하는 것은 손절매라는 개념으로 매매 기법에 포함되어 있는 것 아닌가? 왜 굳이 자금 관리라는 개념을 복잡하게 또 이야기하고, 이는 매매 기법상의 손절매와 어떤 차이가 있는 걸까'라고 생각할 것입니다.

    결론부터 말씀드리면, 자금 관리라는 개념은 매매 기법보다 한 단계 위의 계좌상의 거시적인 손절매 내지는 손실 관리의 개념이라고 할 수 있습니다. 물론 자금 관리에는 손실 관리뿐만 아니라 수익 관리의 개념도 포함됩니다.

    여러분의 현재 현금 자산이 5000만원이라고 가정합시다. A라는 종목을 매수했고 손절선은 10% 수준으로 잡았습니다. 여러분이 이 종목을 손절했을 때 손해액과 손실 규모는 어떻게 될까요?

    '그야 당연히 5000만원의 10% 손실이니 500만원 손실이고, 수익률

은 −10% 아니냐?'

틀렸습니다. 정답은 얼마의 자금을 투입하느냐에 따라 달라진다입니다.

'아니, 당연히 5000만원 전부 투입한다는 가정하에 계산하는 것 아니냐?' 하며 억울함을 토로하실지 모르겠지만, 저는 분명히 자산 총 규모가 5000만원이라고 했지, 5000만원 전체를 투입한다고 얘기한 적은 없습니다. 시비를 걸기 위해 억지로 말도 안 되는 질문을 던진 것처럼 느껴지실지 모르지만, 이것은 대단히 중요한 부분입니다.

여러분이 만일 총 자산을 다 투입한다면 손해액은 500만원이고, 매매 수익률은 −10%이며, 총 자산 대비 수익률도 −10%입니다. 하지만 여러분이 절반인 2500만원만 투입했다면 손실액은 250만원이고, 매매 수익률은 −10%이고, 총 자산 대비 수익률은 −5%(250/5000×100)입니다.

이처럼 어떤 동일한 매매에 의해 발생하는 매매 손익률 자체는 일정해도 투입하는 자금의 규모가 총 자산 대비 어느 정도 수준이냐에 따라 실제적인 '총 자산 대비 수익률'이 달라집니다. 즉, 내가 자금 관리 기법을 통해 투입하는 자산의 규모를 조절하면, 매매 기법상의 손익률은 동일해도 총 자산 대비 수익률은 달라지는 것이죠. 바로 이것이 매매 기법상의 손절매(손익률)와 자금 관리 기법의 차이입니다.

그렇다면 매매 기법상의 손익률과 총 자산 대비 손익률 중 어떤 것이 더 중요할까요? 총 자산 대비 손익률이 훨씬 더 중요합니다. 왜일까요?

앞의 예에서 총 자산이 5000만원인데 5만원만 투자했다면, −10%가 아니라 반의 반 토막이 나도 실제 계좌상으로는 −0.1%에도 못 미치는 눈곱만큼의 손실에 불과하기 때문이죠. 큰 타격이 되지 않습니다.

수익이 나는 경우도 마찬가지입니다. 매매 수익률 자체가 100%, 200%라도 무슨 의미가 있나요? 총 자산 대비 수익률이 의미가 있습니다. 10% 수익이 나도 총 자산을 다 투입했으면 10% 수익을 얻은 것이지만, 총 자산의 100분의 1만 투자했으면 200% 매매 수익을 올린다한들 실제 수익률은 2%에 불과합니다.

만일 전 재산이 5000만원인데, 빚을 얻어 5억으로 투자했다고 칩시다. 만일 10% 손실을 입으면 어떻게 되겠습니까? 5000만원 손실이죠? 이건 쪽박, 회생 불능입니다.

매매 기법상의 손절도 중요하지만, 그보다 더 중요한 것이 계좌상의 손절선을 잡는 것이죠. 내 전체 계좌상의 안전한 손절 한계를 정하는 것이 바로 자금 관리이고, 그 손절 한계에 따라 매매 기법상의 손절 비율을 일치시킬 때 제대로 된 자금 관리가 되는 것입니다.

결국 우리에게 실제로 의미가 있고 궁극적으로 우리가 신경을 써야하는 것은, 매매 손익률이 아니라 총 투자 자산 대비 수익률과 손실률입니다. 이것이 자금 관리입니다.

이런 거시적인 개념 없이 종목 단위로의 손익률에만 정신을 팔고 그 손실이나 수익이 내 계좌상에서 얼마나 큰 비중을 차지하는지에 대한 개념이 없으면, 나름대로 손절선을 잘 지켰는데 도대체 왜 계좌가 자꾸 박살이 나는지, 수익률은 높은데 잔고는 왜 거기서 거기인지 이유를 모르게 됩니다. 이제 자금 관리가 대략 어떤 개념이고 얼마나 중요한지 아시겠습니까?

자금 관리 방법의 종류

    가장 쉽게 접하는 자금 관리법으로, '여유 자금'을 가지고 하는 방법을 들 수 있습니다. 조만간 써야 할 곳이 있는 자금인 경우 심리적으로 감당하기 힘들어 투자하면 대부분 망한다는 것은 상식이죠.

    그런데 문제는 여유 자금에 대한 구체적이고 명확한 기준이 없다는 것입니다. 막연히 여유 자금으로 투자한다는 개념을 가지고 투자했을 때 어떤 문제가 발생할까요? 투자 금액이 지나치게 적은 경우에는 투자로서의 의미가 없고, 일정하지 않은 규모의 자금으로 투자하는 경우엔 안정되고 일관된 손익을 얻을 수 없는 문제점이 생깁니다.

    따라서 형편상 당장 필요하거나 큰 타격을 주지 않는 수준의 여유 자금으로 투자해야 한다는 상식적인 개념 자체는 좋지만, 구체적이고 명확한 기준도 없는 데다 수익과 손실을 안정되게 관리할 수 없다는 점에서 바람직한 방법이 아니라고 할 수 있습니다.

■ **단리식 자금 관리**

단리식 자금 관리는 실제 매매에서 가장 많이 쓰이고, 가장 널리 알려진 방법입니다. 이 방법은 '일정한 수준의 자금'을 기준으로 매매하되, 수익이 나면 수익은 인출해서 원금을 유지하고, 손실이 나면 손실분을 보충해서 항상 동일한 금액으로 투자하는 방식입니다.

언뜻 보면 대단히 합리적인 방법처럼 보이지만, 사실은 치명적인 문제가 있습니다. 그것은 여러분이 알고 있는 것과 달리 수익을 크게 불릴 수도 없고, 손실도 안정적으로 관리할 수 없다는 것입니다.

만일 여러분의 매매 실력이 뛰어나다면, 단리식으로 자금을 운용하는 것과 수익금을 재투자해서 복리식으로 운용하는 것 중 어떤 것이 더 좋은 방법이겠습니까? 당연히 복리식으로 운용하는 것이 더 큰 수익을 노릴 수 있지 않겠습니까?

예를 들어 열 번 매매를 했는데 한 번 매매할 때마다 10%의 수익을 거둔다고 가정하면, 단리식으로 수익금을 인출했을 때의 수익률은 10%×10=100%가 되지만, 복리식으로 수익금을 재투자하는 경우엔 1.1^{10}=2.59, 원금이 2.59배가 되어 수익률 자체는 159%가 되므로 거의 60%에 가까운 초과 수익을 얻을 수 있습니다. 이러한 수익은 매매가 지속되고 누적될수록 기하급수적으로 커집니다.

계좌 관리상의 수익도 마찬가지입니다. 불어나는 자금을 재투자하지 않을 경우 그냥 계단식으로만 수익이 증가하기 때문에 계좌가 크게 불어나지 않습니다.

반면, 투자자의 실력이 나쁘다고 가정해봅시다. 열 번 매매를 했는데 매매할 때마다 10%의 손실이 났다고 가정해봅시다.

실패할 때마다 손실분을 메워서 매매한다고 가정했을 때, 열 번 매매 후에는 −10×10=−100%의 손실이 나서 쪽박을 차게 됩니다. 손실이 나면 그것을 메워야 하기 때문에 어딘가에서 돈을 빌려야 하는데, 계속 손실만 내면 결국 원금을 날리는 것은 물론 빚까지 지게 될 수 있는 구조라는 것이죠.

하지만 손해가 나도 추가로 자금을 보충하지 않고 복리식으로 운용하면 0.9^{10}=0.34, 즉 열 번 연속으로 손실을 보아도 원금의 34%는 보전되고 이후에 아무리 손실을 계속 보아도 이론적으로 쪽박을 찰 가능성은 없습니다.

얼핏 생각해보면 단리식 자금 관리는 대단히 안정되고 합리적인 구조 같지만, 매매 실력이 좋아도 크게 못 벌고, 실력이 나쁘면 오히려 더 위험하다는 단점을 지닌 자금 관리 방식이라는 것을 알 수 있습니다.

■ 복리식 자금 관리

복리식 자금 관리는 이익을 보든 손실을 보든 투자에 의한 손익을 투자 자금에 지속적으로 반영해서 재투자하는 방식입니다. 수익이 나서 자산이 늘어나면 늘어난 금액을 원금에 추가하여 재투자하고, 손실이 나도 외부에서 추가로 손실을 메우지 않고 줄어든 자산 규모 그대로 재투자하는 방식이죠.

앞서 살펴본 것처럼 복리식으로 자금 관리를 하면 수익이든 손실이든 복리적이기 때문에 수익이 나면 훨씬 더 크고, 손실이 연속으로 나도 투입 금액 자체는 지속적으로 줄어 손실은 더 줄어드는 완벽한 방법처럼 생각할 수 있습니다.

하지만 문제는 수익 규모가 커진 상태에서 큰 손실을 맞게 되는 경우 수익의 상당 부분 역시 복리적으로 날아간다는 것이죠. 예를 들어 일정한 원금을 유지해서 투자할 경우, 10%의 손실을 입으면 원금 기준으로 10% 손실이지만, 원금이 2배가 된 상황(100% 수익률)에서 10% 손실이 나면 실제적으로는 원금 대비 20%의 손실을 보는 상황이 발생합니다(200%×−0.1=−20%).

그래서 수익이 날 때도 크게 나지만, 손실을 볼 때도 훨씬 커서, 심리적으로나 구조적으로나 안정적인 수익곡선을 얻을 수 없다는 문제가 복리식 자금 관리의 약점입니다.

■ 고정 자산 비율 베팅법(2% 룰)

그렇다면 이상적인 자금 관리 방법은 무엇일까요? 단리식 자금 관리의 장점과 복리식 자금 관리의 장점만 취하는 것입니다. 어떻게 그럴 수 있을까요? 손실 규모를 투자 총 자산의 일정 비율로 정해둔 상태에서 투자 금액을 정해 복리식으로 운용하는 방법입니다. 일반적으로 '2% 룰(rule)'로 많이 알려진 방법입니다. 2% 룰이란, 한 번의 매매에서 감당할 수 있는 최대 손실의 한계를 총 자산의 2% 이하로 제한하는 것을 의미합니다.

'그렇다면 손절선을 무조건 2%로 잡아야 한다는 얘기냐?' 그건 아닙니다. 예를 들어 여러분이 삼성전자를 매매한다고 가정해봅시다. 여러분의 총 투자 가능 금액은 1000만원인데, 손절선은 5%로 잡고 2% 룰에 따라 자금 관리를 한다면, 1000만원을 투자해서 감당할 수 있는 손실의 한계가 총 자산 1000만원의 2%인 20만원이 되어야 한다는 것을 의미합니다.

삼성전자를 매매했을 때의 5% 손절 규모가 총 자산의 2%인 20만원이 되어야 하기 때문에 투입 금액은 20만원/0.05=400만원이 됩니다. 즉, 400만원을 투자해 5% 손절을 하면 20만원 손해인데, 20만원은 총 자산의 2%가 되는 것이죠. 총 자산은 1000만원이 있어도 총 자산상의 손실 한계를 2%로 제한하기 때문에 투자 금액은 400만원이 됩니다. 손절선을 10%로 잡는다면, 투자 금액은 20만원/0.1=200만원으로 감소합니다.

이처럼 2% 룰은 개별적인 기법이나 종목 매매의 손절선이 꼭 2%가 되도록 해야 한다는 것은 아닙니다. 2%는 개별 종목의 손절선이 아니라, 내 계좌상의 손절선입니다.

개별적인 종목의 손절선은 여러분의 기준에 따라 얼마든지 자유롭게 잡을 수 있지만, 결국 이 손절 금액이 자산상에서 일정한 비율 이상으로 초과하지 않도록 투입 금액을 결정하는 것이죠. 이 상태에서 매매 손익이 발생하면 총 자산에 재반영하고 이를 기준으로 다시 2% 룰을 적용해 다음 매매에 적용하면 됩니다.

앞의 예에서 400만원을 투입해 10%의 수익(40만원)을 내고 매도했다고 가정한다면, 다음번 매매에선 총 자산이 1040만원이 되고, 이 1040만원을 기준으로 다시 2% 손절 한계를 잡으면, 1040만원×0.02=208,000원이 되죠. 만일 손절선을 5%로 잡는다면 투자 금액은 208,000/0.05=416만원이 되죠.

이익이 나면 투자 금액도 근소하긴 하지만 증가하는 구조입니다. 일종의 복리적 요소가 가미된 자금 관리 방법이죠. 하지만 증가한 총 자산 전체를 재투자하지 않기 때문에 순수한 복리 베팅법과는 차이가 있고, 증가한 자산분의 일정 비율을 재투자한다는 측면에서는 일정한 원금을 유지하며 지속적으로 투입하는 단리 베팅법과도 차이가 있습니다.

만일 5% 손절에 걸려 20만원의 손해를 보게 되면 총 자산은 980만원이 되고, 그다음 매매부터 투자 금액은 980만원×0.02/0.05=392만원으로 아주 조금 감소합니다.

결국 수익이 나면 근소하기는 하지만 수익의 증가분이 다음번 투자 시에 일정 부분 반영되어 복리적인 효과를 얻을 수 있고, 손실이 나도 지나치게 적은 금액이 투입되는 것을 방지할 수 있으므로 수익성과 안정성을 동시에 관리할 수 있는 효율적인 자금 관리 방식이 됩니다.

2% 룰의 위력

'2% 룰로 투입 자금을 계산해보니, 지금까지 매매하던 것보다 투입 자금의 규모가 훨씬 줄어드는데, 2%는 너무 쩨쩨한 것 아니냐? 그래서 야 언제 돈을 버냐?'라고 생각하실 수도 있습니다.

하지만 이런 분은 자금 관리가 필요한 가장 큰 이유를 그새 또 잊어 버린 것입니다. 크게 버는 것이 크게 잃는 것과 손익 구조상 똑같은 효 과를 나타낸다면 위험을 감수하고라도 크게 베팅해도 되지만, 손익 비 대칭성의 원리 때문에 이익보다는 손실 관리에 만전을 기하는 것이 돈 을 '버는' 길이라고 앞서 말한 바 있죠?

여러분이 리스크 관리에 생소함을 느낀다는 사실은 지금까지 얼마나 잘못된 투자 원칙을 가지고 있었는지를 보여준다고 할 수 있습니다.

자금 관리 룰을 2%가 아니라 5%, 10%로 바꾸면 여러분이 원하는 것처럼 큰 수익을 낼 수 있겠지만 반대로 손실을 볼 경우 손실의 규모

또한 커지게 되고, 이 상황에서는 발생한 손실의 규모보다 훨씬 큰 수익을 올려야 원금 복구가 가능해지기 때문입니다.

주식으로 큰돈을 버는 가장 중요하고 핵심적인 원리는 큰 리스크를 감수하고 몰빵해서 큰 수익을 내는 것이 아니라, 리스크를 최소화한 상태에서 얻는 작은 수익을 '복리 구조'로 키우는 것입니다. 이는 너무나도 중요한 개념입니다.

여러분은 이제 근본적으로 투자의 개념 자체를 바꿔야 합니다. 한 방에 대박을 잡으려 하면, 한 방에 훅 갈 확률도 그만큼 높아집니다. 손실을 치밀하게 관리하면, 수익은 절대로 한 번에 크게 나지 않지만 수익곡선은 큰 기복 없이 안정되게 올라갑니다. 또한 계속 손실을 입을지언정 치명타를 입거나 불행한 인생으로 끝나는 비극은 막을 수 있습니다.

여러분이 주식 매매를 통해 손익을 결정하는 것은 '매매 기술'이나 '매매 기법'이지만, 실제로 계좌상의 자산을 안정적으로 운용하고 불리는 것은 매매 기술이나 매매 기법이 아니라, 자금 관리 기법이라는 점을 명심하셔야 합니다.

물론 이 숫자가 절대적인 것은 아닙니다. 통계적·수학적인 최적의 베팅 비율은 좀 더 복잡한 개념(승률, 손익비, 주가의 변동성 등)이 관여되어 켈리(Kelly)의 법칙이나 옵티멀 에프(optimal f) 등과 같은 개념으로 널리 알려져 있습니다만, 실제 매매하는 데에는 2% 룰의 개념 정두만 이해하고 적용할 수 있어도 충분합니다.

2% 대신 5%, 10%, 극단적인 경우 20% 룰을 적용해서 연속적으로 손실을 볼 경우 자산이 얼마나 감소하는지 비교해볼까요?

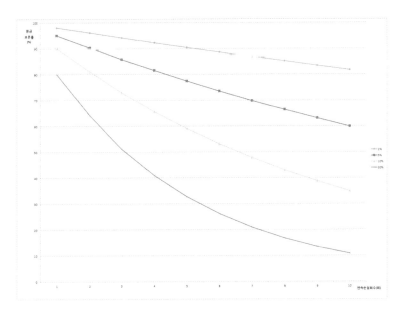

손절 수준에 따른 연속 손실 횟수 및 원금 보존률의 관계

2% 룰을 적용하면 열 번 연속으로 깨져도 자산이 80%나 보전되는 것을 알 수 있습니다. 하지만 5% 룰을 적용하면 60%, 10% 룰은 30%, 20% 룰은 거의 10분의 1 토막이 난 것을 볼 수 있습니다.

여러분이 만약 큰 수익을 노리고 2% 룰이 아닌 10% 룰을 적용했을 때, 매매 기법이 미숙하거나 손절을 제대로 못하거나 매도 타이밍을 놓쳐 계좌상의 10% 손실을 서너 번 연속으로 맞았다면, 여러분 자산의 거의 30~40%나 손실을 입은 것이죠. 이를 회복하려면 30~40%의 수익률이 아니라 60~70%의 수익률을 올려야 합니다.

그렇다면 2% 룰이 손실을 최소화해서 자산을 보전해주는 것은 알겠는데, 실제로 돈을 버는 데는 얼마나 효과가 있는지에 대해 알아보겠습니다. 즉, 복리 구조의 위력을 확인해봅시다.

여러분이 어떤 매매 기법상 승률은 반반이고, 손익비는 2라고 가정하겠습니다.

이때 손실이 나는 경우와 이익이 나는 경우는 각각 50% 확률이고, 손실이 날 때는 2%지만 수익이 날 때는 그 두 배인 4%가 나는 구조로 매매한다고 칩시다

그렇다면 한 번의 매매에서 기대할 수 있는 수익의 기댓값은 $(1.04 \times 0.98)^{(1/2)} = 1.009554$입니다. 이런 매매를 200번 정도 하면 어느 정도의 수익을 기대할 수 있을까요? 2% 룰은 기본적으로 복리 베팅이기 때문에, $1.009554^{200} = 6.69$, 즉 569%의 수익을 냅니다.

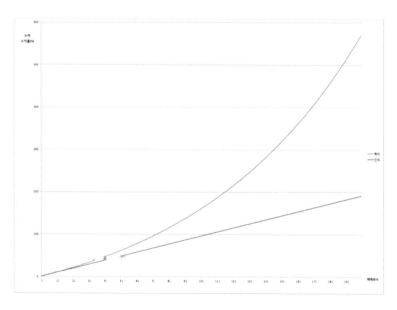

매매 횟수에 따른 복리와 단리 누적 수익률의 차이

400번 반복되면 어떻게 될까요? $(1.009554-1)\times400=3.82$, 282% 수익일까요? 아닙니다. 복리 베팅이므로 $1.009554^{400}=44.86$, 무려 4386%의 수익을 내게 됩니다. 어마어마하죠?

시시하게 보이는 2% 룰로도 안정된 매매 기법을 오랫동안 유지할 수 있으면 이처럼 어마어마한 수익을 올리는 일이 가능합니다. 물론 이 경우는 손절폭이 자금 관리 룰과 동일한 2%를 가정하여 100% 복리 재투자가 된 경우이기 때문에 실제 매매에서는 저런 곡선이 나오기가 어렵습니다. 하지만 반복리의 속성을 가진 2% 룰의 실제 수익곡선은 도표상의 빨간 그래프와 파란 그래프 사이에 위치할 것으로 생각할 수 있습니다.

자금을 불려나가는 핵심은 근본적으로 '복리 구조'에 있기 때문에 투입 금액이 적어도 별문제 되지 않습니다. 복리는 시간이 지날수록 '기하급수적'으로 늘어나기 때문이죠.

복리 구조를 최대한 누리기 위해서는 시장에 오래 남아서 최대한 많은 매매를 해야 하는 것이 가장 중요합니다. 그러려면 내 자산이 큰 타격을 입으면 절대 안 되기 때문에 역설적으로 투자 규모를 최대한 줄이고, 손실을 최소화해야 한다는 결론에 이르게 됩니다. 그래서 손실을 줄이는 것이 실제적으로는 가장 공격적인 매매 방법이 되는 것이죠. 손실 관리가 중요하다는 것은 경험 없는 사람들이 말하는 뜬구름 잡는 얘기나 교과서에나 나오는 공허한 얘기가 아닙니다.

반면 한 방에 대박을 꿈꾸고 크게 질렀다가 엄청 깨지면, 그 이후에는 기회가 아예 없거나, 다시 회복하기 위해 너무나 힘든 과정이 필요합니다.

여러분이 지금까지 투자에 실패하셨다면 근본 이유가 어디에 있다고 생각하십니까? 물론 매매 기법이나 실력에 문제가 있으면 돈을 벌 수 없습니다.

하지만 큰 실패나 손실을 보는 경우, 주범은 바로 자금 관리 개념의 부재에 있습니다. 투입 금액 자체가 처음부터 너무 컸기 때문에 손절하기도 힘들고, 어렵게 손절하고 나면 후유증으로 인해 그 이후에는 너무 적은 금액으로 투자를 하든지 아니면 너무 많은 금액으로 투자하든지 해서 들쭉날쭉한 매매가 이루어지는 것입니다.

투자 실패의 원인이 자금 관리에 대한 개념 없이 많은 금액을 투입한 것이라면, 2% 룰로 투자했을 때 두 가지 변화가 일어납니다.

첫 번째는 너무 시시하게 느껴진다는 것입니다. 한 방에 전 재산을 몰빵하다가 막상 2% 룰로 바꿔서 투자하면 투자 금액이 급감하기 때문에 이런 현상이 나타납니다.

두 번째는 심리적으로 편해진다는 것입니다. 한 방에 몰빵하다가 투입 금액 자체가 줄어드니 손절도 편하게 할 수 있고, 큰 타격이 안 되니 심리적으로도 버티고 다음 장에도 다시 참여할 수 있게 되는 것이죠. 예전에는 한 번 크게 당하면 후유증 때문에 기회가 와서 뻔히 매수해야 할 자리인 줄 알면서도 두려워서 시장에 계속 참여하지 못하는데, 이제는 어차피 손실 규모가 작기 때문에 시장에 언제든 참여해서 최대한 많은 기회를 노릴 수 있게 되는 것이지요.

2% 어떻습니까? 여러분의 총 자산 중 2%가 날아간다고 해서 큰 타격이 있습니까? 심리적으로 감당이 안 될 정도로 큰 수준입니까? 대부분의 경우 충분히 감내할 만한 수준입니다.

주식 매매에서 가장 중요한 것은 심리입니다. 아무리 매매 기술이 좋고 확고한 원칙이 있어도 막상 매수해야 할 자리에서 손실 금액이 너무 커지는 것에 대한 두려움이 있다면 원칙을 지킬 수 없게 되는 것이지요. 따라서 내 심리가 흔들리지 않는 상태에서 편안하게 매매할 수 있는 수준의 손실 한계를 정하는 것이 가장 중요합니다.

자금 관리의 실제

　이제 여러분은 지금까지 관심조차 없었던 자금 관리의 개념이 왜 주식투자에 있어 가장 핵심적이고 중요한 요소인지 잘 아셨으리라 생각합니다. 지금부터는 구체적으로 어떻게 자금 관리 룰에 따라 투자 자금을 결정할 것인지를 알아보겠습니다.

　'2% 룰에 의해 자금 관리법과 투자 금액을 결정하는 것은 이미 앞에서 다 설명한 것 아닌가?'라고 생각하는 분이 분명 계실 것입니다.

　만일 여러분이 딱 한 종목만 가지고 매매한다면 앞에 말씀드린 방법을 그대로 적용하면 됩니다. 하지만 거의 대부분이 여러 주식을 보유하기 때문에 2% 룰을 어떻게 적용시켜야 할지에 내해 고빈할 필요가 있는 것이죠.

■ 분산투자의 필요성

그렇다면 어느 정도로 종목과 자금을 분산시켜야 하고, 어떻게 자금 관리를 해야 하는지에 대해 구체적으로 생각해보기 전에 왜 분산투자를 해야 하는지부터 살펴보겠습니다.

'내가 보기엔 수급이나 차트나 기본적인 요소나 A라는 종목이 너무 완벽해. 어중간한 여러 종목에 분산투자를 하느니, 차라리 이 종목 하나에만 집중투자를 하면 엄청난 수익을 얻을 거야'라는 생각으로 투자하시나요? 하지만 현실은 어떻습니까? 오히려 평균적으로 볼 때 지수의 움직임조차 못 따라가는 경우가 더 많지 않던가요?

결론부터 말씀드리면, 여러분이 매수한 종목이 지수의 평균적인 움직임을 따라가지 못하는 것은 여러분의 실력 탓이 아닙니다. 이는 또한 여러분이 매매 경험을 쌓는다고 해결될 문제도 아닙니다.

시장에서 어떤 종목이 여러분의 눈에 들어왔을 때는 그것이 그날 시장에서 가장 스포트라이트를 받은 종목입니다. 그날 종합주가지수가 강세를 보였다면, 그것이 이 종목에 반영되어 나타난 결과입니다. 하지만 여러분이 다음 날 그 종목을 매수하면 어떻습니까? 어제 시장의 에너지가 집중된 종목이라고 해서 반드시 다음 날도 똑같은 관심과 에너지가 집중된다는 보장이 있나요?

물론 운이 좋아서 여러분이 매수한 이후에도 그 종목이 시장의 움직임을 상회하는 흐름을 보일 수는 있겠지만, 이후에도 지속적으로 지수의 움직임을 초과하는 흐름을 보인다는 보장은 없죠. 왜냐하면 지수라는 것은 어쨌거나 그날에 시장의 에너지와 자금이 가장 많이 집중되고 강세를 보이는 종목의 움직임이 100% 포함되어 나타나는 것이고, 이

지수의 흐름이 집중되는 종목은 매일매일 달라지기 때문이죠.

　여러분이 고르는 종목이 항상 시장의 에너지가 집중되어 나타난다는 보장도 없고, 그것을 알 수 있는 방법 또한 없습니다. 그래서 많은 사람들이 그냥 내가 사면 오를 것이라는 막연한 희망과 기대를 가지고, 그냥 좋아 보이는 종목에 몰빵을 하거나 올인을 하지만, 결과는 항상 비극으로 끝납니다.

　분산투자가 필요한 이유가 바로 여기에 있습니다. 내가 시장에서 김이 모락모락 나는 떡을 샀을 때는 정말 먹음직스러워 보이지만 내일이 지나고 모레가 지나도 시장에서 샀을 때만큼 따끈따끈하리라는 보장은 없기 때문이죠. 몰빵투자로 큰돈을 벌 수 있으리라는 생각은 막연한 희망 사항에 불과합니다.

　분산을 많이 할수록 리스크는 줄어들지만, 시장의 평균 수익률을 따라갈 가능성은 훨씬 더 높아지기 때문이죠. 바로 이것이 분산투자, 소위 포트폴리오 이론의 핵심입니다. 이 이론을 발표한 해리 마코위츠는 노벨 경제학상을 수상했습니다.

■ 어떻게 분산할 것인가?

　그렇다면 종목 분산은 어느 정도로 해야 할까요? 얼마나 많은 종목에 분산투자를 해야 하는지에 대한 부분에는 정답이 없습니다. 하지만 현대 포트폴리오 이론에서는 리스크를 최대한 분산시키면서 시장의 평균적인 수익률을 따라가기 위한 최소한의 종목 분산 개수가 5개라고 합니다. 20개를 넘어가면 사실상 시장 지수의 움직임과 거의 유사한 분산 효과가 나타나므로 그 이상의 지나친 분산은 별 의미가 없다고 알려져 있습니다.

　그렇다면 오늘 장이 좋아서 매매할 종목이 20개나 쏟아져 나왔다고 했을 때, 20종목을 다 사면 될까요? 많은 사람들이 분산투자에 대해 오해하고 있는데 '종목' 분산만이 분산투자의 전부라고 생각하는 것입니다.

　'종목'의 분산만큼 중요한 것이 '투자 시점'의 분산입니다. 예를 들어 오늘 장이 좋아 매매할 종목이 수없이 쏟아져서 여러분이 20종목을 오늘 한 번에 매수한 경우, 며칠 동안은 시장의 움직임과 거의 유사한 움직임을 보일지 모릅니다. 그러나 시간이 지나면 시장의 에너지가 집중적으로 반영되는 새로운 종목들이 출현하는데 여러분이 이미 매수한 종목이 이후에도 똑같이 시장의 관심을 받으리라는 보장은 없기 때문에, 여러분이 아무리 분산을 열심히 해도, 지속적으로 시장의 평균적인 지수의 움직임을 따라가기는 불가능합니다.

　투자 시점의 분산이 중요한 이유는 바로 체계적 위험을 줄이기 위해서입니다. '장세'에 의해 모든 종목이 똑같이 하락하는 체계적 위험에 노출될 경우, 종목의 분산은 아무 의미가 없죠? 체계적 위험을 줄이기 위해서는 바로 '투자 시점'을 분산시켜야 합니다.

　어느 날 갑자기 장이 좋아 매수할 종목이 쏟아져서 그날 무리하게 집중적으로 여러 종목을 집중적으로 매수한 경우, 운이 나빠 이후 지수가 급락하면 평소 규모보다 더 큰 손실을 한꺼번에 입게 됩니다.

　여러분은 장이 좋아 무리하게 비중을 늘린 상태에서 지수가 급락하여 불과 2~3일 만에 한두 달 동안 벌었던 수익을 다 날린 경험이 없으신가요? 그 이유가 여기에 있습니다. 따라서 올바른 분산투자는 종목뿐만 아니라, 투자 시점까지 분산을 시켜야 합니다. 투자 시점을 분산시킨 상태에서 매매 기회가 올 때마다 일정한 금액으로 일정한 수의 종목을 매수하면 그나마 체계적 위험과 비체계적 위험을 줄일 수 있습니다.

■ 자금 분할의 실제

그렇다면 자금 관리 기법의 원칙에 입각해서 어떻게 종목 분산과 투자 시점의 분산을 통해 투자할 수 있을까요? 간단한 방법은 자신의 투자 금액을 10~20등분한 상태에서 투자 시점을 분산시켜 매매하는 것입니다.

여러분의 가용 투자 자산이 5000만원이고, 자금을 10분할해서(500만원) 투입하기로 정했다고 가정하겠습니다. 그리고 한 종목당 손절선은 5%로 잡았습니다. 만반의 준비를 갖추고 시장에 뛰어들었는데, 오늘 장이 좋아서 올라가는 종목들이 속출했다고 가정하겠습니다.

여러분이 분산투자에 대한 개념이 없었다면, 오늘처럼 장이 좋을 때 당장이라도 올라가는 종목에 5000만원을 몰빵했겠지만, 이제는 왜 그런 매매 방식이 반드시 망할 수밖에 없는지 잘 알고 있습니다. 투자 시점의 분산을 위해서죠. 내일도 과연 장이 좋을지 모르기 때문입니다. 물론 매매할 종목이 없는데 억지로 매일 매매해야 하는 것은 당연히 아닙니다.

매매할 종목이 아무리 산더미처럼 쏟아져도, 하루에 매수하는 종목은 나름대로의 기준에 따라 제한을 둘 필요가 있습니다. 하루에 2종목만 매수한다든지, 여러 종목을 매수하면 투자 금액을 줄인다든지 하는 방식으로 말이죠.

여러분이 자금을 10분할해서 기회가 올 때마다 하루에 2종목씩만 매수한다는 원칙을 세웠다면, 오늘 장이 좋아도 2종목만 매수하게 되고, 여러분의 총 자산 대비 20%만 매수한 결과가 됩니다.

이렇게 매매할 경우 장세가 좋으면 매수하는 종목 수가 늘어나 투자 금액 자체도 자연스럽게 커지고, 장세가 좋지 않으면 매수하는 종목 수가 줄거나 아니면 아예 나타나지 않기 때문에 투자 금액도 작아지게 됩니다. 따라서 강세장에선 더 강하게 베팅하고, 약세장일 때에는 자연적으로 리스크 관리가 되는 것이죠.

만일 종목당 손절선을 5%로 잡았다면 어떻게 될까요? 종목당 비중이 총 자산의 10%인데, 여기서 5% 손절이 나봐야 총 자산 대비 손실액은 0.5%에 불과하죠? 2% 룰을 안전하게 만족시키는 것을 알 수 있습니다.

사실 총 투자 자금을 몇 등분으로 분할해서 1종목당 들어가야 하느냐의 문제는 정답이 없습니다. 그것은 개별적인 종목의 손절선을 어느 정도로 잡느냐에 따라 달라지고, 단타나 짧은 스윙처럼 회전율을 높이는 매매를 할 것이냐 아니면 중장기적인 추세를 먹는 매매를 할 것이냐에 따라 달라지기 때문이죠.

매매 실력이 나쁘면 큰 금액을 투입해선 안 되기 때문에, 어느 정도 매매 실력이 안정화될 때까지는 자금을 20분할로 해서 접근하는 방식이 좋고, 어느 정도 안정된 매매 실력을 가지고 있다면 10분할로 접근하거나 그보다 더 작게 접근할 수도 있습니다.

만일 여러분이 데이트레이딩을 한다면 반드시 이렇게 분산시킬 필요는 없습니다. 어차피 당일에 매매가 마무리되므로 주식을 며칠 이상 보유할 경우 발생할 수 있는 장세에 따른 영향이나 체계적 위험성은 대단히 낮아지기 때문이죠. 따라서 데이트레이딩이나 스캘핑을 한다면 좀 더 자금 분할을 줄여서 큰 단위로 베팅할 수도 있습니다.

2% 룰이 진리냐 5% 룰이 진리냐, 10분할이 진리냐 20분할이 진리냐를 따지는 것이 자금 관리의 핵심은 아닙니다. 여기엔 당연히 정답이 없습니다. 대략적인 자금 관리의 핵심 개념에 바탕을 두고 나름대로의 원칙을 짜면 되는 것이죠.

자금 관리 방법을 길게 설명드렸는데, 실제적인 자금 관리 방법은 생각보다 간단히 적용할 수 있습니다.

❶ 총 자산을 10~20 사이에서 나름대로 정한 숫자로 등분하여 한 종목당 투자 자금을 투입한다.

❷ 종목뿐만 아니라 투자 시점도 반드시 분산시켜야 한다. 즉, 하루에 매매하는 종목의 수와 매매 금액의 한계를 정해서(하루에 2종목 이내만 매매하겠다와 같은 원칙) 최대한 일정하게 유지해야 한다(물론 장세가 나쁜 경우에는 매매할 필요가 없다).

❸ 일정 기간 단위로(일주일이든 한 달이든) 손익을 총 자산에 반영하고 다음번 베팅 금액을 결정하여 복리식으로 자금 관리를 한다.

예를 들어 20분할하여 매매한 경우 초기 계좌가 1000만원이라면, 처음 매매 시에는 종목당 50만원(1000/20)씩 투입하면 되지만, 한 달 후 1200만원으로 불었다면 이후에는 종목당 투입 금액을 1200/20=60만원으로 늘려서 매매하고, 900만원으로 줄었다면 종목당 투입 금액을 900/20=45만원으로 줄여서 매매한다.

감히 장담하건대, 주식에서 큰돈을 벌지 못하는 것은 매매 기술이나 지식의 문제 때문일 수도 있지만 크게 실패하는 이유의 99.99%는 자금 관리와 리스크 관리에 대한 개념 없이 투자했기 때문이라고 생각합니다. 사실은 99.99%가 아니라 100%입니다.

자금 관리 원칙과 규칙은 단순하고 간단하지만, 이것이 얼마나 중요한지 그 이유를 정확히 아느냐 모르느냐가 결국 주식시장에서 오랫동안 살아남을 수 있느냐 아니냐를 좌우하는 핵심 요소입니다. 자금 관리에 대한 철저한 개념과 원칙을 실천할 수 있다는 전제하에 매매 기법이나 기술이 의미가 있는 것이지요.

제3장

언제
투자할 것인가

바로 앞에서 주식투자에 있어 가장 중요한 것은 리스크 관리, 즉 자금 관리라는 사실을 살펴보았습니다.

여러분이 성공하는 주식투자를 위한 자금 관리라는 첫 단추를 잘 끼웠다면 두 번째 단추는 무엇일까요? 혹시 좋은 종목을 고르는 방법과 세부적인 매수·매도의 기법이라고 생각하시나요? 그렇다면 크게 착각하신 것입니다.

자금 관리에 이어 주식투자에서 두 번째로 중요한 것은 종목 선정이나 매매 기법이 아닌, 장세 판단입니다. 즉, 어떤 종목을 골라 어떻게 매매할까에 앞서, 언제 주식투자를 해야 하고 언제 쉬어야 하는지를 구분해야 한다는 것입니다.

왜 장세 판단이 종목 선정의 방법이나 매매 기법보다 더 중요할까요? 주식 거래는 어떤 종목을 거래하는 것인데, 특정 종목도 결국은 '주식시장'이라는 커다란 바닷속에 속해 있기 때문입니다. 따라서 그 어떤 종목도 이 거대한 흐름에서 벗어날 수 없고, 영향을 받을 수밖에 없습니다. 그래서 이번 장에선 장세 판단이 얼마나 중요하며, 또 이를 투자에 어떻게 이용해야 하는지에 대해 구체적으로 알아보겠습니다.

성공 투자의 두 번째 단추

여러분의 경험에 비추어 한번 살펴보십시오. 여러분이 생각하기에 아무리 좋은 종목을 괜찮은 가격대에서 원칙에 따라 매수해도 장세가 갑자기 돌변하거나 변동성이 커지면 대부분 종목의 주가가 똑같이 하락하는 경우를 많이 겪어보셨을 것입니다. 꼭 폭락장이나 폭등장이 아니더라도, 전체적으로 시장이 강세를 보이는 날엔 상승하는 종목이 많고, 시장이 약세(지수 하락)인 날엔 하락하는 종목이 많은 것은 그야말로 상식적인 현상입니다.

다음 페이지 그림에서는 국내 대형주와 코스피 지수의 상관관계를 보여주고 있습니다.

보시는 바와 같이 전체적으로 시장 상황이 양호하여 '지수가 오르는 상황'에서는 종목 간의 상관계수가 낮아지지만, 시장이 하락장이거나 돌발적인 악재로 일시적인 시장 급락이 나타날 경우에는 종목 간의 상

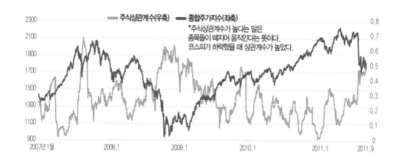

국내 대형주와 코스피 지수의 상관관계

관계수가 높아짐을 확인할 수 있습니다.

종목 간의 상관계수란 개별 종목들이 같이 움직이는 정도를 의미합니다. 즉, 상관계수가 높다는 것은 종목들이 위로든 아래로든 같은 방향으로 움직이는 경향이 강해진다는 의미이고, 상관계수가 낮다는 것은 종목들이 따로 논다는 것을 의미합니다.

상승장에서 상관계수가 낮아지고, 하락장이나 급락 시 종목 간의 상관계수가 높아진다는 사실은, 시장 상황이 양호해서 오를 땐 오르는 종목만 오르지만, 장이 나빠지거나 하락장에서는 대다수의 종목이 같이 하락한다는 것을 의미합니다. 결국 오르는 종목은 장이 좋을 때도 잡기가 어렵지만, 떨어지는 종목을 잡을 가능성은 너무 쉽다는 것을 의미하죠. 따라서 오르는 종목을 잡는 것은 고사하고라도, 어떤 종목이든 돈을 벌기 힘든 하락장을 피하는 것이 무엇보다 중요하다는 점을 시사합니다.

따라서 시장이 하락장이면 여러분이 아무리 종목 선정을 잘하고 매매를 잘한다 한들 돈을 벌기는커녕 '깨질' 확률이 훨씬 더 높습니다.

76 주식투자 리스타트

다양한 종목에 분산을 하면 종목의 움직임이 서로 달라 수익을 낼 기회가 많을 거라고요? 전혀 아닙니다. 다양한 종목들이 비슷하게 하락하기 때문에 더 큰 손해를 보게 되죠. 방금 위에서 살펴본 종목 간의 상관관계를 실제로 한번 확인해볼까요?

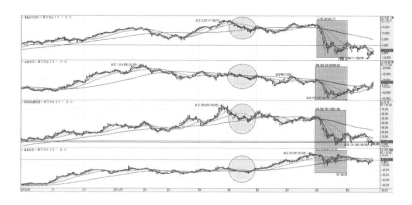

개별 종목과 지수의 관계

순항하던 코스피 지수는 2011년 5월과 8월에 큰 폭의 하락을 맞습니다. 이때 개별 종목의 움직임은 어떻습니까? 무작위로 세 종목을 골라보았습니다. 코스피 대형주인 삼성전자와 SK이노베이션, 코스닥주인 셀트리온의 움직임은 어땠나요?

상대적인 하락의 폭과 움직임은 모두 달랐지만, 중요한 것은 시장의 흐름과 유사하게 '떨어질 때는 모두 떨어지고, 오를 때는 비슷하게 올랐다'는 것입니다. 여러분이 직접 아무 종목이나 골라서 지수의 움직임과 비교해보시기 바랍니다. 지수와 무관하게 움직이는 종목도 소수 있지만 '절대다수'의 종목이 지수의 영향을 크게 받기 때문에, 여러분이 막연하게 내가 사는 종목은 다를 것이라고 기대하는 것은 심각한 자만이라는 것이죠. 오를 때도 마찬가지입니다. 여러분은 '이런 조건을 만족시킬 때 이 종목을 사서 이때 팔면 큰 수익을 볼 수 있다'며 쭉쭉 올라가는 종목들을 보여주는 기법서들을 많이 보셨죠? 그런데 재미있는 사실은 그 기법이나 종목이 중요한 것이 아니라, 그렇게 상승하는 타이밍은 대부분 지수가 상승하는 구간이라는 것입니다. 그때는 그 종목이나 기법이 아니어도 다른 종목들 역시 대부분 상승하는 구간입니다. 단지 그 책에서는 언급하지 않았을 뿐이죠. 정신이 번쩍 드시나요? 앞의 차트에서 대부분의 종목이 하락하는 구간은 결국 지수가 하락하는 구간이었던 것처럼 말입니다. 하지만 이런 거시적인 시장 상황의 중요성을 알지 못하면 기법이나 종목 선정이 수익을 내는 근본적인 요소로 착각합니다.

명심하십시오. 여러분에게 수익을 주는 것은 기법이나 종목이 아니라 '시장'입니다. 여러분의 계좌가 계속 불어날 때 마치 여러분은 자신의 종목 선정이나 기법이 탁월한 것처럼 생각하실 때가 많죠? 사실은 전혀 아닙니다. 시장이 상승하기 때문에 그런 것이죠. 다른 이유는 전혀 없습니다. 따라서 지엽적인 종목 선정이나 매매 기법에 앞서 시장의 흐름을 읽는 기준을 가지는 것이 훨씬 더 중요합니다.

종목의 움직임은 모두 다르므로 시장 상황은 고려할 필요가 없다는 생각이 얼마나 잘못된 것인지 이제 아시겠습니까? 종목의 움직임은 모두 다르지만, 시장의 흐름에 비추어보면 비슷합니다. 이는 대단히 중요합니다. 따라서 시장의 커다란 흐름이 하락인 경우 우리는 어떤 종목이 올라갈지 억지로 찾아내려 할 필요가 없습니다. 어차피 시장이 빠지는데 홀로 올라갈 종목을 찾는 방법도 없을뿐더러, 아무리 여러분이 난리를 쳐봐야 하락이라는 시장의 커다란 파도에서 허우적댈 뿐이기 때문입니다. 이때는 그냥 쉬면 됩니다.

　지수의 움직임은 전혀 보지 않고 개별주의 움직임만을, 그것도 지극히 근시안적인 하루하루의 등락만을 기준으로 보기 때문에 움직임이 독립적인 것처럼 보이고, 위와 같은 심각한 착각에 빠지게 됩니다. 그 어떤 종목도 시장의 큰 흐름에서 자유로울 수가 없습니다.

개별 종목의 움직임이 시장의 움직임에서
벗어날 수 없는 이유

그렇다면 왜 이런 현상이 나타날까요? 그 이유는 수급과 심리에 있습니다.

시장의 움직임을 주도하는 외국인과 기관은 한두 종목에만 투자하는 것이 아니라 수많은 종목을 한꺼번에 묶어 바스켓으로 매매하는 경우가 많습니다. 이러한 방식으로 개별 종목이 아닌 시장 전체에 투자하는 성향이 강합니다. 개별 종목의 매매 타이밍은 약간씩 차이가 있지만 이러한 주도 세력이 어느 정도 수익이 난 상태에서 차익을 실현하려고 마음먹으면 특정 시점에 여러 종목을 한꺼번에 매도하는 경향도 크다는 것입니다.

여기엔 우리가 심혈을 기울여 매수한 종목도 예외일 수 없습니다. 종목을 선정하는 중요한 기준에도 '수급'이라는 것이 있기 때문에 필연적으로 영향을 받게 됩니다. 따라서 수급적인 면에서도 장세에 영향을 받지 않을 수 없는 것이죠.

지수가 갑자기 하락하면 어떻게 될까요? 이런 상황이 되면 개미들까지 덩달아 겁을 먹고 투매하면서 아무 관계 없는 다른 종목까지 그 여파가 확산되어 똑같이 하락하는 현상이 발생합니다. 개인투자자들이 95% 이상을 차지하는 코스닥 시장의 경우, 이런 경향은 더욱 두드러집니다.

바로 이것이 '장세'의 위력입니다.

개별 종목의 움직임은 서로 독립적이지만 개별 종목도 결국은 '시장'이라는 커다란 카테고리 안에 속한 구성 요소이므로, '시장'의 커다란 조류와 동떨어질 수 없습니다.

바로 이것이 어떤 개별적인 매매 기법이나 종목 선정에 우선하여 '투자 시점'을 고려해야 하는 중요한 이유입니다. 투자 시점을 고려한다는 것은 곧 '시장의 흐름', 즉 지수의 움직임을 고려하는 것을 의미합니다.

이 때문에 시장의 흐름이 하락 추세로 전환하여 수익을 내기 어려운 구간으로 접어들었는데, 검색식이나 기술적 조건만 만족시킨다고 종목을 선정해서 무턱대고 매매하면 실패할 가능성이 높습니다. 결국 돈을 벌어다 주는 근본 요소는 매매 기법이나 잡기술이 아니라 '시장' 그 자체이기 때문입니다.

실패하는 투자자는 종목 선정, 매매 기법 적용에만 혈안이 되어 있고, 그보다 훨씬 더 중요한 자금 관리와 장세 판단의 기준은 아예 없습니다. 여러분은 이제 왜 이 두 가지 요소가 종목 선정이나 매매 기법보다 중요한지 아시겠죠?

종목의 움직임은 달라도 장세의 움직임과 유사하게 가기 때문에, 장세의 흐름을 분석할 수 있으면 수익을 내기에 유리한 시장 상황이 언제인지도 알 수 있습니다. 또 장세가 좋지 않으면 대부분의 종목의 움직임도 좋지 않기 때문에, 아무리 종목 선정을 열심히 하고 기법을 적용해 다양한 종목을 매매해봤자 손실만 보게 됩니다. 따라서 시장이 강세이고 상승장이라고 판단되면 수익을 내기 유리한 구간이므로 적극적으로 매매에 참여하고, 하락장이나 약세장으로 판단되면 손실을 보기 쉬운 구간이므로 투자를 쉬어야 합니다.

장세 판단의 기준을 세워라

　예전에 서브프라임 사태와 같은 엄청난 폭락장에서도 쉬지 않고 매매하다가 손실을 입는 사람을 보면 어떤 생각이 드십니까? 장세를 무시하고 무식하게 매매하는 모습이 무척 한심해 보이시죠?

　자, 그러면 제가 여러분께 한 가지 질문을 해볼까요? 여러분은 지금이 강세장인지 약세장인지, 매매에 참여해야 할지 쉬어야 할지에 대한 객관적이고 정확한 여러분만의 기준이 있습니까? 증권 방송이나 경제신문, 주식 전문가들의 의견을 종합해서 판단하기 때문에 그때그때 다르다고요? 다양한 경제 상황과 변수를 고려해서 융통성 있게 대응한다고요?

　얼핏 보면 대단히 합리적이고 똑똑한 기준을 가지고 투자하는 것처럼 보입니다. 그러나 만일 이러시다면 기분 나쁘게 들리겠지만, 여러분도 앞서 한심하게 생각한 사람과 조금도 다르지 않습니다.

주가의 움직임은 아무리 복잡한 경제 지식을 동원해도 맞힐 수 없습니다. 노벨 경제학상을 받은 석학도 예외일 수 없습니다. 한 달 뒤, 일주일 뒤의 움직임이 아니라 1분, 1초 후의 움직임조차 알 수가 없습니다. 이 점은 여러분도 100% 동의하실 겁니다.

따라서 여러분이 경제 상황을 아무리 열심히 공부하고 분석해도 주가의 흐름을 예측할 수 있는 정확도가 높아지는 것은 아니고, 실제 매매에도 여러분이 막연하게 생각하는 것처럼 그다지 도움이 되지 않습니다. 오히려 혼란만 가중됩니다. 왜냐하면 다양한 변수를 고려해 융통성 있게 대처한다는 것은, 까놓고 얘기해서 객관적이고 명확한 기준이 없다는 이야기이기 때문이죠. 또한 여러분이 막연하게 의지하는 모호한 기준이 어제 통했다고 해서 다음번에 통하리라는 보장도 없을뿐더러, 역사적으로 과거의 상황부터 적용했다면 지금까지 어떤 결과를 보여주었을지에 대해 검증할 방법도 없습니다.

게다가 똑같은 상황이나 지표를 해석하는 방법도 사람마다 제각각 다릅니다. 지금은 시장이 과열권이어서 하락할 것이라고 주장하는 사람이 있는가 하면, 강한 상승 추세이므로 더 갈 것이라고 주장하는 사람도 있습니다. 경제 지표나 정보의 해석도 마찬가지입니다. '많이 떨어졌으니 여기가 바닥이다', '아니다. 다른 지표를 보니 좀 더 기다려야 한다'…… '맞다, 아니다'…… 소위 '전문가'라는 사람들조차 해석이 분분합니다. 그런데 정말 웃긴 사실은 여러분이든 소위 주식 전문가이든 아무리 이렇게 머리를 굴리고 고민해봐야 주가의 움직임은 알 수가 없다는 점입니다.

그렇다면 우리에게 필요한 객관적이고 믿을 만한 장세 판단의 기준은 어떻게 세워야 할까요? 가장 객관적이고 명확한 기준은 '주가의 움직임'을 분석하고 이에 근거한 기준입니다. 가장 객관적이고도 정확한 기준은 매우 단순합니다. 결국 여러분이 머리 싸매고 분석하고 해석하는 수만 가지 변수들은 결국 '주가의 흐름'에 모두 녹아서 반영되기 때문입니다. 따라서 우리는 '주가의 움직임 그 자체'만 분석하면 되는 것이지요. 주가의 움직임은 숫자로 표시되기 때문에 객관적이고 명확한 동시에 모호한 판단이 개입될 여지가 전혀 없습니다. 또 이러한 객관적인 원칙에 근거해 기준을 정하면, 지나간 시간 동안 실제로 그런 기준을 적용했을 때 어떤 결과를 얻을 수 있는지도 검증해볼 수 있고, 다양한 기준을 세워 상호 비교함으로써 어떤 방법이 상대적으로 우수한지도 검증할 수 있습니다.

상승 추세를 정의하는 법

지금부터는 어떤 장세가 수익을 내기 좋은 구간인지에 대한 기준을 가격이라는 객관적인 지표를 통해 정해보겠습니다. 이를 알아보기 위해 시장의 전체적인 상황을 가장 객관적이고 종합적으로 반영하는 '종합주가지수', 즉 코스피 지수의 움직임을 기준으로 삼겠습니다.

이제 코스피 지수를 일종의 종목처럼 생각합시다. 어떤 구간이 주식 매매를 통해 수익을 내기에 유리한 장세인지를 판단하기 위해서는 이 지수를 언제 사서 언제 팔아야 수익을 낼 수 있는지에 대한 기준을 코스피 지수를 이용하여 설정하면 됩니다. 그럼 어떻게 하면 될까요? 아마 여러분 상당수가 이런 생각을 하실 겁니다. '쌀 때 사서, 비쌀 때 팔면 된다.'

맞습니다. 주가가 쌀 때 사서 비싸게 팔 수만 있으면 돈을 벌 수 있겠죠?

그렇다면 과연 싸다와 비싸다의 정의는 무엇입니까? 싸다와 비싸다의 개념은 상대적인 것이죠? 어제 지수가 1750이었는데 오늘 1800이라면 어제에 비해 비싼 것이고, 어제 지수가 2050이었는데 오늘 2000이라면 어제에 비해 싼 것입니다.

다르게 말하면, 아무리 절대적인 주가가 높다 하더라도, 내가 매수한 이후 주가가 상승하면 싸게 산 것이고, 아무리 절대적으로 싼 가격에 사더라도 매수한 이후에 주가가 하락한다면 비싸게 산 것이죠. 코스피 지수가 2000이 아니라 3000일 때 매수해도 다음 날 지수가 3050으로 오르면 여러분은 싸게 산 것이고, 코스피 지수가 1800이 아니라 1000에 매수해도 다음 날 지수가 950으로 빠지면 여러분은 비싸게 산 것입니다.

그렇다면 진정으로 싸게 산다는 것은 절대적인 가격 수준이 쌀 때 산다는 것이 아니라, 절대적인 가격이 높든 낮든 내가 매수한 이후 주가가 많이 올라갈 가능성이 높은 자리에서 산다는 것을 의미합니다.

그런데 너무 많은 사람들이 '쌀 때 산다'는 것의 개념을 '절대적인 가격이 쌀 때 사는 것'으로 오해하고 있습니다. 바로 여기서 문제가 생깁니다.

왜냐하면 절대적인 가격이 쌀 때는 오히려 실제로 '비쌀 때'인 경우가 많기 때문입니다. 사실은 여러분의 상식과는 완전히 반대입니다. 절대적인 가격이 쌀 때는 실제로 '비쌀 때'이고, 절대적인 가격이 비쌀 때는 실제로 '쌀 때'인 경우가 많습니다.

믿기 어려우시죠? 갑자기 제가 사기를 치는 것 같죠? 그렇다면 왜 이런 말도 안 되는 현상이 나타나는지 차트상에서 검증해보겠습니다.

일단 쌀 때와 비쌀 때를 구분하는 기준을 최근 20일간의 최고가와 20일간의 최저가로 잡아보겠습니다. 이렇게 기준을 잡으면 '절대적인 의미'에서 비싼 가격은 오늘의 주가가 최근 20일간의 최고가보다 높아져서 이를 돌파하는 시점이 될 것이고, '절대적인 의미'에서 싼 가격은 오늘의 주가가 최근 20일간의 최저가보다 낮아져서 하회하는 시점이 될 것입니다.

여기서는 두 가지 방법으로 테스트를 해보겠습니다.

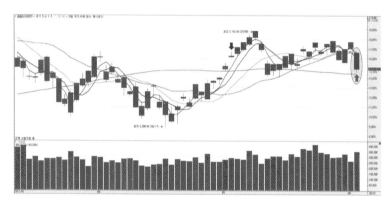

쌀 때 사서 비쌀 때 팔기(타원: 매수 지점)

첫 번째는 여러분이 생각하시는 것처럼, 오늘의 주가가 최근 20일간 최저가보다 더 떨어지는 순간(말내식인 주가는 싸죠?) 사서, 주가가 최근 20일간의 고가를 돌파하는 시점에 파는 방법(쌀 때 사서 비쌀 때 파는 방법)입니다.

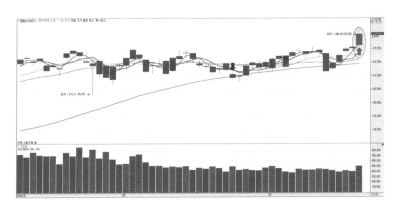

비쌀 때 사서 쌀 때 팔기(타원: 매수 지점)

두 번째는 그와 반대로, 오늘 주가가 최근 20일간의 최고가를 돌파하는 시점에서 매수(절대적인 주가가 비쌀 때)해, 주가가 최근 20일간의 최저가를 하회하는 시점에 파는 방법입니다.

이 두 가지 방법을 1985년부터 2011년 10월 현재까지의 코스피 차트를 기준으로 시뮬레이션해보았습니다. 결과가 어떻게 나올 것 같습니까? 당연히 주가가 떨어져 쌀 때 사서 비쌀 때 파는 첫 번째 방법에서 수익이 크게 나올 것으로 생각하십니까? 혹시 바보같이 검증할 필요도 없는 걸 검증한다고 생각하시나요? 결과를 보시면 깜짝 놀라실 겁니다.

우선 첫 번째 방법의 결과입니다. 수익곡선이 꾸준히 우하향해서 엄청난 손실을 본 결과를 보여주고 있습니다.

약 25년간 여러분이 생각하시는 것처럼 쌀 때 사서 비싸게 팔려고 했다면 총 82번의 매매 기회 동안 75%의 손실이 발생합니다.

수익곡선−쌀 때 사서 비쌀 때 팔기
(가로축은 거래 횟수, 세로축은 선물 지수 기준)

다음은 두 번째 방법의 결과입니다. 기복은 있지만 수익곡선은 꾸준히 우상향하는 것을 볼 수 있습니다.

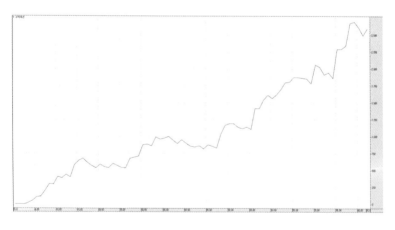

수익곡선−비쌀 때 사서 쌀 때 팔기

여러분이 생각하시는 것과 반대로 청개구리식으로 매매했다면 25년간 무려 4520%에 달하는 수익을 얻을 수 있습니다. 같은 기간 동안 코스피 지수가 대략 13배 정도 상승한 것을 고려하면 엄청난 결과가 아닐 수 없습니다.

혹시 결과가 거꾸로 된 것 아니냐고요? 아닙니다. 어떻습니까? 사람들이 일반적으로 많이 생각하는 '쌀 때 사서, 비싸게 팔려는 시도'의 결과는 이와 같이 처참합니다.

그렇다면 대체 왜 이런 현상이 발생하는지 그 원인을 분석해보겠습니다.

우선 첫 번째 방법의 매매 신호가 어떻게 발생하는지 보겠습니다. 보시는 것처럼 지수가 최근 20일간의 최저점보다 낮아졌을 때이므로 이전 가격대보다 상대적으로 싸기 때문에 매력적으로 보이시죠?

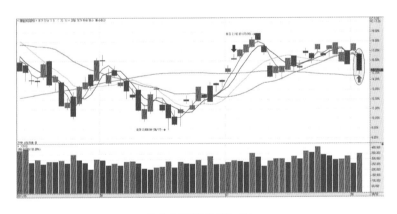

쌀 때 사서 비쌀 때 팔기 - 매수

그런데 이후의 흐름을 볼까요?

쌀 때 사서 비쌀 때 팔기-매도

이렇게 되었습니다. 매수 이후 매도 기준은 20일 최고가 돌파 시점이기 때문에 매도 시점은 파란색 박스 친 부분이 됩니다. 매수 시점보다 매도 시점의 지수가 더 밑에 있기 때문에 이렇게 매매했다면 손해를 보았을 것입니다. 대략 10% 정도 손실을 보았겠네요.

어떻습니까? 분명히 20일 최저가보다 더 낮아져서 충분히 싸졌다고 생각해서 사들여(노란색 타원), 20일 최고가 돌파 시(회색 사각형)에 팔았는데 엄청나게 손해를 보았죠?

반대로 두 번째 방법을 분석해볼까요?

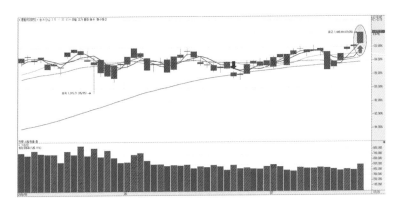

비쌀 때 사서 쌀 때 팔기－매수

　　매수 신호는 여러분이 생각하기에 현기증 날 정도로 높은 가격대였죠? 이처럼 높은 가격대에서 바보같이 사는 사람이 있느냐고요? 미친 척하고 한번 사서, 20일 최저가를 하회할 때 팔아보겠습니다.

비쌀 때 사서 쌀 때 팔기－매도

　　어떻습니까? 분명히 가장 비쌀 때(주가가 오를 때) 사서 가장 쌀 때(주가 떨어질 때) 팔았는데, 엄청난 수익을 보았죠? 분명히 앞의 그림에서는 비싼 가격이었는데 지나고 보니 싼 가격처럼 보이시죠?

왜 이런 아이러니한 현상이 나타났는지 감이 오십니까? 그 이유는 바로 주가에 '추세'라는 속성이 존재하기 때문입니다. 추세란 상승하는 주가는 계속 상승하고, 하락하는 주가는 계속 하락하려는 일종의 '관성'을 말합니다.

따라서 비싼 가격에 산다는 것은 상대적으로 강한 상승의 관성이 있다는 것을 의미하므로 설령 20일 최저가를 하회하는 시기에 매도해도 그동안 주가는 큰 폭의 상승을 했기 때문에 큰 수익이 발생하는 것이고, 싼 가격에 산다는 것은 상대적으로 강한 하락의 관성이 있다는 것을 의미하므로 20일 최고가를 돌파하는 시점에 매도해도 그동안 주가가 큰 폭으로 하락하여 큰 손실을 보게 되는 것이죠.

그래서 여러분이 생각하기에 주가가 싸다고 생각할 때 매수하려는 타이밍은 사실 주가의 움직임상으론 하락 구간에서 매수하는 것입니다. '주가가 떨어졌으니까, 싸니까 사자'라는 일반적인 마인드에서 비롯되는 것이죠. 하락의 관성으로 인해 매수 이후 더 떨어지는 움직임을 보이기 때문에 실제로는 비싸게 매수한 것이고, 따라서 손실을 보게 되는 것입니다.

주가 움직임의 가장 무서우면서도 가장 매력적인 속성이 바로 이 '추세'입니다. 오르는 주가는 언제까지 오를지 모르고, 떨어지는 주가는 언제까지 떨어질지 모른다는 것이죠. 때문에 여러분이 '떨어지는 구간'에서 매수하는 습관은 분명 언젠가는 망하게 되어 있습니다.

'20일 최저가니까 충분히 낮은 가격대가 아니라서 그런 거야, 60일 최저가나 120일 최저가처럼 확실하게 낮을 때 사면 되지'라고 생각하신다면 아직도 추세의 속성을 제대로 이해하지 못하신 것입니다. 60일 최저가든 120일 최저가든, 기간이 문제가 아닙니다. '주가가 하락할 때 사서, 상승할 때 판다'는 추세에 반하는 전략을 짜면 그 기간이 며칠이든 장기적으로는 수익곡선이 우하향하게 되어 있습니다. '추세'의 방향대로 움직이는 주가의 속성 때문에 그렇습니다. 따라서 기간의 문제가 아니라, 주가 흐름의 원리에 반하는 전략이기 때문에 장기적으론 망할 수밖에 없는 것이지요. 이제 확실히 이해가 되시나요?

따라서 여러분이 매수에 동참해야 할 타이밍은 지수가 계속 하락해서 절대적인 가격이 계속 싸질 때가 아니라, 지수가 지속적으로 상승해서 계속 비싸지는 때입니다.

여러분은 '추세를 거스르지 마라', '상승장에서만 투자하라' 등의 격언은 많이 들어서 알고 있지만 실제로 왜 쌀 때 사면 손해를 보는지 명쾌하게 알지 못하거나 실제 데이터와 차트를 통해 검증해보지 않으면 확실히 깨닫지 못하기 때문에 자꾸 본능적으로 주가가 하락할 때 매수하려는 오류를 범하게 됩니다.

물론 여러분이 생각하는 것처럼 쌀 때 사서 비싸게 팔아 수익이 나는 경우도 당연히 있습니다. 하지만 장기적으로 이런 패턴의 매매를 지속해보면 위와 같이 손실로 귀결된다는 사실을 알아야 합니다.

이 같은 시뮬레이션을 통해 얻을 수 있는 교훈은 간단합니다. 우리가 주식투자를 통해 수익을 내려면 이처럼 시장이 추세적으로 상승하는 구간에서 매매해야 하는데, 이 같은 구간은 실제로는 여러분이 생각하기에 높아 보이고 위험해 보여서 적극적으로 투자하기가 망설여지는 '과열권'이라는 이야기입니다. 여러분이 생각하는 고정관념을 완전히 반대로 뜯어고쳐야 한다는 이야기입니다. '주가가 많이 떨어졌으니까 오르겠지', '많이 올랐으니 이젠 떨어지겠지'라는 생각을 버리라는 말입니다.

좀 더 현실적인 문제로 돌아가볼까요? 위에서는 상승 추세를 '20일 최고가를 돌파'하는 것으로 정의했죠? 그렇다면 꼭 이 방법만이 진리일까요? 그건 전혀 아닙니다. 추세를 정의하는 방법에는 정답이 없습니다. 어떤 기술적 지표나 기준을 이용하든 그것은 여러분 마음입니다.

다만 중요한 것은 상승 추세는 이전의 특정 기준점보다 현재의 주가가 더 높아야 한다는 것이고, 하락 추세는 이전의 특정 기준점보다 현재의 주가가 더 낮아야 한다는 원리죠. 추세란 일종의 관성이기 때문입니다. 이 원리에 입각하면 여러분 나름대로의 상승 추세를 정의해서 안전한 구간에서만 매매할 수 있습니다.

그렇다면 몇 가지 다른 방법들을 제시해볼까요?

A. 현재가가 최근 20일 최고가와 최저가 사이의 상단 80% 돌파 시 매수, 하단 20% 이탈 시 매도

B. 현재가가 20일 전 가격보다 높으면 매수, 현재가가 20일 전 가격보다 낮으면 매도(단순 주가 비교)

C. 현재가가 20일 이동평균 돌파 시 매수, 20일 이동평균 이탈 시 매도

각각의 방법에 대해 1985년부터 2011년까지 코스피 일봉을 대상으로 시뮬레이션한 결과는 다음과 같습니다.

A. 현재가가 최근 20일 최고가와 최저가 사이의 상단 80% 돌파 시 매수,

하단 20% 이탈 시 매도(누적 수익률 6235%)

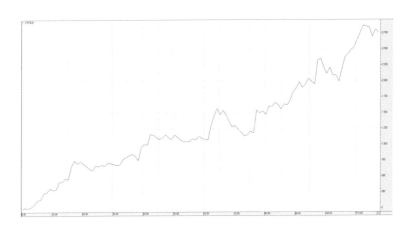

B. 현재가가 20일 전 가격보다 높으면 매수, 현재가가 20일 전 가격보다

낮으면 매도(단순 주가 비교, 누적 수익률 7949%)

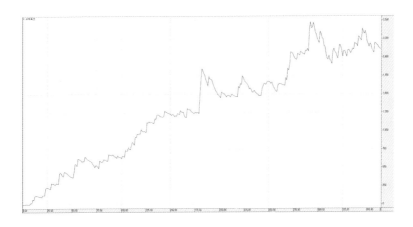

C. 현재가가 20일 이동평균 돌파 시 매수, 20일 이동 평균 이탈 시 매도
(누적 수익률 4166%)

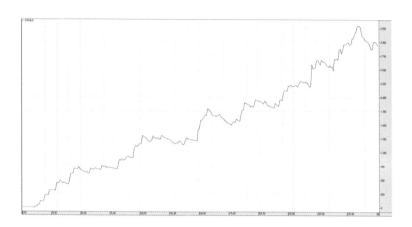

수익곡선의 모습은 차이가 있지만, 모두 장기간에 걸쳐 보면 우상향하는 것을 알 수 있습니다. 반면 이 방법을 거꾸로 해서, 즉 쌀 때 사서 비싸게 팔려는 시도를 하면 수익곡선이 어떻게 나올지, 그리고 왜 그렇게 되는지 이제 아시겠죠?

이외에도 MACD나 RSI, 스토캐스틱 등과 같은 다양한 지표를 이용해 나름대로의 상승 구간과 추세를 정할 수 있습니다. 그것은 여러분 마음이고, 어떤 방법이 더 좋고 나쁘다도 없습니다. 왜냐하면 완벽한 방법은 존재하지 않기 때문이죠.

앞의 예에서는 제가 20일의 기간을 기준으로 제시했는데, 20일이 아니라 10일로 바꾸어도 되고 30일로 해도 됩니다. 타임 프레임이 어떻든 간에 시장에는 긴 추세든 짧은 추세든, 중기 추세든 '추세'는 존

재하기 때문에 장기간에 걸쳐 보면 어떤 전략이든 추세 추종 매매의 수익곡선은 우상향하게 되어 있습니다.

다만 여러 기간의 값을 기준으로 다양한 방법으로 테스트해보면, 20일을 전후한 시간 간격을 기준으로 잡는 것이 일반적으로 가장 만족스러운 결과를 얻을 수 있습니다. 이는 지나치게 짧아서 잘못된 신호에 걸려 손실을 자주 보거나 지나치게 길어서 민감도가 떨어져 수익을 많이 까먹지 않는 '중기적'인 시간 간격이기 때문입니다.

상승 추세장에서만
매매해야 하는 이유

지금까지 주식투자에서 왜 개별 종목이나 매매 기법보다 장세를 판단하는 기준을 잡는 것이 중요한지, 왜 객관적이고 분명한 '가격'이라는 기준으로 판단해야 하는지를 알아보았습니다. 또 쉽게 적용할 수 있는 장세 판단의 기준도 몇 가지 제시했습니다. 개인적으로는 앞서 간단히 언급한 20일 고가 돌파 전략을 근간으로 변동성과 표준편차, 추적 청산 등의 개념을 추가하여 좀 더 개선시킨 방법을 장세 판단의 기준으로 이용하고 있습니다.

장세 판단의 기준-실례

보시는 것처럼 이런 규칙을 수식화해서 차트에 적용하면 위와 같이 어느 구간에 시장에 참여하고 빠져나와야 하는지 기계적으로 신호를 확인할 수 있습니다. 그래서 막연한 생각이나 감에 의존하지 않고, 치명적인 하락장에서 손해 보는 일을 막고, 수익을 내기 좋은 상승장에서만 투자할 수 있습니다. 최근 2년간의 신호를 좀 더 자세히 확인해볼까요?

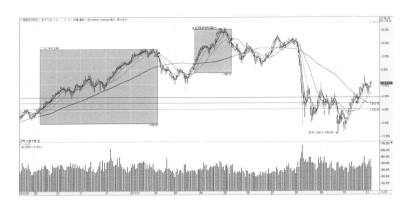

상승장 장세 판단의 기준-실례

어떻습니까? 남유럽 재정 위기, 미국 신용 등급 강등과 같은 굵직굵직한 충격적인 사건들로 시장 상황이 급락할 때 우리는 이런 객관적인 기준에 근거해 하락장에서 속절없이 당하는 일을 피할 수 있는 것입니다. 정신 바짝 차리고 명심하십시오. 가장 바보 같은 짓은 시장이 하락하는데도 시장에 남아 있는 일입니다. 시장이 하락해서 손실을 볼 가능성이 큰 구간에서 매매해야 할 이유가 단 한 가지라도 있습니까? 하락장에선 쉬는 것이 돈을 버는 것입니다.

어떤 방법을 기준으로 삼든 간에, 여러분이 장세 판단에 대한 칼 같은 기준이 없다면 내가 산 이후 주가가 떨어졌을 때 막연히 장이 오르기만 기다리면서 끝없이 물타기하다가 장렬하게 '전사'하는 경우를 반드시 겪게 될 것입니다. 주식시장에는 상승장도 있지만 하락장도 있기 때문입니다.

제가 앞서 제시한 추세를 정의하는 방법도 물론 불완전하고, 실패하는 경우도 많습니다. 그렇다고 시장의 추세 판단에 대한 객관적인 기준을 잡으려는 시도가 무의미하다고 여기는 것은 치명적인 실수입니다. 불완전하기 때문에 그냥 내 감대로, 그때그때 변하는 상황 보며 대충 대응하고 계속 떨어지면 장기 투자 모드로 전환하겠다는 헐렁한 마인드로는 반드시 망하게 되어 있습니다. 추세를 판단하는 기준은 비록 불완전해도, 끝없이 하락하는 장에서 매매를 쉴 수 있도록 안전판 역할을 함으로써 여러분을 위험한 주식시장에서 지켜주기 때문입니다.

추세를 판단하는 것은 결국 시장이 오를지 내릴지 방향성을 결정하는 일입니다. 제가 제시한 방법이나 그 어떤 정교한 방법으로도 추세를 맞힐 확률은 50% 수준에 불과합니다. 그럼에도 불구하고 추세를 판별해야 하는 이유는 한번 추세가 그 방향으로 진행되면 얼마나 크게 진행될지 모르기 때문이죠. 태풍을 맞힐 확률이 50%에 불과하다고 해서 일기예보를 무시했다가는 죽을 수도 있는 것과 마찬가지입니다.

따라서 여러분은 주식투자를 하기에 앞서, 가장 먼저 자금 관리에 대한 철저한 개념 숙지와 함께 치밀한 계획을 세우고, 다음으로 언제 시장에서 매매를 하고 쉬어야 할지에 대한 명백한 기준을 세워놓아야 합니다. 반드시 이 두 단계가 선행된 상태에서만 종목 선정이나 매매 기법이 의미가 있습니다.

절대 잊지 마십시오. 시장 상황이 여러분이 정한 상승 구간에 있지 않다면 어떤 종목도 매매하지 마시고, 여러분이 정한 시장 상황에 따라 매매하다가 시장의 흐름에서 매도 신호가 나오면, 그때는 가지고 있는 모든 개별 종목들을 청산해야 합니다.

여러분이 아무리 뛰어난 서핑 실력을 가지고 있다 한들, 아무리 뛰어난 장비를 갖추고 있다 한들 태풍이 불고 해일이 치는 상황에서 구명조끼도 안 입고 막무가내로 바다로 나가겠다면 이 얼마나 어리석은 짓입니까?

이런 비유를 들면 그렇게 바보 같은 사람이 어딨냐고 하실지 모르지만, 만일 여러분이 혹시 주식을 매매하실 때 자금 관리나 장세 판단에 대한 기준을 세우지도 않고 어떤 종목이 유망할까, 언제 사서 어디서 팔까부터 생각하신다면 여러분도 이런 사람과 다를 바 하나 없습니다. 자금 관리는 구명조끼이고, 장세 판단은 날씨를 보는 것입니다. 이 얼마나 중요한 부분입니까?

❶ 개별 종목의 움직임은 근본적으로 시장 전체의 움직임에서 결코 벗어날 수 없으며, 시장과 밀접한 관련이 있다.

❷ 지금이 투자해도 될 때인지 아닌지를 판단하는 것이 개별 종목을 매매하는 것보다 우선하며 훨씬 중요하다.

❸ 시장의 흐름(지수)을 기준으로 한 객관적이고도 분명한 자신만의 원칙을 세워, 반드시 상승 추세장에서만 매매하고, 하락장에서는 매매를 쉬거나 현금 비중을 늘리는 것이 중요하다.

제4장

승률과 손익비

지금까지 주식투자 성패의 90% 이상을 결정할 정도로 중요하지만, 역설적으로 대다수의 투자자가 별 관심도 없고 고려하지도 않는 두 가지 요소, 자금 관리와 장세 판단에 대해 살펴보았습니다.

이제부터는 여러분이 이 두 가지 개념의 중요성을 숙지했다는 전제하에 주식이라는 도박을 통해 어떻게 수익을 낼 수 있는지에 대한 구조와 세부적인 종목 선정 및 매매 기법에 대해 알아보겠습니다. 우선 여기서 알아볼 부분은 수익과 손실에 대한 구조입니다.

만일 여러분이 치밀하게 자금 관리를 하는데, 실제 매매에서는 평균적으로 계속해서 손실이 난다면 자금 관리를 하는 것이 의미 있을까요? 아무 의미가 없습니다. 아무리 자금 관리가 중요해도 매매 과정에서 손실만 본다면 치밀한 자금 관리도 결국은 천천히 죽어가는 과정일 뿐이기 때문이죠.

그렇다면 매매 과정에 있어 평균적으로 수익을 내는 매매 구조를 확립하기 위해서는 어떻게 하면 될까요? 간단합니다. 널리 알려진 것처럼 손실은 작게, 수익은 크게 하면 됩니다.

그런데 자세히 따져보면 이게 그리 간단한 것이 아닙니다. 손실을 무작정 짧게만 끊어주고 긴 수익만 노리면, 너무 손실을 자주 보아서 오히려 평균적인 매매 과정에서 손해를 보게 됩니다. 반대로 손실을 보는 횟수를 줄이기 위해 지나치게 짧은 수준에서 수익을 실현하고 손절폭을 길게 잡아도 문제가 될 수 있습니다. 따라서 지금부터는 이런 부분들을 어떻게 조화시켜야 승산 있는 수익 구조가 되는지를 자세히 살펴보겠습니다.

손실은 작게 수익은 크게

친구와 가위바위보로 내기를 한다고 가정합시다. 여러분이 이기면 1만원을 받고, 지면 1만원을 주는 규칙입니다. 단, 비기는 경우는 무효로 한다고 가정하겠습니다.

이 내기는 지속할 가치가 있는 내기일까요? 지속할 가치가 없죠? 게임을 통해 얻을 수 있는 평균 기대 수익이 장기적으로는 0이기 때문입니다. 왜냐하면 이길 확률과 질 확률이 50%로 같은데, 이겼을 때 따는 돈과 졌을 때 잃는 돈이 서로 같기 때문입니다.

이렇게 어떤 게임이나 내기에서 이겨 수익을 낼 확률을 '승률'이라 하고, 평균적인 손실에 대한 이익의 비를 '손익비'라고 합니다. 이 예에서는 승률이 50%이고, 손익비는 1이라고 할 수 있습니다.

여러분 쪽으로 승산이 있기 위해서는 초능력을 발휘하여 상대방이 무엇을 낼지 미리 알아냄으로써 이길 확률 자체를 높이거나, 이길 확률은 그대로이지만 게임의 규칙을 바꿔 내가 이길 때는 상대에게 2만 원을 받고 대신 질 때에는 1만원만 내도록 하면 됩니다. 승산이 있으려면 승률이 높든지, 아니면 손익비가 높든지 둘 중 한 가지 이상의 조건을 갖추어야 한다는 것이죠.

승률과 손익비의 개념은 도박에서 발달된 개념입니다. 고스톱이든 포커든, 어떤 종류의 돈놀이든 승률과 손익비의 개념이 존재하고 있습니다.

주식도 마찬가지입니다. 주식은 일종의 '국가 공인 도박'이라고 할 수 있습니다. 주가의 오르내림에 따라 돈을 딸 수도 있고, 잃을 수도 있습니다. 딸 가능성이 높을 수도 있고, 낮을 수도 있습니다. 도박의 구조적인 속성이 모두 존재하고 있습니다.

그렇다면 주식이라는 도박을 통해 돈을 벌기 위해서는 어떤 수익 구조를 갖추어야 할까요? 사면 떨어지지 않고 오를 확률이 높은 자리를 찾아내서 '승률'을 높이거나, 승률은 좀 떨어져도 한 번 먹을 때 크게 먹을 수 있는 손익비가 큰 자리를 찾아서 매매하면 됩니다. 물론 승률과 손익비 둘 다 높다면 금상첨화겠죠.

승률과 손익비의 관계

하지만 실제로 매매를 해보면 승률과 손익비를 높인다는 게 말처럼 쉽지 않음을 느끼실 것입니다. 많은 분들이 이런 경험을 하셨을 겁니다. '분명히 나는 열 번 중에 일고여덟 번은 수익으로 마무리하는데, 계좌는 거의 본전이나 마이너스다. 도대체 뭐가 문제인지 모르겠다.'

그때는 승률과 손익비에 대해 진지하게 생각해봐야 합니다. 근본 원인은 승률과 손익비의 부조화 때문이죠. 좀 더 자세히 말씀드리면, 손익비는 무시한 채 오로지 승률에만 집착하는 습관 때문에 그렇습니다.

열 번의 매매 중에서 1% 수익이 나자마자 바로 팔아서 여덟 번은 수익을 냈습니다. 그러나 손실이 날 때는 두 번에 불과하지만 수익으로 마무리해야 한다는 일념으로 버티다가 결국 10% 손실 두 방을 얻어맞았다고 합시다. 어떻습니까? 이 매매의 승률은 80%입니다. 하지만 수익은 8%, 손실은 20%이기 때문에 결과적으로는 12%의 손해를 본 셈이 됩니다.

승률이 80%밖에 안 되어 그런 걸까요? 승률을 좀 더 높이면 어떻게 될까요?

1% 기다리는 것도 너무 위험해서 0.5%부터 수익을 실현했다고 칩시다. 그래서 아까 매매한 10% 손실 한 방도 0.5% 수익으로 끝낼 수 있었다고 칩시다. 그렇다면 이번 경우에는 돈을 벌었을까요? 아닙니다. 0.5×9−10=−5.5%, 그래도 5.5%나 손실을 보았습니다.

승률이 90%씩이나 되는데도 계좌는 손실입니다. 혹시 여러분의 현재 매매 구조가 이렇지는 않나요?

이젠 반대의 경우를 생각해보죠. 승률은 낮지만 손익비가 큰 경우 말입니다. 열 번 매매를 할 때, 2% 손실이 나면 무조건 손절하되, 수익이 날 때에는 손절 수준의 3배인 6%를 챙기는 매매를 한다고 가정해보겠습니다.

2% 정도의 손실에도 손절을 해야 하기 때문에 열 번의 매매 중 일곱 번 손절을 당했다고 가정하겠습니다. 대신 세 번의 수익에서 6%의 수익을 냈다고 합시다. 승률은 30%에 불과합니다. 하지만 계좌상으로는 어떨까요? 손실은 −2×7=−14%이지만, 이익은 6×3=18%, 따라서 4%의 수익으로 마무리했습니다.

어떻습니까? 어디에 문제가 있는지 발견하셨습니까? 돈을 버는 매매 구조에는 승률을 높이거나 손익비를 높이는 두 가지 방법이 있는데, 승률과 손익비가 적절한 수준으로 조합이 되어야 승산 있는 매매 구조가 확립된다는 것이죠. 승률이 엄청나게 높아도 손익비 자체가 지나치게 낮으면 망한다는 것입니다. 물론 반대의 경우도 마찬가지고요.

일반적으로 승률과 손익비는 반비례 관계에 있습니다. 왜냐하면 승률을 높이기 위해 매수 이후 이익이 날 때 그냥 내버려두었다간, 벌었던 이익을 까먹고 손실로 전환될 수 있기 때문에 조그마한 수익이라도 발생하면 최대한 빨리 매도해야 한다는 것을 의미합니다. 따라서 기대수익은 줄어듭니다. 하지만 손실이 나고 있을 때 승률을 높이기 위해서는 주가가 다시 올라올 기회를 놓치지 않고 최대한 매도를 늦춰야 하는데 운이 나빠 수익으로 마무리되지 않는 경우에는 손실이 엄청나게 커집니다.

때문에 높은 승률에만 집착하는 매매의 경우 승률 자체는 높지만, 계좌상으로는 수익보다 손실로 마무리될 매매 구조가 성립될 가능성이 높습니다.

물론 승률을 억지로 낮추어야 하고, 승률이 높은 매매법보다 손익비가 높은 매매법이 더 우월하다는 것은 아닙니다. 지나치게 높은 손익비만 추구하다 보면 승률이 너무 떨어져 오히려 손해를 보는 경우도 나타날 수 있는 것이죠.

승률에 대한 오해

하지만 여러분이 막연하게 환상을 품고 있는 80~90%의 승률은 실제 주식 매매에서 나타나기 힘듭니다. 왜 그럴까요?

어떤 기법의 승률이 몇 퍼센트니 어쩌니 많이 따지는데, 사실 '손익비'의 개념 없이 '승률' 자체만 놓고 따지는 것은 아무 의미가 없습니다.

여러분이 어떤 기법이나 원칙을 가지고 매수한 이후 수익을 실현해서 '승'으로 처리된 경우, 매수 이후에는 단 0.1%도 안 떨어지고 무조건 올라야만 되는 것은 아니지 않습니까? 운이 좋아서 사자마자 오르는 경우도 있지만, 매수한 이후 1~2% 정도 소폭으로 하락하다가 다시 올라서 수익으로 마무리하는 경우도 많죠?

이런 상황에서 '승률'에 대한 잘못된 개념을 가지고 '승률' 자체에만 집착한다면, 매수 이후 소폭의 하락이 나타날 때 다음과 같은 오류에 빠질 수 있습니다.

'이 기법의 승률은 80%라고 하던데, 왜 매수한 이후 0.5%가 빠질까? 이 경우는 기법이 안 먹히는 20%인가 보다'라고 생각하여 손절할 수 있기 때문입니다.

내가 매수한 이후 그 가격에 비해 주가가 오르느냐 내리느냐의 여부는 '확률적으로 50%를 절대 초과할 수 없습니다'. 왜냐하면 주가의 움직임에서 볼 수 있는 경우의 수는 오르거나 내리거나 딱 두 가지밖에 없기 때문입니다.

어떤 매매 기법의 승률이 높다는 것은 매수한 이후에 오를 확률이 높다는 의미가 아닙니다. 매수 이후 단 0.1%도 안 떨어지고 무조건 올라 수익으로 마무리될 확률이 아니라, 일정 수준의 하락 한계 내지는 손실 한계를 용인한 상태에서 손절되지 않고 수익이 날 확률을 의미합니다. 이 허용 가능한 손실 한계가 소위 '손절선'입니다.

손절폭을 길게 잡으면 많이 떨어져도 손실로 확정짓지 않으면 반등할 가능성도 높아지므로 승률이 높아집니다. 대신 손절폭을 짧게 잡으면 조금만 하락해도 손절에 걸리므로 승률이 떨어집니다. 손절선을 짧게 잡으면 승률은 떨어지지만 손실 정도가 작기 때문에 손익비는 커지고, 손절폭을 길게 잡으면 승률은 높아지지만 손익비가 낮아지는 결과가 나타나죠.

이와 같이 '승률'이라는 개념은 손익비와 반비례 관계에 있을 뿐만 아니라, '손익비'와 따로 떼어놓고는 생각할 수 없습니다. 손익비에 대한 개념 없이 오로지 승률에만 집중하면 큰 오류에 빠지게 되는 것이죠.

그런데 무엇이 중요합니까? 내가 매수한 이후에 주가가 오를지 내릴지를 우리가 컨트롤할 수 있습니까? 불가능합니다. 주가가 오를지 내릴지는 오로지 시장이 결정하는 것입니다.

승률과 손익비의 조화를 이루려면

승률에만 목을 매는 매매 구조에는 본질적인 문제점이 있고, 승산 있는 매매 구조를 만들기 위해서는 승률과 손익비를 적절히 조화시켜야 한다는 것을 알 수 있습니다. 지금부터 승산 있는 승률과 손익비를 한번 조합해보겠습니다.

터무니없이 높은 승률 자체가 아무 의미 없다는 걸 알았기 때문에 일단 승률은 합리적인 50% 수준에서 시작해보겠습니다. 승률이 50% 라면, 손익비는 어느 정도가 되어야 수익이 가능한 매매 구조일까요? 최소한 1은 넘어야겠죠? 오를 가능성과 내릴 가능성이 같다면, 딸 때에는 최소한 잃는 수준 정도 이상은 벌어야 하기 때문이죠.

승률이 30%라면 손익비는 최소한 어떻게 되어야 할까요? 승률이 30%라면 실패할 가능성은 70%이고, 수익/손실=X(손익비)라고 한다면, 한 번의 매매에서 기대할 수 있는 수익의 기댓값은 $0.3X-0.7$이고, 이

것이 0보다 커야 하므로, X=0.7/0.3=2.3, 대략 2.3 이상이 되어야 한다는 것을 알 수 있습니다.

즉, 어떤 매매에서 승률이 30% 정도밖에 되지 않는 경우에는 열 번 중 일곱 번을 잃더라도 세 번 이길 때엔 손실 규모의 최소 2.3배 수준 이상의 수익을 챙겨야 이익을 낼 수 있는 매매 구조가 확립된다는 것이죠.

일반화하면, '손익비〉(1−승률)/승률'이 되어야 최소한 잃지 않는 수준의 매매를 할 수 있다는 결론에 이릅니다.

수익을 위한 승률과 최소 손익비

승률	30%	40%	50%	60%	70%
최소 손익비	2.3	1.5	1	0.67	0.43

현실적으로 승률이 50% 부근인 30~70% 정도로 잡았을 경우, 최소한 본전치기라도 할 수 있는 손익비는 앞의 예에서 볼 수 있듯이 0.5~2.5 사이가 된다는 것을 알 수 있습니다.

손익비가 0.5 이상이라는 것은 무엇을 의미합니까? 여러분이 아무리 승률이 높은 매매에 집착한다 할지라도 수익이 최소한 손절 규모의 절반 이상은 되어야 한다는 것을 의미합니다. 예를 들어 승률이 높은 매매를 추구할 경우(승률 70%로 가정), 5%를 손절선으로 잡고, 대신 승률이 높은 매매 기법을 구사한다면 최소한 2.5% 이상의 수익을 내고 나와야 한다는 것이죠.

승률보다 손익비를 크게 하는 매매를 추구한다면(승률 30%), 열 번 중 일곱 번은 5% 손실을 보더라도 한 번에 11% 정도는 수익을 올려야 그나마 의미 있는 수준의 매매를 할 수 있다는 것이죠.

손절선은 5%, 10%로 잡았는데, 이익을 낼 때에는 1%, 2% 먹고 빠져나오는 매매는 결국 어떻게 되겠습니까? 극단적으로 승률이 높지 않은 이상, 계좌는 '파랗게' 멍들 수밖에 없습니다.

주식 매매에 있어 매매 기법의 승률이나 손익비는 종목과 장세에 따라 다르고, 상황에 따라 워낙 가변적이어서 이런 정형화된 수치를 적용할 수 없습니다.

하지만 평균적인 매매의 승률을 50% 정도라는 현실적인 척도에 맞추어놓고 본다면, 일반 매매에서의 대략적인 최소 손익비는 1 이상이 되어야 하고, 이는 이익 목표치가 최소한 손절선 수준 이상은 되어야 한다는 것을 의미합니다.

승률이 아무리 높아도 익절 수준은 손절선의 최소한 반절 이상, 승률을 양보한다면, 손절선 수준이나 그 2배 이상의 수준(일반 트레이딩 원칙에서는 3배 정도를 이상적인 값으로 추천합니다)이 되는 매매 기법을 구사해야 한다는 것이죠.

만일 이에 대한 개념 없이 손절은 10%로 잡고 익절은 1~2%로 잡는 식의 매매를 지속하면, 이 매매의 기대 수익은 마이너스이기 때문에 아무리 자금 관리를 잘해봐야 계좌는 장기적으로 우하향 곡선을 그리게 됩니다. 결국 자금 관리라는 것도 실제로 매매 과정이 평균적으로 플러스라는 가정하에 의미가 있기 때문이죠.

승률과 손익비를 높이는 방법

    그렇다면 구체적으로 어떤 종목을 어떤 자리에서 어떻게 매수하고 매도해야 승산 있는 승률과 손익비에 따라 수익을 낼 수 있을까요? 아무 종목을 아무 자리에서 아무렇게나 사서 그냥 수익만 길게 본다고 수익을 낼 수 있는 것은 아니죠?

    승률을 높이기 위해서는 어떻게 하면 될까요?

    기본적으로 승률을 높이는 매매 방식은 단기 매매입니다. 왜냐하면 주가가 어디로 튈지 모르기 때문에 일정 수준의 수익이 발생했다고 마냥 박수 치며 좋아하다 시간이 흐르면 하락할 수도 있기 때문이죠.

    승률을 높이기 위한 첫 번째 방법은 단기 매매의 관점에서 접근하여 수익이 발생했을 때 최대한 적극적으로 실현하는 것이라고 할 수 있습니다. 단기 매매이므로 손절선도 짧게 잡고, 익절선도 손절선의 수준을 고려하여 1~2배 수준으로 잡는 것이 적당합니다.

또 다른 방법은 분할 매수입니다. 자금을 한 번에 투입하는 것이 아니라 두세 번에 걸쳐 나누어 투입하면 주가가 추가 하락해도 손절하지 않고 저가에 재매수할 수 있고 평단가를 낮춰주기 때문에 이후에 주가가 조금만 반등해도 수익권으로 마무리할 수 있죠.

손익비를 높이기 위해서는 어떻게 하면 될까요?

기본적으로 손익비를 높이기 위한 매매 방식은 중기 이상의 추세 매매입니다. 내가 매수하고 나서 하루 만에 큰 시세가 나기도 하지만, 기본적으로 주가는 '등락'을 거듭하며 움직이기 때문에 어느 정도의 큰 시세가 나기 위해서는 반드시 '시간'이 필요합니다.

첫 번째 방법은 기다림입니다. 매수한 이후 바로 주가가 급등하는 경우도 있지만, 대개 주가는 등락하면서 움직이기 때문이죠. 따라서 의미 있는 수준의 큰 시세를 노리기 위해서는 큰 시세가 날 때까지 진득하게 기다리는 과정이 필요합니다. 수일에서 수 주 동안 주식을 보유하면서 큰 수익을 얻으려면 단기 매매보다는 손절폭을 어느 정도 여유 있게 잡아야 잦은 손절을 방지할 수 있습니다.

두 번째 방법은 분할 매도입니다. 분할 매도란 한 번에 물량을 다 팔지 않고 여러 번에 걸쳐 나누어 파는 것을 말합니다. 예를 들어 10% 수익권에 도달했을 때 3분의 1을 매도하고, 20%에 도달하면 3분의 1을 매도하고, 나머지 물량은 30% 이상 수익권에 도달했을 때 매도하는 것과 같은 방식이죠. 이는 주가 등락에 따른 스트레스를 날릴 수 있습니다. 더욱이 한 번에 큰 시세를 노리고 홀딩할 경우 주가가 상승했다가 재차 하락해서 수익을 까먹는 경우, 수익의 기회를 날려버리는 것과 같은 상황을 방지하면서도 큰 추세를 누릴 수 있는 방법입니다.

❶ 매수 이후 주가가 오르냐 내리냐의 여부는 실제로는 50%에 불과하고 이를 초과할 수 없다.

❷ 주가가 오를지 내릴지의 여부는 우리가 결정할 수 없으며, 매도 결과는 승률과 손익비의 조화에 의해 나타난 것이다.

❸ 승률은 손익비와 떼어놓고 생각할 수 없으며, 승률과 손익비는 반비례한다.

❹ 주가가 오르냐 내리냐의 여부는 결국 반반을 초과할 수 없다는 가정하에, 승률 자체는 보수적으로 대략 50% 수준으로 보고 그 수준에서의 손익비를 극대화시키거나 승률을 적당히 높이는 선에서 손익비를 타협하는 매매 구조를 확립해야 한다.

제5장

주가가
움직이는 원리

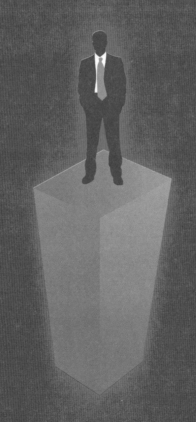

지금까지는 여러분이 막연하거나 생소하게만 접했던 자금 관리나 수익의 구조적인 측면에 대해 집중적으로 살펴보았습니다.

이러한 매매 구조적인 요소를 실제 매매와 기법에 적용하려면 우선 주가가 어떻게 형성되고 움직이는지에 대한 원리를 알고, 이를 기법에 통합시키는 과정이 필요합니다. 지금부터는 이 점에 대해 살펴보겠습니다.

주가를 움직이는 근본 요인

여러분은 주가를 움직이는 근본 요인이 무엇이라고 생각하십니까?

'저평가된 기업의 가치가 본래의 가치를 찾아가는 과정에서 주가는 상승한다.'

'돈 많은 특정 세력이 주가를 띄우거나 하락시키기 때문에 주가는 움직인다.'

'수급, 즉 수요와 공급에 의해 주가는 움직인다.'

모두 맞는 말입니다. 하지만 주가를 움직이는 '궁극적이고' '근본적'인 요인은 이전에도 말씀드렸듯이 주식으로 돈을 벌려는 인간의 탐욕이라고 할 수 있습니다. 왜냐하면 주식투자의 유일한 목적이 돈을 버는 것이기 때문이죠.

주가가 어떻게 움직이는지에 앞서 그보다 더 근본적인 개념인 '가격'이 어떻게 형성되는지에 대해 알아볼 필요가 있습니다. 왜냐하면 주가도 결국은 주식이라는 유가증권의 '가격'이기 때문이죠.

　잘 아시는 것처럼 가격은 수요와 공급에 의해 결정됩니다. 현재 가격이 움직이지 않는 것은 현재 가격대에서의 수요와 공급이 일치하기 때문이고, 이 상황에서 순간적으로 수요가 공급을 초과하면 가격이 상승하고, 공급이 수요를 초과하면 가격은 하락합니다. 이후 다시 수요와 공급이 일치하는 지점에서 가격 진행은 멈추고 새로운 가격이 형성됩니다. 수요와 공급, 이를 소위 '수급'이라고 합니다.

수급에 대한 오해

그런데 너무 많은 사람들이 이 '수급'에 대해 잘못된 개념을 가지고 있습니다. 좀 더 구체적으로 살펴보면, 수요가 공급을 초과하거나 또는 공급이 수요를 초과한다는 개념에 대해 오해를 합니다.

한 가지 예를 들겠습니다. 여러분이 아주 큰 과일 시장에 왔습니다. 현재 사과 하나의 가격이 1000원입니다. 만일 사과를 사려는 사람보다 팔려는 사람이 많으면 가격이 올라갈까요, 내려갈까요? 반대로 팔려는 사람보다 사려는 사람이 많으면 가격이 올라갈까요, 내려갈까요?

'그야 당연히 사려는 사람이 팔려는 사람보다 많으면 수요가 공급을 초과한 것이므로 가격이 올라가고, 팔려는 사람이 사려는 사람보다 많으면 공급이 수요를 초과한 것이므로 떨어지지 않겠냐? 너무 뻔한 소리 아니냐?'

네, 맞습니다. 사과가 몸에 좋다는 뉴스가 퍼지면 사람들의 매수 수요가 몰릴 것이므로 가격이 상승하고, 사과가 암을 유발한다는 뉴스가 퍼지면 매수 수요가 감소할 것이므로 가격이 하락하겠죠.

그렇다면 질문을 다르게 해보겠습니다. '반대로 사과를 사려는 사람이 팔려는 사람보다 많을 때 가격이 떨어지거나, 팔려는 사람이 사려는 사람보다 많을 때 가격이 올라가는 경우는 있을 수 없느냐?'

정답은 '얼마든지 그럴 수 있다'입니다. 어떻게 이런 경우가 가능할까요? 간단합니다. 돈만 있으면 가능합니다.

여러분에게 돈이 엄청 많다고 가정합시다. 그 돈을 다 쏟아부어 시장에 있는 사과를 모두 사기로 했습니다. 사과의 시장 가격이 1000원이었는데 여러분이 A라는 사과 가게의 사과를 그 가격에 '싹쓸이'했습니다. 그러면 상대적으로 사과 시장 전체에는 사과가 부족해져서 사과의 가격은 1100원으로 올랐습니다.

A가게에는 씨가 말랐으므로 B가게로 가서 다시 싹쓸이하기로 합니다. B가게까지 싹쓸이하자 이제는 1200원으로 오릅니다. C가게로 가니, 주인장이 욕심이 났는지 슬며시 1500원으로 올립니다. 그래도 여러분은 돈이 많으므로 싹쓸이합니다. 이런 식으로 사과 시장에 있는 사과를 싹쓸이했더니 사과 값은 2000원으로 폭등했습니다.

어떻습니까? 사과를 판 사람은 많지만 산 사람은 하나였습니다. 그런데 사과 가격은 폭등했죠?

두 번째 경우를 살펴보겠습니다. 여러분이 사과를 모두 사들이자 시장에는 사과를 파는 사람이 사라졌습니다. 팔 사과가 없기 때문이죠.

이제는 반대로 여러분이 갖고 있는 사과를 모두 팔아치우는 상황을 가정해봅시다.

일단 시장을 열었더니 김 모씨가 먼저 사과를 2000원에 열 개 샀습니다. 여러분은 남은 사과 199만 9990개를 더 팔아야겠다고 생각했습니다. 그런데 사과를 사려는 사람들은 많이 모였는데 사과 값이 비싼지 눈치만 보고 있습니다. 그래서 1900원으로 가격을 내리자 사가는 사람들이 늘어났습니다. 그런데 이 가격대에서 사과를 살 사람이 충분히 다 사가니 1900원에서도 거래가 끊깁니다.

1800원으로 가격을 더 낮추자 사려는 사람이 나타나 거래가 이루어졌습니다. 이런 식으로 가격을 내리면서 사과를 모두 팔았고, 최종적으로 사과 값은 1000원으로 떨어졌습니다.

어떻습니까? 분명히 앞의 경우엔 사는 사람이 단 한 명이었고 파는 사람은 많았는데 가격은 폭등했고, 이번에는 파는 사람이 한 명이고, 사는 사람은 많았는데 가격이 떨어졌죠? 가격이 오르내리는 것은 근본적으로 매수자와 매도자의 수에 의해 결정되는 것이 아니라는 것을 알 수 있습니다. 수요와 공급의 개념을 단순히 매수자와 매도자의 수로 착각하면 안 된다는 것입니다.

또 다른 착각은 매수량이 매도량보다 많으면 가격이 올라간다거나, 아니면 반대로 매도량이 매수량보다 많으면 가격이 떨어진다거나 하고 생각하는 것이죠. 얼핏 들으면 말이 되는 것 같죠? 그런데 5초만 더 생각해보면 말이 안 된다는 것을 알 수 있습니다. 왜일까요? 사과든 주식이든 그 무엇이든, 항상 매수량 : 매도량 = 1 : 1이기 때문입니다. 누군가 사과 100개를 산다는 것은 다른 누군가 100개를 파는 것이지, 가격이 오르거나 내린다고 200개를 팔거나 50개를 팔지는 않지 않습니까?

수급에 대한 진실

사는 사람이 많거나 매수량 〉 매도량인 경우 → 매수 우위 → 수요 우위 →
따라서 가격 상승

파는 사람이 많거나 매도량 〉 매수량인 경우 → 매도 우위 → 공급 우위 →
따라서 가격 하락

너무나 상식적이어서 생각해볼 가치조차 없던 부분을 한번 진지하
게 따져보았더니 완전히 엉터리라는 충격적인 사실을 알게 되었습니
다. 그렇다면 근본적으로 가격의 등락을 결정하는 요인과 수요와 공급
의 본질은 무엇일까요?

그것은 바로 매수세와 매도세의 '응집력과 일관성'입니다. 아까 맨
처음 든 예에서 사과가 몸에 좋다는 소식이 보도되었을 때 사과 가격
이 올라간 이유는 무엇입니까? 단순히 사려는 사람이 많아서입니까?

아닙니다. 사려는 사람들 모두 '매수'하려는 의지가 '일관되게' 나타났기 때문에 사려는 사람의 개별적인 매수 물량은 적지만, 이것들을 다 합쳤을 때 하나의 커다란 '일관되고 강력한 매수 수요'가 형성되어 가격이 오른 것이죠.

반대로 혼자서 시장의 사과 전체를 다 사버린 경우는 어떻습니까? 사는 사람은 하나이지만, 그 사람의 매수력과 매수 수요 자체가 어마어마하기 때문에, 혼자만으로도 '일관되고 강력한 매수 수요'가 형성되어 가격이 오릅니다. 팔려는 사람은 계속 비싸게 팔아도 그걸 사려는 매수 주체의 의지가 있기 때문에 가격이 올라갑니다. 매수자의 수와는 아무 관련이 없습니다.

반면, 이때 매도세의 경우는 어떻습니까? 매수세만큼 일관되고 강력합니까? 사과 가격이 오르자 팔아서 수익을 내려는 사람이 있는가 하면, 더 비싸게 팔려고 매도를 늦추며 안 파는 사람도 생기게 되죠? 매도세는 중구난방입니다. 합치되어 일관되게 팔아치우려는 강력한 '매도세'가 형성되지 않는 것이지요.

가격이 떨어지는 경우도 똑같은 원리입니다.

가격을 결정하는 궁극적인 요인은 수요와 공급인데, 수요와 공급의 올바른 개념은 매수자나 매도자의 수가 아니라, '일관되고 강력한' 매수나 매도의 '의지'를 의미합니다.

매수자의 수가 적거나 단 한 명일지라도 강력하고 일관된 매수 의지 (자금력)를 보여준다면 '강한 수요'가 형성될 수 있고, 매수자 단독의 매수세는 약하지만 매수세가 수많은 사람에게서 일관되고 동일하게 나타난다면 '하나의' 강한 매수 수요가 형성되어, 그 때문에 가격은 상승할 수 있는 것입니다. 매도 혹은 공급의 경우 또한 마찬가지입니다.

여러분은 이런 의문을 제기하실 겁니다. '뭔가 중요한 개념을 안 것 같은데, 그게 주식을 하는 데 있어 실제적으로 무슨 도움이 된다는 말이냐?'

여기서 중요한 사실은, 주식시장에서의 일관된 매수세나 매도세는 여러 매수자들이 동일한 의지로 함께 형성하는 경우보다는 어느 소수 내지 강력한 '세력'에 의해 형성되고 좌우되는 경우가 훨씬 더 많다는 것입니다.

'그렇다면 도대체 왜 주식시장에서는 개미들이 연합해서 가격을 선도할 수 없는가?'

'왜 음모론적 관점에서만 접근해서 세력이라는 집단만 가격을 움직일 수 있는가? 그 이유와 근거는 무엇인가?'

'설령 그렇다 쳐도, 이게 주식투자에 구체적으로 도움이 되는 영양가 있는 정보인가?'

이제부터는 이 부분에 대해 집중적으로 살펴보겠습니다.

주가는 세력이 만든다

■ 세력이란 누구인가?

세력은 돈이 엄청나게 많아서 어떤 종목의 주가를 마음대로 올렸다
내렸다 할 수 있는 개인 혹은 소수의 집단을 말합니다. '큰손'이라고도
하지요.

많은 사람들이 '세력'이라고 하면, 명동의 사채 자금을 끌어다 코스
닥 저가주를 장악해서 작전을 벌이는 슈퍼개미나 부티크 정도로만 생
각합니다. 물론 이런 집단도 세력이지만, 거래소의 중대형주에 개입해
서 가격을 선도하는 기관(투신, 기금, 사모펀드 등)이나 외국인 투자자들
역시 세력입니다. 이들은 자금력이나 정보력에 있어 개인 세력과 비교
가 되지 않습니다. 차원이 다른 메이저리거들이죠.

세력의 반대는 개미입니다. 여러분이나 저나 다 개미입니다. 대다수
개인투자자의 투자 금액은 수백만원에서 수천만원이 대부분이고, 많

아봐야 몇억 정도에 불과하죠. 그에 비해 세력의 투자 자금은 최소 수십억에서 수백억, 수천억에서 조 단위까지 이릅니다.

세력이 없는 주식은 하나도 없습니다. 단순한 음모론으로 치부하거나 말도 안 되는 소리라고 하는 것은 무식한 발상입니다.

■ 왜 세력이 아니면 주가를 움직일 수 없는가? – 두 가지 이유

여러분 중에는 분명 이런 생각을 하는 분이 계시리라 생각합니다.

'엄청나게 돈 많은 세력이 어떤 종목에 개입해서 가격을 떡 주무르듯 올리고 내리고 할 수도 있지만 호재나 주가가 오를 만한 좋은 이슈가 퍼지면 그 뉴스를 접한 개인투자자들의 매수세가 집중적으로 몰려 가격이 오르거나 또 내릴 수 있지 않느냐? 그래서 개미들이 가격을 선도할 수 있지 않느냐? 물론 사는 건 나도 사지만 이러한 뉴스나 정보를 하나의 구심점으로 해서 일관된 수요나 공급이 형성될 수 있지 않느냐?'

하지만 결론부터 말씀드리면, 그럴 가능성은 희박하다고 할 수 있습니다. 왜 특별히 주식시장에서는 세력이 아니면 가격의 움직임을 선도할 수 없을까요?

여기에는 크게 두 가지 이유가 있습니다.

첫 번째 이유는 종목의 분산성입니다. 현재 우리나라 주식시장에 상장된 종목은 1800개가 넘습니다. 만일 1800개가 아니라 18개였다면, 괜찮은 뉴스가 한두 종목에 떴을 때, 우리나라에서 매매하는 개미들이 그 뉴스를 보고 모두 달라붙어 주가가 급등하는 시나리오가 충분히 가능합니다. 산발적인 개미들의 매수세가 일치단결해서 몰리기 때문에,

일관성 있고 방향성을 가진 커다란 수요가 형성될 수 있습니다.

하지만 종목이 저렇듯 많은 데다, 분산되어 있기 때문에 내가 괜찮다고 생각한 종목에 다른 개미들도 집단적으로 똑같이 일관된 매수세가 유입되기는 어렵습니다. 타깃이 너무 많아 실탄이 분산되는 것이죠.

두 번째 이유는, 산발적인 개인에 의해서는 일관된 주가의 상승을 기대하기 어렵다는 것입니다.

2012년 4월 12일 현재 삼성전자는 전일 대비 2.9% 하락했는데, 거래 대금은 6445억원이군요. 여러분이 거금 1000만원을 투입해서 매수했을 때 삼성전자 주가를 얼마나 올릴 수 있을 것 같습니까?

삼성전자의 경우 0.1% 남짓한 한 호가 올리는 데 자금이 필요할까요? 오늘을 기준으로 살펴보니 물량의 차이는 있지만 한 호가에 걸려 있는 수량을 300주 정도로 잡는다면, 주가를 대략 127만원으로 잡고 계산했을 때 대략 3억 8000만원 정도가 나오는군요. 4억 정도를 투입해야 순간적으로 0.07% 정도 찔끔 올릴 수 있다는 얘깁니다 .

따라서 이렇게 유동성이 큰 대형주로 추세적인 움직임을 이끌어내려면 적어도 수천억에서 조 단위의 자금이 필요합니다.

호재가 뜨면 얘기가 달라질까요? 여러분이 호재를 보고 산다 해서 다른 개미도 꼭 사기만 할까요? 설령 여러 개미가 달라붙어 가격이 오르면, 올랐기 때문에 오히려 차익 실현을 하기 위해 파는 개미는 없을까요? 0.1%도 안 되는 가격의 움직임을 수 초 동안 유지하는 데에도 어마어마한 자금이 소요되고, 가격이 오르락내리락할 때 살지 팔지는 사람마다 생각이 다릅니다. 더욱이 거래 대금과 유동성이 어느 정도 있는 종목의 가격을 1% 정도 올려서 유지하기 위해서도 여러분이 생각하는 것보다 상상할 수 없을 정도로 훨씬 큰 자금과 일관된 매수세가 필요하다는 것을 알 수 있습니다. 우량주뿐만 아니라 코스닥 저가주 역시 마찬가지입니다.

주가는 절대로 '산발적인 개인'이 만들지 못합니다. 추세를 가지고 움직이는 종목은 모두 '돈 많은 세력'이 개입되어 있다는 사실을 이제는 단순한 음모론이나 삐뚤어진 시각으로 바라볼 게 아니라 아주 당연한 일로 받아들여야 합니다.

내가 샀으니 올라가겠지, 좋은 뉴스가 떠서 다른 사람도 많이 샀을 테니 올라가겠지라는 생각이 얼마나 터무니없이 순진하고 잘못된 생각인지 아시겠습니까? 더군다나 호재성 뉴스는 세력이 개인들의 매수세를 순간적으로 유도해서 털어먹기 위한 수단으로 비일비재하게 쓰인다는 것, 앞에서 이미 확인한 바 있죠?

주가는 여러분이 어마어마하게 많은 돈을 투입하지 않는 한 여러분이 산다고 해서 크게 오르거나, 여러분이 판다고 해서 폭락하지 않습니다. 여러분의 영향은 말 그대로 '새 발의 피'입니다. 주가는 오르든 내리든 기본적으로 세력이 움직입니다.

■ 세력이 주가를 만든다는 사실이 중요한 이유

주가는 세력이 만든다는 사실을 아는 것이 중요한 이유는, 이 사실을 제대로 알아야만 어떻게 투자하고 어떻게 매매해야 하는지에 대한 답이 나오기 때문입니다. 주가는 근본적으로 세력이 만들고 움직인다는 사실을 깨달았다면, 즉 세력이 어떻게 가격을 형성하고, 올리고, 내리며 어떤 패턴으로 주가를 움직이는지를 알고 분석하면 돈을 벌 수 있지 않겠습니까?

세력이 어떻게 가격을 움직이는지를 알아보기에 앞서 주식 매매자들에게 공통적으로 나타나는 심리를 알 필요가 있습니다. 왜냐하면 이 원리를 이용해 세력이 가격을 움직이고 주식 매매자들이 시장에 참여하기 때문입니다.

주식 매매자들의 심리

첫째, 모든 주식 매매자들은 본질적으로 주식으로 돈을 벌려는 투기꾼이고, 기왕이면 많은 돈을 벌려고 합니다. 외국인이든, 개인이든, 기관이든, 세력이든 모든 주식의 매매 주체의 공통적이고 근본적인 목적은 돈을 버는 것이기 때문이죠.

둘째, 모든 주식 매매자들은 매수한 이후 수익이 어느 정도 나서 이익을 보는 상황에는 이후에 작은 조정이 나와도 추가 상승에 대한 기대감으로 주식을 보유하려는 경향이 강합니다. 일단은 수익권이고 크게 손해 보지 않은 상황에서는 심리적으로 여유가 있기 때문에 추가 상승을 기대하고 함부로 팔지 않는 것이죠.

마지막으로, 모든 주식 매매자들은 뜻하지 않게 일정 수준 이상의 손해를 보면, 추가 수익보다는 일단 원금이라도 찾고 싶은 '본전 심리'가 발동합니다. 여러분 중에 손실이 나고 있는데, 이 종목 가지고 수백

퍼센트 수익이 났으면 좋겠다고 생각하시는 분이 계십니까? 여러분이
그러시다면 다른 사람도 마찬가지십니다. 손해를 보기 싫어하는 인간
의 심리는 다 똑같습니다.

여기까지가 주식 매매자들의 공통적인 심리입니다. 요약하면 다음
과 같습니다.

모든 주식 매매자들은 수익을 원하고, 손실은 원하지 않는다.
위의 공통된 심리에는 예외가 없다.

매집과 돌파 그리고 차익 실현

　주식 매매자들의 공통된 심리를 알았으니, 이제 주식으로 돈을 벌 수 있는 방법에 대해 본격적으로 알아보겠습니다. 즉, 주가는 결국 세력이 움직이기 때문에 주식으로 돈을 벌 수 있는 방법은 세력이 돈을 버는 방법을 연구해서 그 원리를 이용하는 것이라고 할 수 있습니다.

　따라서 지금부터는 세력이 돈을 벌기 위해 어떻게 주가를 움직이는지 그 과정에 대해 상세히 알아보겠습니다. 이 과정을 살펴보고 나면, 우리는 어느 시점에 매매에 동참해야 하는지 알 수 있게 됩니다.

　세력이 주식으로 돈을 많이 벌 수 있는 방법은 딱 한 가지입니다. 무엇일까요? 싼 가격에 주식을 많이 사서, 비싼 가격에 팔면 됩니다. 아주 단순하죠?

　지금부터는 이 단계를 차례대로 분석해서 실제로 어떻게 나타나는지 살펴보겠습니다.

■ 싼 주식이란?

　여러분, 제가 글을 쓰고 있는 현재 시점의 삼성전자 주가는 126만원입니다. 싼 주식일까요, 비싼 주식일까요?

　물론 일반적인 기준에 비추어봐도 비싸고, 10년 전 가격에 비해서도 엄청나게 비싼 주식이죠. 그러나 10년 후에 삼성전자 주가가 800만원이 넘어간다고 가정하면 지금의 가격은 터무니없이 싼 가격이겠죠?

　주식이 싼지 비싼지는 절대적인 개념이 아니라, 상대적인 개념입니다. 비교하려는 기준 시점이 어디냐에 따라 달라지는 것이죠.

　그런데 우리가 비교하고자 하는 기준점은 어디인가요? 이전 시점입니다. 그렇다면 싼 주식이란 어떤 주식일까요?

　그동안 지속적으로 하락하거나, 이전과 비교해보았을 때 가격이 상대적으로 떨어진 주식을 싼 주식이라고 할 수 있습니다.

■ 싼 주식을 많이 사는 방법 – 매집, 횡보

　여러분은 이제 세력입니다. 여러분이 나름대로 종목을 검색해본 결과, 장기간 하락해서 충분히 싸다고 생각되는 '동부하이텍'이라는 종목을 발견했다고 칩시다. 이제 여러분이 해야 할 일은 이 주식을 싼 가격대에서 '많이' 사들인 뒤 가격을 올려 비싸게 파는 것입니다.

　1만 8000원 하던 주식이 폭락을 거듭해 3300원이 되었고, 여러분은 이 가격대에서 이 주식 300만 주를 매수하기로 했다고 가정합시다.

　그런데 원하는 대로 체결이 되었을까요? 아닙니다. 이유는 간단합니다. 여러분이 그 주식을 사기 위해서는 기존 보유자들이 동일한 가격에 동일한 물량을 팔아야 하는데, 손실을 보고 있는 기존 보유자의 입장에서는 본전치기의 심리가 발동해 손실을 보면서도 팔려 하지 않기 때문입니다.

그래서 여러분은 조금 더 높은 가격에 비싸게 사서 물량을 확보했습니다. 어차피 싼 가격에는 보유자들이 안 팔 것이므로 내가 그것을 감수하고 좀 더 비싼 가격에라도 사는 상황이기 때문이죠.

하지만 곧 이상한 현상이 벌어집니다. 어느 순간부터는 계속 사도 가격이 잘 오르지 않고, 오히려 가격이 하락하고 심지어는 매수한 평균 매수 단가보다 가격이 떨어지는 현상까지 나타납니다.

장기간 하락하여 주가가 싸진 주식

왜 이런 현상이 발생할까요? 이 또한 주식 매매자의 본전 심리가 발동해서 그렇습니다. 낮은 가격대에선 팔 생각이 없다가, 가격이 어느 정도 올라가자 본전치기의 심리가 발동해서 강력한 매도세가 유발되는 것이죠.

본래 개미들은 생각이 모두 제각각 달라서 일관된 매수세나 매도세를 유발하기 힘들지만 본전치기의 심리는 누구나 똑같습니다. 따라서 손실을 보고 있는 상황에서 기존의 보유자들이 많이 물려 있는 가격대로 주가가 상승하면 매도세가 집중되어 마치 집단적으로 짜고 친 듯 가격이 하락하는 것이죠. 이런 현상을 '주가가 매물대에 맞고 떨어진다' 또는 '저항선에 부딪혀 떨어진다'고 합니다. 손실을 회피하려는 투자자들의 공통적인 심리가 고스란히 녹아 있는 것이죠.

그렇다면 어떻게 해야 할까요? 일단 낮은 가격대에 조금씩 매수를 걸어두고 낮은 가격까지 떨어지는 주식을 받쳐서 사는 전략을 기본으로 하되, 충분히 물량을 모으지 못하면 중간에 한 번 자금을 크게 투입해 쳐올려줘서 본전치기라도 하려는 개미의 물량을 약간 높은 가격에서 받아내면 되겠죠?

장기간 하락 추세에 있거나 빌빌거리는 주식은 본전치기라도 하려는 개미들이 그만큼 많고 물린 자금도 상당합니다. 그러면 이런 물량을 다 소화하고 싼 가격에 많은 물량을 매집하기 위해 필요한 것이 무엇일까요? 그것은 바로 '시간'입니다. 이러한 매수 과정을 장기간 유지해야 낮은 가격대에서 충분히 많은 주식을 매집할 수 있게 되는 것입니다.

이런 패턴을 차트상에서 살펴보면 거래량이 줄어 있지만 주가는 바닥권에서 등락폭이 작은 횡보성 박스권이 장기간 지속되는 형태로 나타납니다. 바로 이런 구간을 매집성 횡보 구간 또는 박스권이라고 합니다.

거래량이 줄었다는 것은 시장에서 그 종목의 인기가 없어졌다는 의미입니다. 따라서 보유하는 것이 의미가 없으므로 팔아치워서 현금화

매집성 횡보 구간

하려 하기 때문에 주가가 하락하는 것이 정상입니다. 그런데 특정 가격대 이하로 더 안 떨어지고 지지된다는 것은 누군가 그 주가를 밑에서 받쳐서 매집하며 관리하고 있다는 증거가 됩니다. 매집하는 이유는 단 하나입니다. 싼 가격에 사서 결국엔 주가를 올리겠다는 의도죠.

흔히 거래량은 줄었는데 주가가 정체하면 죽은 주식 혹은 관심 둘 필요가 없는 주식이라고 생각하는 경향이 있는데 그것은 엄청난 착각입니다. 진짜로 '죽은 주식'과 '살아 있는 주식'은 딱 하나 차이가 있습니다. 그것은 저점의 유지 여부입니다. 진짜로 죽은 주식은 거래량이 똑같이 줄었지만 주가는 줄줄 흘러내리면서 떨어지는 주식입니다.

뚜렷하고 강력한 매수 주체가 없는 가운데 개미들끼리 서로 샀다 팔았다 하니 가격이 빌빌거리며 떨어질 수밖에 없죠. 반면 살아 있는 주식은 거래량이 감소해도 특정 가격이 유지됩니다. 왜냐하면 가격이 무한정 떨어지면 세력도 손해를 보기 때문이죠. 어떤 강한 매수 주체가 그 가격대를 기준으로 물량을 확보하려는 의도가 있는 것이죠.

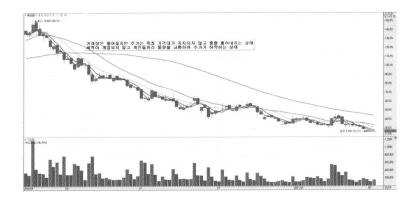

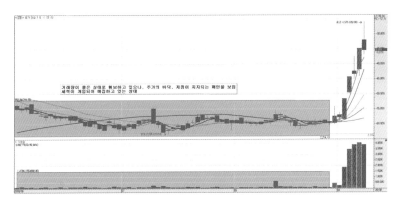

세력이 개입되지 않은 주식(위)과 개입된 주식(아래)의 차이

　지금까지 살펴본 내용을 보면 싼 가격에 물량을 많이 매집하는 데 필요한 것은 결국 오랜 시간 동안 적은 거래량을 보이지만 저점이 지지되는 가격의 횡보 현상입니다.

　한꺼번에 대량의 물량을 확보하지 못해 조금씩 오랫동안 살 수밖에 없어 나타나는 현상입니다. 이러한 현상을 가격 조정과 기간 조정이라고 합니다.

■ 세력이 주가를 올릴 때 나타나는 현상

세력이 충분히 낮은 가격대에서 물량을 많이 매집했다면, 다음 단계는 비싸게 파는 것입니다. 드디어 디데이(D-day)에 본격적으로 주가를 올리기 시작했다고 합시다. 이 상황에선 어떤 현상이 나타날까요?

단순히 주가만 크게 오른다는 사실에만 초점을 맞추었다면, 본질적으로 대단히 중요한 점을 놓치는 것입니다. 그것은 거래량이 폭발한다는 사실입니다.

세력이 저가에서 충분한 가격 조정과 기간 조정을 거쳐 나름대로 물량을 매집해도 안 털고 남아 있는 기존 보유자들은 많습니다. 주가가 아직 충분히 올라오지 않았기 때문에 끝까지 손해를 안 보고 기어이 본전 가격이라도 회복하면 팔겠다는 의지를 가진 사람들이죠. 따라서 세력이 어느 정도 매집을 끝내고 주가를 올려서 본전치기할 정도의 가격대에 도달하면 그때까지 버텼던 나머지 개인들의 물량이 한꺼번에 이 가격대에서 쏟아져 나옵니다.

세력은 이 잔당들까지 완전히 소탕하기 위해 그들이 팔아치우는 것을 다 받아주면서 가격을 올리게 됩니다. 워낙 물린 사람이 많아 거래량이 폭증하는 것이죠. 여기서는 어떤 현상이 일어납니까?

손바뀜 현상이 일어납니다. 손바뀜이란 주식의 주요 보유 주체가 바뀐다는 의미입니다. 개미들의 물량이 세력으로 넘어가는 것이죠. 사실 대다수의 물량은 이미 가격 조정과 기간 조정 과정을 통해 이미 세력에게 넘어갔지만, 마지막까지 버티는 잔당까지 대량 거래로 소탕하면 주식의 보유 주체가 바뀌게 됩니다.

이렇게 거래량이 폭발하면서 장대 양봉이 터져나오면, 지루했던 횡보 구간을 강하게 돌파하는 상황이 나타나는데, 이런 현상을 박스권 돌파라고 합니다.

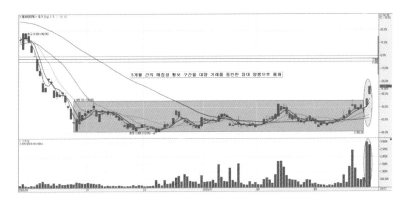

대량 거래를 수반한 박스권 돌파 현상

장기간 횡보하는 박스권을 대량 거래로 돌파했다는 것은 주식 보유의 주체가 개미에서 세력으로 완전히 바뀌어 수급에 중대한 변화가 나타났음을 의미합니다.

여기까지 진행되면 그다음부터 본격적으로 세력의 게임이 시작됩니다. 세력이 낮은 가격에서 오랜 시간 동안 온갖 압박과 설움을 견디며 엄청난 자금을 투입해 박스권을 돌파시킨 것은 대부분의 보유 물량이 세력에 넘어가고, 더 이상 강하게 매도하려는 주체들이 없어진 이 상황을 만들려는 의도입니다.

왜냐하면 이 상황을 만들어놓으면 이후에는 적극적으로 팔려는 사람들이 별로 없어 적은 금액으로도 주가를 크게 올릴 수 있기 때문입니다. 그 이유는 세력이 주가를 비싼 가격으로 올리면 단가는 높아지지만 매도 물량이 적기 때문에 투입 금액은 적어지기 때문이죠.

여기서부터 세력은 휘파람을 불어대며 가격을 마구 쳐올리기 시작합니다.

그래서 매집이 끝난 이후 박스권을 한 번 강하게 돌파하고 나면, 비싼 자리라서 떨어질 것 같지만 오히려 이전보다 훨씬 더 강력한 상승이 순식간에 나올 수 있습니다.

세력이 갖고 있는 물량의 대부분은 낮은 매집 구간대에 분포하기 때문에 평균 매수 단가는 낮지만, 박스권을 뚫어버리면 이후에는 적은 돈으로 크게 주가를 올릴 수 있어 고가에서 비싸게 대량 매도를 할 수 있는 상황이 조성됩니다.

이렇게 되면 상황이 반전됩니다. 막상 손실을 보고 털어버리거나, 박스권에서 본전치기를 한 기존 보유자들은 주가가 올라가는 것을 보면 또 마음이 바뀝니다. 장대 양봉 하나 나왔을 때는 그냥 일시적인 반등이겠거니 생각하다가, 이후에 주가가 계속 치솟는 것을 보면 손이 근질거리기 시작하는 것이지요. 계속 치고 올라가는 걸 보고 있으니, 저놈을 잡으면 크게 먹을 수 있겠구나, 조금만 더 떨어지면 사겠다는 심정으로 호시탐탐 기회를 엿봅니다.

하지만 기다리던 기회는 오지 않습니다. 세력은 이제 더 이상 적수가 없기 때문에 파죽지세로 가격을 올려댑니다. 그걸 바라보는 개미들은 애가 탑니다. 이렇게 계속 버티다가 결국 안 떨어지면, 가장 늦었다고 생각되는 때가 가장 빠른 때라는 합리화를 하며, 말도 안 되게 높은 가격에서 매수에 동참하게 되죠.

■ 세력이 비싸게 파는 방법

세력이 이렇게 높은 가격대에 도달시키고 나면, 그다음부터는 본격적으로 차익을 실현하게 됩니다. 그렇다면 어떻게 해야 세력이 저가에 매집한 물량을 최대한 비싸게 많이 팔 수 있을까요? 최고점에서 물량을 한꺼번에 다 팔면 될까요?

이렇게 하면 어떤 문제점이 생기겠습니까? 가격이 급락합니다. 왜냐하면 세력이 매집해서 보유하고 있는 물량이 대단히 많기 때문이죠. 아무리 고가에 팔아치운다 해도 이 많은 물량을 한꺼번에 팔아치운다면 가격은 급락할 수밖에 없습니다.

급락하면 높은 가격에 팔려 하다가 오히려 주가가 더 떨어져 문제가 됩니다. 게다가 이를 보고 공포심을 느낀 개미들이 이제는 던지기 시작합니다. 개미까지 투매에 나서면 하락 추세는 더욱더 가속화되는 것이죠. 그러면 세력도 큰 수익을 얻기가 힘들어집니다.

여러분이 세력이라면 이때 어떻게 매매하시겠습니까? 고가에서 대량으로 한꺼번에 털 게 아니라, 최고가 부근에서 티 안 나게 물량을 조금씩 올렸다 내렸다 하면서 야금야금 털어버리면 되겠죠?

최고가 부근에서 일부만 매도하면 주가 하락폭이 크지 않기 때문에, 이를 일시적인 조정으로 생각하는 개미들의 매수세가 계속 붙게 됩니다. 그다음에 재차 가격을 올린 다음 또 살짝 털고 그러다가 또 너무 많이 내려왔다 싶으면 다시 의도적으로 가격을 올려 개미들을 유혹하고…… 이런 식입니다.

고점에서의 매도 패턴

많은 사람들이 추세가 꺾이는 신호를 '급락'이라고 생각하는 경향이 있는데, '급락'은 단기적인 관점에서는 매수의 기회입니다. 왜냐하면 급락을 시키면 세력도 손해이고, 의도적인 급락은 개미들의 투매 물량을 받아 재차 상승시키려는 세력의 의도가 다분히 깔려 있는 경우가 많기 때문입니다. 단순히 겁을 주어 손절 물량을 유도하기 위한 일시적인 급락인지, 본격적인 차익 실현을 위한 급락인지를 구분하기 위해서는 거래량에 유의해야 합니다.

거래량이 실리지 않은 급락은 세력이 물량을 많이 팔지 않았다는 의미이므로 이후에 반등이 나올 가능성이 높지만, 고점에서 평소 수준보다 몇 배 이상의 대량 거래량이 실린 급락은 고점에서의 차익 실현을 의미하기 때문이죠.

따라서 거래량이 실리지 않은 급락은 단기적인 관점에서 매수 기회로 적극 활용해도 되지만, 대량 거래를 동반한 급락이 나오면 추세가 전환될 가능성이 높으므로 주의해야 합니다.

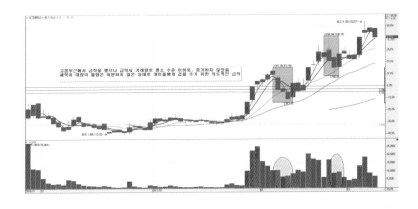

고점에서의 거래량에 따른 매도 차익 실현의 차이

　지금까지 주가가 어떤 원리에 의해, 또 누구에 의해 형성되고 움직이는지에 대해 자세히 알아보았습니다. 복잡한 내용을 다음 글 하나로 마무리하겠습니다. 주식시장의 본질을 제대로 묘사한 아주 유명한 글입니다.

　옛날 옛적, 한 남자가 나타나 마을 사람들에게 말했습니다.
　"원숭이 한 마리당 100만원에 사겠습니다."

마을 인근에는 원숭이가 흔해서 마을 사람들은 곧장 숲으로 원숭이를 잡으러 갔습니다. 마을 사람들이 잡은 몇천 마리나 되는 원숭이를 그 남자는 정확히 100만원에 구입했습니다. 그러다 보니 원숭이 수가 줄어들어 사람들은 더 이상 원숭이를 잡으러 가지 않았습니다. 그러자 남자는 원숭이 한 마리 가격을 200만원에 사겠다고 발표했습니다. 소식을 들은 사람들이 다시 원숭이를 잡으러 갔습니다. 그러나 얼마 후 원숭이 수는 더욱 줄어들었고, 사람들은 원숭이 사냥을 그만두었습니다. 남자는 250만원까지 가격을 올렸지만 이미 원숭이 수는 격감한 상태였기 때문에 잡기는커녕 찾기도 힘들어진 상태였습니다. 드디어 남자는 500만원까지 올렸습니다. 하지만 남자는 볼일이 있어 다른 마을에 잠시 다녀와야 했고, 그의 조수가 대신 원숭이를 사들이게 되었습니다. 남자가 부재중, 조수는 마을 사람들에게 말했습니다.

"지금까지 그가 모아온 이 많은 원숭이를, 당신들에게 몰래 350만원에 팔 테니까, 내일 그가 돌아오면 500만원에 되파세요."

마을 사람들은 조수의 마음 씀씀이에 고마워하며 한 마리당 350만원의 가격으로 원숭이를 사들였습니다. 하지만 그 후, 마을 사람들은 더 이상 남자도 그 조수도 두 번 다시 볼 수 없었고 원숭이들만 남았을 뿐이었습니다. 이제 주식시장에 대해 조금은 감이 옵니까?

❶ 주가는 세력이 만들고, 움직인다.

- 이유: 개인은 자금력이 부족하고 제각각 생각이 다르기 때문에 일관되고 강력한 매수 수요나 매도 수요를 만들어내기 힘들다.

❷ 세력이 주식으로 돈을 버는 방법은 싼 가격에 많은 주식을 사서, 고가에 천천히 팔아치우는 것이다.

- 싼 가격에 많은 주식을 사기 위해서는 장기간의 '매집' 과정이 필요하다.

- 손해를 보고 있는 개미들도 더 이상 싸게 팔고 싶어 하지는 않기 때문에 기간 조정을 통해 인내심을 바닥나게 해서 팔아치우게 만들거나, 반짝 상승을 통해 팔 수 있는 기회를 제공하는 가격 조정을 통해 싼값에 대량으로 물량을 매집한다.

- 본격적으로 가격을 올리기 시작하면서 장기간 횡보하던 박스권을 처음 돌파할 때는 개미들의 마지막 매도 물량이 쏟아지기 때문에 거래량이 급증한다. 대량 거래가 수반되는 박스권 돌파 시에는 세력과 개인의 손바뀜 현상이 나타난다.

- 박스권까지 뚫으면 강력한 매도세는 시장에서 사라진 상황이므로 적은 돈을 들여 가격을 급등시킬 수 있게 된다.

- 박스권을 돌파하여 주가를 상승시키는 과정 중 혹은 최고점 부근에서 서서히 물량을 터는 방법으로 차익을 실현한다.

제6장

주가의 속성과
주가 움직임의 해석

지금부터는 앞서 살펴본 원리가 실제로 차트상에서 어떻게 반영되어 나타나는지를 알아보겠습니다.

매매 기법에 대해서는 이후에 자세히 살펴보겠지만, 이것도 결국은 주가가 어떻게 움직이느냐에 바탕을 둔 것이므로 지금 살펴보는 것 자체가 매매 기법의 핵심 원리라고 생각하시면 됩니다.

우선 주가의 속성에 대해 알아보겠습니다.

주가의 속성
—추세

주가는 변덕스럽게 움직이는 것 같아도 크게 보면 '추세'라는 중요한 속성을 가지고 움직입니다. '추세'는 앞에서도 잠깐 언급한 바 있지만 여기서 좀 더 자세히 알아보겠습니다.

추세란 '일정한 움직임이 지속되는 속성'입니다. 주가의 추세란 오르는 주가는 계속 오르려 하고 떨어지는 주가는 더 떨어지려는 속성을 말합니다. 일종의 관성 같은 것이죠.

그렇다면 주식에는 왜 '추세'라는 속성이 존재할까요? 물론 앞서 살펴본 것처럼 세력이 가격의 움직임을 선도하기 때문이기도 하지만, 또 다른 이유는 '주식 매매자들의 심리'에서 찾을 수 있습니다.

여러분이 어떤 종목을 매수하려고 합니다.

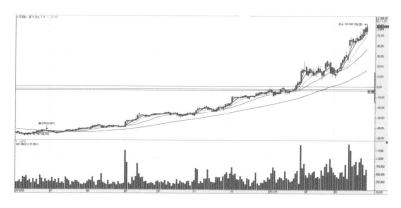

상승 추세가 유지되는 종목

첫 번째 종목은 재무적으로도 우량하고, 수급을 보아도 연일 외국인
과 기관의 매수세가 유입되어 지속적으로 신고가를 갱신하며 탄력적
으로 상승하고 있군요.

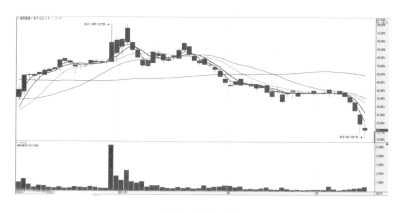

하락 추세에 있는 종목

두 번째 종목은 어떻습니까? '동전주'에다 무슨 악재가 터졌는지 두 달 넘게 계속 떨어지고 있습니다.

여러분 같으면 어떤 종목을 사시겠습니까? 당연히 첫 번째 종목이죠? 가장 큰 이유는, 잘 오르는 종목은 기본적 가치가 좋건, 강력한 세력이 개입되어 있건, 알려지지 않은 호재가 있건 분명히 오를 만한 무언가 있기 때문이죠. 또 다른 이유는 내일의 주가는 신도 모르지만 어차피 오를지 내릴지 모른다면 그래도 지금까지 계속 잘 올랐으니 앞으로도 잘 오를 것이라는 '기대 심리'가 반영되어 있기 때문입니다.

비단 주가뿐만 아니라 세상의 모든 것이 마찬가지입니다. 사람들은 이후의 사건은 예측이 불가능하지만, 방금 전까지 어떤 속성이 계속해서 일관되게 나타났다면 앞으로도 그런 속성이 이어지리라는 '관성'이 있을 것이라고 믿는 경향이 있습니다. 심리학에서는 이런 원리를 '최신 편향'이라고 합니다.

주가가 한 방향으로 움직여 추세가 형성되면 주가의 움직임에는 투자자들의 집단적인 심리 또한 개입되고, 이러한 이유로 모두들 상승 추세의 주식을 매수하게 됩니다. 주식 매수자들이 '집단적'으로 비슷한 생각을 가지고 있다는 것은 대단히 중요한 의미를 가집니다. 왜냐하면 이런 집단적 군중 심리가 동일한 방식으로 트레이딩에 반영되었을 때 추세를 더 강화시키는 효과를 낳기 때문이죠. 즉, 상승하는 주식은 계속 상승하려 하고 하락하는 주식은 더 하락하려는 속성이 더 강화된다는 것이죠.

예를 들어 상승 추세에 있는 주식이 어느 날 급락하는 경우를 가정해봅시다. 그동안 계속 올라가고 있어서 군침을 다시고는 있었지만,

가격이 너무 높아 지켜보기만 했던 매수자들은 이때다 하고 조정을 기회로 매수에 동참합니다. 이렇게 되면 상승 추세에 있던 주식은 잠시 조정을 보여도 풍부하게 존재하던 대기 매수세에 의해 하락을 멈추고 또다시 상승 추세가 됩니다.

이와 같이, 집단적으로 동일한 기대 심리를 가지고 있는 상황에서 그 심리가 실제로 트레이딩에 반영될 경우 주가의 움직임도 매매자들이 원하는 대로 움직여주는 현상을 '자기 충족적 예언이 실현된다'라고 합니다. 이러한 원리로 주가의 '추세'는 더 강화됩니다. 이 개념은 트레이딩에 있어 대단히 중요한 부분입니다.

하락 추세인 경우에는 어떻게 될까요? 여러분이 하염없이 떨어지는 주식을 고점에서 물려 보유하고 있다고 가정해보겠습니다. 앞서 말씀 드린 '본전치기의 심리'가 발동하겠죠? 그런데 여러분처럼 상투에서 산 사람들도 '다들 똑같은' 생각을 하고 있다는 게 문제입니다.

그러면 어떤 현상이 일어날까요? 주가가 계속 떨어지는 '하락 추세'가 유지되는데, 앞서 말씀드린 '최신 편향'에 의해 특별한 일이 없는한, 앞으로도 주가는 계속 떨어질 것이라는 생각을 '다들 똑같이' 하게 됩니다. 그리고 살짝 반등이 오면 너도나도 팔아치워 조금이라도 손실을 만회하려는 생각 또한 '다들 똑같이' 하게 됩니다. 속절없이 떨어지다가 잠깐 장 분위기가 좋아져 약간의 반등이 오면 어떻게 됩니까? 상승 추세와는 반대로 이제는 이때다 싶어서 '다들 똑같이' 팔아치웁니다. 상승 추세 때와는 반대로 풍부한 '대기 매도세'가 존재하기 때문에, 하락 추세는 더욱더 가속화되는 것이지요.

주가가 등락을 거듭해도 근본적으로 상승하는 주가는 집단적인 심리와 기대치가 실제 트레이딩에 반영되어 '커다란' 움직임 자체는 상승 쪽으로 가닥을 잡아 움직이고, 하락 추세에 있는 주가 또한 '커다란' 움직임 자체는 하락 쪽으로 움직일 가능성이 큽니다. 새로운 방향으로 추세가 확실히 전환되기 전까지는 말이죠. 이것이 바로 '추세'입니다.

주가의 속성

– 역추세

주가에는 앞서 말씀드린 추세와는 상반된 '역추세'의 속성도 존재합니다. 역추세란 상승하던 주가가 일시적으로 하락으로 전환되거나 하락하던 주가가 일시적으로 상승세로 전환되는 단기적인 속성을 말합니다.

주가가 상승하면, 이미 주식을 매수한 사람은 수익권에 도달합니다. 주가가 상승을 계속할수록 대기 매수세도 존재하지만, 그만큼 수익도 크게 난 사람은 차익 실현의 욕구도 커집니다. 따라서 어느 정도 오른 주식은 떨어지게 마련입니다.

반면 주가가 하락하면 상대적으로 주가가 싸졌기 때문에 주식을 매수하려는 세력이 나타나죠. 그래서 주가가 하락한 다음에는 반등이 나타나는 현상이 발생합니다. 바로 이것이 바로 역추세라는 속성입니다. 다른 말로 표현하면, 주가 움직임의 일시적인 반전 현상이라고 할 수 있습니다.

그렇다면 이 상반되어 보이는 추세와 역추세라는 속성이 주가의 움직임에서 어떻게 공존할 수 있을까요? 그것은 단순합니다. 상승 추세에 있는 주식의 경우, 이미 보유하고 있는 사람은 수익이 난 상태이기 때문에 주식을 팔면 이익을 낼 수 있죠? 그래서 상승하고 있는 추세와 역행해서 주가가 하락하고, 이후 차익 실현이 충분히 마무리되면 다시 주가가 상승하는 것이죠.

이때 이 주식이 '상승 추세'에 편승한 종목이라면 하락폭보다 상승폭이 크기 때문에 움직임을 종합해보면 결국 '상승 추세'로 움직이지만, 하락 추세라면 반대의 상황이므로 커다란 움직임은 '하락 추세'로 진행된다는 것입니다.

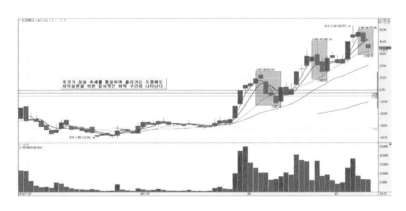

추세 구간에서의 일시적인 추세 반전

추세는 일종의 '중장기적인 커다란 주가의 흐름'이고, '역추세'는 일시적이고 단기적인 주가의 흐름이라고 보면 됩니다. 그래서 이렇게 양립할 수 없는 주가의 움직임이 실제로는 조화롭게 나타납니다. 즉, 주가는 중기적으로는 추세적인 속성을 가지고 움직이는데 그 속에 단기적인 역추세의 속성이 존재한다고 볼 수 있습니다.

주가의 속성
─지지와 저항

지금부터는 가장 중요하고 핵심적인 주가의 속성에 대해 알아보겠습니다. 세상엔 수많은 주식 기법들이 있지만, 따지고 보면 그 기법들의 근본 원리는 단 한 가지 주가의 속성에 기반을 두고 있습니다. 그것은 바로 '지지와 저항'인데, 대단히 중요한 주가의 속성입니다.

지지란 하락하던 주가가 더 이상 하락하지 않고 멈추는 현상, 저항이란 상승하던 주가가 더 이상 상승하지 못하고 멈추는 현상이라고 할 수 있습니다.

한 가지 예를 들겠습니다. 전쟁이 벌어져 전선에서 아군과 적군이 대치하고 있습니다. 아군과 적군 중 누가 이길지는 아무도 모르지만 화력 강한 쪽이 승리할 것으로 생각할 수 있습니다.

아군의 화력이 강해서 전선을 밀고 진격할 경우, 아군이 어디까지 밀고 올라갈 수 있을까요? 가장 합리적인 대답은 적군의 저항이 가장 강한 지점이라고 할 수 있겠죠?

만일 아군이 이 지점에서 승리하면 두 가지 현상이 나타납니다. 첫째는 적군의 강한 저항선을 깨버렸기 때문에 이후에는 '순식간에 파죽지세로 진격'할 수 있게 됩니다. 둘째는 바로 직전까지의 적군 진지가 이제는 아군의 진지로 바뀐다는 것입니다. 그 지역을 점령했기 때문이죠.

아군이 1차 저항선을 뚫고 순식간에 진격하다가 적군의 2차 저항선에 이르면 일단 진격을 멈추고 다시 치열한 전투를 벌입니다. 만일 이지점에서 아군이 패하면 어찌 될까요? 반대 상황이 벌어져 아군은 다시 이전의 진지로 후퇴하게 됩니다. 이전의 진지는 처음 적군의 1차 저항선이자 현재는 아군의 진지로 바뀐 그곳이죠.

이 지점에 이르면 아군은 전열을 재정비해서 적군과 다시 전투를 벌이고, 이후의 결과에 따라 진격이나 후퇴냐, 아군이 점령할 것이냐 적군이 점령할 것이냐가 새로 결정됩니다.

이처럼 전쟁이 벌어지면 누가 이길지, 어디까지 진격하거나 후퇴할지도 모르지만 일단은 치열한 전투가 벌어지는 지점은 분명히 존재합니다. 아군과 적군의 병력이 집중된 '저항선' 내지 '지지선'이 바로 그곳입니다. 바로 이 지점에서 벌이는 힘 싸움의 결과에 따라 전진이냐 후퇴냐가 결정되고, 적군의 저항선이 아군의 지지선으로 바뀌기도 하고, 아군의 저항선이 적군의 지지선으로 바뀌는 현상이 발생합니다.

주가의 움직임도 마찬가지입니다. 주가의 움직임은 결국 매수세와 매도세의 전쟁입니다. 매수세와 매도세의 힘 싸움이 팽팽하면 주가는 정체하거나 횡보하지만 이 상황에서 어느 한쪽이 이기는 순간 주가는 급격히 움직입니다. 따라서 주가의 움직임에도 동일한 지지와 저항의 원리가 존재합니다.

그렇다면 지지선과 저항선은 왜 나타날까요? 지지선과 저항선이 형성되는 근본 이유는 '군중 심리' 때문입니다.

많은 사람들이 매매를 할 때 나 혼자 아무 자리에서나 매매하면 불안하기 때문에 왠지 남들도 살 것 같고, 그래서 잘 안 떨어질 것 같은 자리를 찾아 매매하려는 경향이 있습니다. 이 때문에 군중 심리가 나타나는 것입니다.

바로 이 자리는 예전에도 많은 사람이 매매했던 자리이고 나뿐만 아니라 다른 사람들도 다 이 지점에서 매매하려 하기 때문에 이 자리가 의미 있는 지지와 저항선으로 작용할 가능성이 실제로도 더 커집니다.

지지선으로 작용할 것 같은 자리는 실제로 많은 사람도 똑같이 생각하기 때문에 그 자리에서 집단적인 매수세가 유입되어 주가의 지지 내지 반등 현상이 나타나고, 저항선으로 작용할 것 같은 자리는 실제로 많은 사람이 그 지점에서 주가가 하락할 것으로 예상하여 집단적인 매도세와 함께 하락 현상이 나타납니다.

반면에 주요 저항선을 돌파하면 대부분의 사람들이 주가가 오를 것이라 생각하여 매수에 동참하는 경향이 많아 추가 상승하고, 지지선이 깨지면 다들 겁에 질려 손절하기 바빠 주가가 추가로 급락하는 현상이 나타납니다.

그렇다면 이러한 지지선과 저항선은 주식을 매매하는 데 있어 어떤 의의를 띨까요? 결론부터 말씀드리자면, 이러한 지점을 매수와 매도의 기준점으로 삼아야 한다는 데 중요한 의미가 있습니다.

주가가 현재 시점에서 오를지 내릴지의 방향성은 아무도 알 수 없습니다. 다만 한 가지 확실한 점은, 일단 이런 의미 있는 저항선을 돌파하는 순간 급격한 상승이 나타나고 의미 있는 지지선이 깨지면 급격한 하락이 나타난다는 것이죠. 또한 이렇게 새로운 주가의 방향성이 결정되면 앞서 예를 든 것처럼 이전의 지지선은 저항선으로 바뀌고 이전의 저항선은 지지선으로 바뀝니다.

모든 주식 매매의 원리는 의미 있는 저항선을 돌파하거나 지지선 부근에서 반등할 때 매수하여, 의미 있는 지지선을 깨고 내려가거나 저항선 돌파에 실패할 때 매도하는 것이라고 할 수 있습니다. 이것이 트레이딩의 핵심 원리입니다. 지지선이나 저항선 부근에 도달했을 때, 주가가 위로 움직일지 아래로 움직일지는 아무도 모릅니다. 확률은 반반입니다.

그럼에도 불구하고 지지선과 저항선에서 매매하는 이유는 이 지점이 '손익비'가 큰 자리이기 때문입니다. 주가가 어디로 튈지는 절대 알 수 없기 때문에 승률을 높일 수 있는 방법은 없습니다. 때문에 매매에서 우위를 점하려면 손익비가 큰 자리를 찾아야 합니다. 이렇게 의미 있는 지점에서 방향성이 결정되면 그 방향으로의 움직임의 폭은 크기 때문에 지지선과 저항선이 손익비가 큰 자리가 되는 것이죠.

그렇다면 서로 전혀 알지 못하는 수많은 투자자들이 '암묵적으로 쉽게 합의'해서 공통된 지지와 저항, 의미 있는 매매의 기준점으로 삼기 위해서는 그 지점이 쉬워야 할까요, 복잡하고 어려워야 할까요? 당연히 쉬워야 하고 널리 알려진 것이어야 합니다.

여기에는 주요 이동평균선, 주요 매물대, 캔들 차트상의 시가, 종가, 고가, 저가, 라운드 피겨 가격대 등이 있습니다. 바로 이러한 요소가 소위 말하는 지지선과 저항선이며 의미 있는 매매 가격대가 되는 것이죠. 이러한 주요 지지와 저항의 기준점에 대해 하나씩 살펴보도록 하겠습니다.

지지와 저항의 기준점
−이동평균선

주요 지지선과 저항선의 핵심 조건은 누구나 쉽게 알 수 있는 간단한 것이어야 한다고 했습니다. 트레이딩에 이용되는 기술적 지표는 수없이 많지만, 대다수 사람들은 이렇게 많은 기술적 지표를 제대로 알지도 못할뿐더러 사용하지도 않습니다. 그렇다면 이 중에서 어떤 지표가 의미 있는 지지와 저항의 기준점이 될 수 있을까요? 그것은 당연히 이동평균선입니다.

이동평균선이란 특정 기간 동안의 주가를 평균 내어 나타난 지점을 연결한 선입니다. 오늘의 5일 이평선 값은 오늘을 포함한 이전 4일 동안의 주가를 모두 더한 뒤 5로 나누어 평균을 낸 값이고, 어제의 5일 이평선 값은 어제를 포함한 이전 4일간 주가의 5일 평균입니다. 이렇게 매일 산출된 값을 선으로 연결한 것이 바로 이동평균선입니다.

아무리 매매 경험이 부족한 초보자라도 '이동평균선'의 의미를 모르는 사람은 거의 없는 데다 단순하면서도 추세의 움직임과 주가의 방향성을 쉽게 보여주기 때문에 많은 투자자들이 이동평균선을 매매의 기준으로 삼습니다.

주가가 주요 이동평균선을 뚫고 올라가면 상승 추세로 간주하여 매수에 동참하고, 주요 이동평균선을 하향 이탈하면 하락 추세가 시작된 것으로 간주하여 매도에 동참하게 되죠. 때문에 사람들이 일반적으로 많이 이용하는 이동평균선은 그 자체로 훌륭한 지지와 저항의 기준점으로 작용할 수 있습니다.

일반적으로 널리 이용되는 주요 이동평균선에는 3, 5, 10, 20, 60, 120, 240일 선이 있습니다.

단기 이동평균선에는 3일선 · 5일선 · 10일선, 중기 이동평균선에는 20일선 · 60일선, 장기 이동평균선에는 120일선 · 240일선 등이 널리 이용됩니다.

수많은 사람들이 이동평균선이라는 지표를 '하나의 기준'으로 생각하고 있기 때문에 주가가 주요 이동평균선 부근에 도달하면 주가의 흐름이 반전되는 경우가 많이 발생합니다. 예를 들어 상승 추세에 있던 주가가 하락해서 20일 이동평균선 부근까지 떨어지면, 그때는 매수세가 집중되어 주가가 다시 반등한다든지, 하락 추세에 있던 주가가 반등해서 20일 이동평균선까지 접근하면 이제는 본전치기의 심리가 발동되어 20일선에 주가가 맞고 떨어지는 현상이 발생한다든지 하는 것이죠.

물론 그 이동평균선에서 예상했던 주가의 흐름이 항상 나타나는 것도 아니고, 설령 나타난다 하더라도 칼같이 정확한 지점으로 작용하는 것도 아닙니다(이러한 현상은 비단 이동평균선뿐만 아니라 다른 지지와 저항의 기준점들도 모두 해당하는 것입니다). 그럼에도 불구하고 많은 매매자들이 주시하는 중요한 기준점에는 틀림없기 때문에 우리는 주요 이동평균선을 '의미 있는 기준점'으로 삼아 매매에 참고할 수 있습니다.

지지와 저항의 기준점
—주요 매물대

　매물대는 특정 기간 동안 거래된 주가의 누적 거래량의 상대적인 비율을 가격대별로 표시해놓은 것입니다.

　다음은 삼성전자의 차트입니다. 보시는 것처럼 가격 차트만 보아서

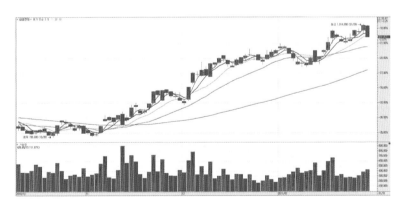

봉 차트(삼성전자)

는 어느 가격대에서 얼마나 많은 거래가 이루어졌는지 알기 힘듭니다.

하지만 매물대 차트를 이용하면 특정 가격대에서 거래된 물량의 상대적인 비율을 알 수 있습니다. 이 경우 92만 5000원대에서 많은 거래가 이루어졌습니다. 이처럼 거래된 물량이 특별히 많이 집중되어 있는 가격대를 '주요 매물대'라고 합니다.

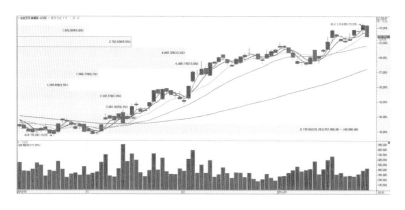

매물대 차트(삼성전자)

주식의 매매가 이루어지는 과정은 한마디로 '손바뀜'의 과정이라고 할 수 있습니다. 매매를 통해 주식의 보유자가 바뀌는 과정이죠. 누군가 주식을 판다는 것은 다른 말로 이야기하면 또 다른 어떤 누군가 그 주식을 동일한 물량으로 샀다는 것을 의미하기 때문입니다.

따라서 특정 가격대에 특별히 많은 물량이 걸려 있다는 것은 이전에 보유했던 수많은 사람의 물량이 다른 사람에게 넘어갔다는 것을 의미합니다. 특별히 많은 거래가 이루어지는 주요 매물대에서는 의미 있는 '손바뀜'이 일어나 수급 주체에 변화가 일어났을 가능성이 크기 때문에 대단히 중요하고 의미 있는 지지와 저항의 기준점이라고 할 수 있습니다.

그렇다면 어떤 가격대에서는 물량이 별로 없다가 왜 특정 가격대에서는 물량이 집중되어 있을까요? 왜냐하면 이전에도 그 부근의 가격대에서 거래가 많이 일어났기 때문이죠.

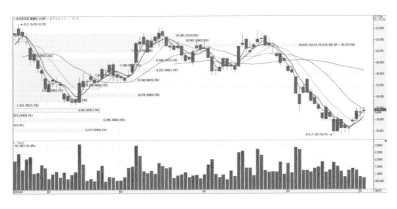

매물대 차트에서의 매물 집중 구간

삼성중공업의 2010년 상반기 차트입니다. 2만 6000원~2만 7000원 사이의 가격대에 특별히 많은 물량이 집중된 것을 알 수 있습니다. 그 이유는 무엇일까요?

차트를 좀 더 작은 구간으로 나누어 2010년 1~2월 구간만 보겠습니다. 1월 중순의 주가 움직임을 보면, 매물대 차트에서 표시된 대로 대략 2만 7000원 부근의 좁은 가격대에서 특별히 많은 거래가 이루어진 것을 확인할 수 있습니다.

그런데 1월 중순 이후에는 어떤 상황이 벌어졌나요? 주가가 곤두박

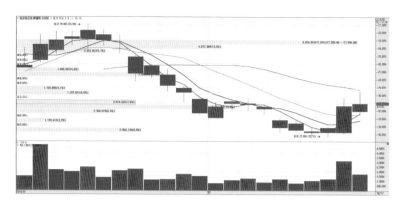

매물대 차트에서의 매물 집중 구간

질쳐서 2월 10일에는 2만 2900원까지 떨어졌습니다. 왜 이런 현상이 발생했을까요? 그 이유는 1월 초의 주가 움직임에서 해답을 찾을 수 있습니다.

1월 초에 거래가 집중된 구간의 '매도세'가 '매수세'보다 강했기 때문에 주가가 떨어진 것이죠. 매도세가 매수세보다 강한 현상은 세력이 팔고 개인이 산 경우입니다. 외국인이나 기관 같은 세력은 이미 1월 초의 비싼 자리에서 대부분의 물량을 처분하고, 2월 초까지 나머지 물량을 줄곧 팔아치웠다고 할 수 있습니다.

그렇다면 삼성중공업 주식의 보유 분포는 어떻게 변했을까요? 2만 7000원부터 2만 2900원 사이의 가격대에서 가격을 선도하는 주요 세력의 물량은 축소되었고, 개미들이나 힘없는 세력은 떨어지는 물량을 받으면서 주식을 샀기 때문에 보유 물량은 증가했습니다. 물론 개미의 물량이 가장 많이 집중된 구간은 1월 초의 2만 7000원대고요.

급락하는 구간을 자세히 살펴보면 재미있는 현상을 발견할 수 있습니다. 급락하는 중간 구간에는 거래량이 집중되어 있지 않은 현상이죠. 왜 이런 현상이 일어날까요?

그것은 '손실 회피'의 심리가 작용하기 때문입니다. 손절이 중요한 것은 분명한 사실이지만, 인간의 본성은 손해 보기를 싫어하기 때문에 대부분 손절을 잘 못하는 심리가 있습니다. 때문에 손절을 하는 사람보다 못하는 사람이 훨씬 많고, 나중에 오르겠지라고 생각해서 1월 초에 매수한 가격보다 주가가 많이 떨어졌는데도 팔아치우는 물량이 많이 나오지는 않습니다.

주가가 서서히 떨어지면 미리 마음의 준비를 한 사람들은 손절하는 경우도 많지만, '급락'을 해버리면 타이밍을 놓치는 경우도 많고 손실폭도 너무 큰 상황이라 더욱더 손절을 미루는 경향이 발생하는 것이죠. 그래서 특정한 매물이 집중된 구간을 깨고 주가가 급락하면 그 구간에는 저렇게 거래가 듬성듬성 이루어지는 현상이 벌어지는데, 이런 현상을 '매물 공백'이 발생했다고 합니다.

상황이 정리되시죠? 그렇다면 2월 이후 주가가 다시 반등해서 올라간다고 가정할 때, 어느 부근의 가격대에서 가장 많은 거래가 일어날 거라고 예측할 수 있겠습니까?

당연히 2만 7000원 부근대가 아니겠습니까? 아직 털어내지 못한 수많은 보유자들이 본전치기만을 생각하며 이를 바득바득 갈고 있는, 한이 서려 있는 가격대니까요? 과연 그런 현상이 실제로 일어났는지 확인해볼까요?

2만 7000원대에 도달하자 예상대로 거래가 급증한 것을 알 수 있습니다. 왜 이 구간에서 거래량이 급증했을까요?

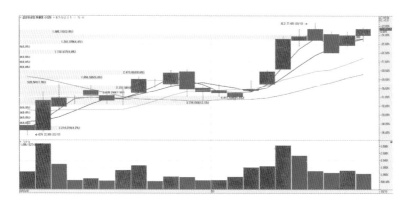

매물대 차트에서의 매물 집중 구간

2월 초까지 팔아댔던 주도 세력이 2만 4000원대부터 다시 매수 기조로 전환해서 주식을 사서 올리는데, 급락 구간에선 매물 공백이 있었기 때문에 매도세의 저항이 별로 없어 쉽게 올랐습니다. 그러다가 1월 초에 손절하지 않고 버티던 개미들의 본전치기 물량이 집중적으로 몰려 있는 2만 7000원대에 도달하자 비로소 그 물량이 쏟아지며 대량 거래가 발생하는 것이죠. 때문에 그 가격대를 쉽게 돌파하기는 어렵다는 것을 알 수 있습니다.

물론 물량이 집중된 주요 매물대에 도달하면 저항이 강해서 돌파하지 못한다는 이야기가 아닙니다. 매도세가 아무리 강해도, 매수세가 그 이상으로 강하면 거래량이 대량으로 터지면서 최종적으로는 저항대를 뚫게 되죠. 하지만 매도세를 극복하지 못하면 저항대에서 힘겹게 버티다가 고꾸라집니다.

주요 저항선을 뚫을지 못 뚫을지는 아무도 모르고, 언제나 두 가지 가능성이 모두 존재합니다. 중요한 것은 주가가 주요 저항대 부근에

도달하면, 일단 움직임을 잠시 멈춘다는 것이고, 그 이후의 움직임에 따라 주가의 방향이 결정된다는 것입니다. 이처럼 주요 매물대에는 커다란 물량의 '손바뀜'이 일어나는 지점이므로 대단히 중요한 지지와 저항의 기준점이 됩니다.

지지와 저항의 기준점
– 시가, 종가, 고가, 저가

주요 지지와 저항선이 될 수 있는 또 다른 요소로 캔들상의 시가, 종가, 고가, 저가가 있습니다. 캔들 차트는 일반적인 차트상에서 가장 널리 이용되는 주가 표시 방법으로 시가, 고가, 저가, 종가의 형태로 주가의 흐름을 표시한 차트를 말합니다. 여러분이 일반적으로 보는 차트가 바로 캔들 차트입니다.

캔들 차트상의 지표가 중요한 이유는 두 가지입니다.

첫 번째 이유는 이러한 요소들이 '세력'에 의해 만들어지기 때문입니다. 주식시장에서 어떤 종목의 '시가'는 아침 동시호가에서 접수된 주문을 통해 결정됩니다. 개미들은 돈이 없이 동시호가에 원하는 가격대로 시가를 결정할 수 없습니다. 시가를 고의로 올리든 떨구든 결국 '돈이 많아야' 시가를 결정할 수 있기 때문입니다.

마감 동시호가 때 결정되는 종가 또한 세력의 개입에 의해 결정됩니다. 개미는 돈이 없기 때문에 이런 장난질을 절대 칠 수 없습니다.

시가, 고가, 저가, 종가는 절대로 장의 분위기에 따라 우연히 형성되는 것이 아닙니다. 기본적으로 주가의 움직임이 일단 이 지점에서 멈추었다는 것을 의미하는데, 이는 곧 이 지점에서 의미 있는 보유 주체 간의 힘 싸움과 손바뀜이 일어난다는 강력한 증거입니다. 때문에 캔들 차트상의 시가, 종가, 고가, 저가는 그 자체로 대단히 중요하고 의미 있는 지지와 저항이 되는 것입니다.

두 번째 이유는 이런 주요 포인트를 매수 및 매도 포인트로 이용하는 매매자들이 많다는 사실입니다. 자기 충족적 예언이 실현될 가능성도 높아지는 지점이어서 실제로 매매자들이 원하는 방향대로 가격이 움직일 가능성이 다른 지점보다는 큰 자리라고 할 수 있습니다.

그렇다면 이러한 캔들 차트의 주요 지점들을 어떻게 활용해서 의미 있는 매매 포인트를 잡을 수 있을까요? 간단합니다. 그것은 최근의 일봉 캔들 차트상에서 이러한 부분이 최대한 많이 겹치는 가격대를 찾으면 됩니다. 좀 더 세부적인 매매의 기준점을 찾고 싶으면 30분봉이나 15분봉 캔들 차트를 이용해 확인할 수도 있습니다.

그러면 왜 이런 지점이 많이 겹치는 부분이 의미 있는 지점일까요? 세력이 가격을 움직일 때 강력한 저항대였던 특정 지점을 돌파하면 손바뀜이 일어나 이후에는 저항대가 강력한 지지대로 바뀌죠? 특정 가격대에서 강한 자금이 유입되려면 그 가격대나 지점에서 거래되는 시간이 최대한 길어야겠죠? 특정 가격대에서 주가가 오래 머무른다는 것은 주가가 그 가격대를 여러 번 터치해야 한다는 것을 의미하고, 이는 결국 캔들 차트상의 주요 지점들이 많이 겹치는 형태로 나타납니다. 뿐만 아니라 이 지점은 매물대 차트상의 매물이 집중된 주요 매물대와도 일치합니다.

그러면 차트상에서 한번 확인해볼까요? 2010년 말의 KCC 차트입니다.

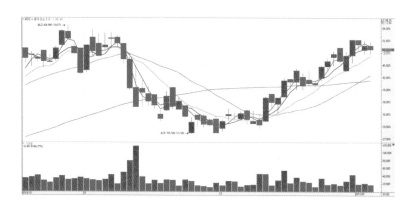

캔들 차트에서 가격이 겹치는 경우

일봉 캔들상의 시가, 종가, 고가, 저가가 많이 겹치는 부분은 대략 세 군데를 찾아볼 수 있습니다(34만 7443원, 36만 3432원, 37만 5333원).

어떻습니까? 하락 추세 때는 저항선으로 작용했던 지점이 상승 추세에서는 지지선으로 작용하죠? 매물대 차트와 함께 보면 어떻게 될까요?

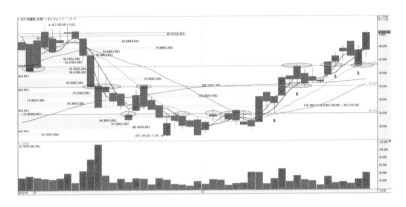

캔들 차트와 매물대 차트

의미 있는 매물이 집중된 구간과 대략 일치하는 것을 볼 수 있죠?

시가, 종가, 저가, 고가는 의미 있는 지지와 저항의 지표이기 때문에 이들이 최대한 많이 겹치는 부분은 훨씬 더 의미 있는 지지선과 저항선으로 작용할 수 있습니다. 또 의미 있는 가격대가 최대한 많이 겹친다는 것은 당연히 그 지점에서의 누적 거래량이 의미 없는 구간에서의 누적 거래량보다 높을 수밖에 없기 때문에 주요 매물대와 일치해서 나타날 가능성이 높지요. 매물대 차트든, 일봉 캔들 차트상의 겹치는 부분이든, 결국 같은 원리입니다.

좀 더 세밀한 수준으로 파악하고 싶으시면 분봉 차트로 확인하면 됩니다.

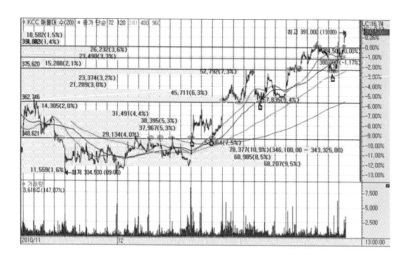

분봉상에서의 캔들 – 매물대 차트

15분봉 차트입니다. 어떻습니까? 주요 매물대와 안 겹치려야 안 겹칠 수가 없습니다.

매물대 차트와 의미 있는 지지선과 저항선을 자세히 관찰해보면, 주가는 이러한 의미 있는 '수평선'을 중심으로 '위아래', 즉 수직으로 왔다 갔다 한다는 사실을 관찰할 수 있습니다.

실제로 우리에게 큰 수익과 손실을 주는 구간은 바로 이런 중간 구간이기 때문에 많은 사람들이 이 구간 중간에서 매매하지만, 진짜로 매매가 이루어져야 하는 정말 중요한 지점은 이 지지선과 저항선인 것이죠. 주가의 움직임이 반전되는 급소이기 때문입니다.

캔들 차트상의 지표가 많이 겹치는 지점이야말로 대단히 중요하고 의미 있는 지지와 저항의 지표입니다. 특별히 주요 매물 집중 구간과 캔들 차트상의 지표가 많이 겹치는 부분은 본질적으로 같은 의미를 띠

고 있으며, 가장 직접적이고 의미 있는 지지와 저항선으로 작용하는
데, 이 가격대는 이후에 살펴볼 라운드 피겨 가격대와도 깊은 관련이
있습니다.

지지와 저항의 기준점

─라운드 피겨 가격대

의미 있는 지지와 저항의 기준점 중 하나로 라운드 피겨(Round fig-ure) 가격대(혹은 어림수라고도 합니다)가 있습니다. 라운드 피겨 가격대란 최소 호가 단위까지 떨어지는 세부적인 가격이 아니라 000원 단위로 떨어지는 대략적인 큰 가격대를 의미합니다. 1만원, 2만원, 3만원…… 이런 가격대 내지는 1만 5000원, 2만 5000원 등과 같이 큼직큼직한 가격대를 말합니다. 1만 2300원, 2만 7500원…… 이런 가격대는 라운드 피겨라고 할 수 없겠죠? 2만원, 3만원보다는 5만원, 이보다는 10만원처럼 좀 더 단위가 커야 더 의미 있는 가격대라고 할 수 있습니다.

기아차의 경우 큼직큼직한 가격대인 3만원, 4만원, 5만원, 5만 5000원, 6만원, 7만원 부근에 특히 많은 물량이 걸려 있는 것을 볼 수 있습니다. 앞서 살펴본 주요 매물대나 캔들 차트상의 가격이 집중된 구간

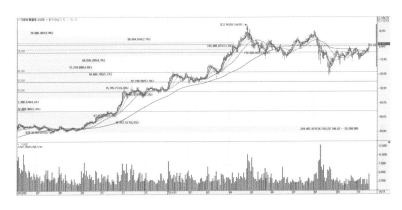

주요 라운드 피겨 가격대

과도 일치하죠?

그렇다면 왜 이런 지지나 저항과는 아무 관련 없어 보이는 요소가 지지와 저항의 기준점으로 작용할 수 있을까요?

두 가지 이유가 있습니다.

첫 번째는 '심리'입니다. 스물아홉 살에서 서른 살로 넘어가면, 한 살밖에 차이가 안 난다는 점에서는 스물여섯 살에서 스물일곱 살이 되었을 때와 느낌이 똑같아야 되는데 실제로는 갑자기 나이가 훨씬 더 많이 들어버린 듯한 느낌이 드는 이유는 무엇일까요? 사람들이 29에서 30으로 바뀌는 것을 생각하는 게 아니라, 20대에서 30대로 바뀌는 것에 더 큰 의미를 부여하기 때문입니다. 이런 관점에서 30이라는 숫자는 라운드 피겨입니다.

주가도 마찬가지여서 4900원짜리 주식이 100원 올라봐야 겨우 2% 남짓 오른 데 불과하지만, 사람들은 2% 상승한 것에 의미를 두지 않고 5000원대로 진입했다는 데 큰 의미를 둡니다. 4000원대 주식이 5000

원대로 오른 것과 9000원대 주식이 1만원대로 진입한 경우를 비교하면 당연히 후자에 더 큰 의미를 둡니다. 한 단계 더 큰 단위로의 도약이기 때문이죠.

그래서 이런 의미 있는 가격대를 최초로 돌파하면 사람들의 심리가 동요합니다. 이전 가격의 변동폭과 같지만, 심리적으로는 대단한 벽을 뚫은 것처럼 생각하기 때문에 이후에 재차 하락해도 주요 라운드 피겨 가격대에서 사려는 대기 매수세들이 많이 몰려들어 강력한 지지 라인으로 작용할 가능성이 큽니다.

주요 라운드 피겨 가격대가 깨진 경우는 어떨까요? 이를테면 1만원 하던 주식이 9000원대로 하락하면 1만 1000원에서 1만원으로 떨어진 것과 똑같이 여겨야 하지만 심리상 엄청나게 폭락한 것 같은 느낌을 받기 때문에 재차 반등이 나와도 1만원대라는 가격대가 다시 강한 저항선으로 작용할 가능성이 커지는 것입니다.

두 번째 이유는 매매자들의 매매 습성입니다. 여러분이 어떤 주식을 매수하고 싶을 때, 아주 시시콜콜하게 세부적인 가격대에 주문을 내십니까? 아니죠? 여러분뿐만 아니라 대부분의 매매자들이 시시콜콜하고 머리 아프게 세부적인 가격까지 정해서 주문을 넣진 않습니다. 세세한 가격대를 정해서 매수한다고 더 이익을 낸다는 보장이 있는 것도 아니기 때문이죠. 6230원으로 매수 주문을 넣는 경우보다는 대충 6200원, 6130원으로 매수 주문을 넣기보다는 6100원 내지는 그냥 6000원 정도 이런 식으로 큼직큼직하게 주문을 내는 것이지요.

'다른 사람들이 그냥 대충 그렇게 큰 가격대에 매수 주문을 내는 게 뭐 그리 대수냐? 나는 나의 길을 가련다'라고 생각하신다면 큰 오산입니다. 왜일까요?

많은 사람들이 집단적으로 똑같이 생각을 하고 행동을 하면 그 가격대에서 매수세나 매도세가 몰리면서 강력한 지지와 저항의 역할을 담당하기 때문입니다. 1만 1000원대 주식이 1만원대로 떨어진다면, 가장 많은 매수 물량이 걸려 있을 가능성이 높은 가격대는 1만원대일 것이고 실제로도 그렇습니다. 따라서 다른 가격대보다는 1만원이라는 가격대가 1차 지지선으로 작용할 가능성이 매우 큽니다.

이런 가격대에 가장 많은 물량이 걸려 있을 경향이 높다면, 똑같은 의미 있는 지지 라인 부근에서 매수 주문을 낸다 해도 '기왕이면' 의미 있는 라운드 피겨 가격대에 조금이라도 가깝게 매수 주문을 내는 것이 더 유리하죠.

라운드 피겨는 그 자체로 차트상에서 심리적인 지지와 저항의 기능을 담당하기도 하고, 의미 있는 지지와 저항선에서 좀 더 세부적인 매매의 수준을 어디에서 잡을 것이냐 하는 보조적인 변수로도 작용할 수 있습니다.

라운드 피겨 가격대에 가장 많은 물량이 걸려 있을 가능성이 높다면 칼 같은 라운드 피겨 가격대에 매수와 매도를 하는 것이 합리적일까요?

아닙니다. 왜일까요? 여러분이 발견한 어떤 종목의 의미 있는 지지선이 5100원 부근이었다고 가정합시다. 당연히 5000원이라는 가격에 가장 많은 매수 물량이 걸려 있을 것으로 예상할 수 있고, 그렇다면 5000원이 가장 강력한 지지선이기 때문에 이 가격에 매수 주문을 내는 것이 좋을까요?

아닙니다. 왜냐하면 수많은 사람들이 5000원이라는 가격에 매수 주문을 걸어놓고 있을 것이므로 여러분이 똑같이 5000원에 주문을 내면 가격이 5000원 아래로 떨어지지 않는 이상 원하는 물량이 매수 체결이 되지 않을 수도 있기 때문이죠.

그럼 어떻게 하면 될까요? 5000원에 사나 5050원에 사나 비슷한 가격대에 사는 것이지만, 5000원이라는 라운드 피겨 가격대 살짝 위에서 사면, 그 가격대 부근은 5000원보다는 매수 대기 물량이 훨씬 적을 것이기 때문에 여러분이 원하는 물량을 다 살 가능성이 현저히 높아지죠. 대신 5000원이라는 라운드 피겨 가격대의 지지력은 충분히 누리면서 말이죠.

매도의 경우도 마찬가지입니다. 주가가 의미 있는 5000원이라는 라운드 피겨 가격대를 이탈하면 이후에는 이 지점이 강력한 저항선으로 작용하겠죠? 그렇다면 반등이 나타날 때 정확히 5000원대에 매도 주문을 내는 것보다는 그보다 약간 낮은 가격대에 주문을 내야 체결될 가능성이 높죠.

이와 같이 라운드 피겨 가격대는 심리적인 지지와 저항의 기능을 담당하기 때문에, 차트상에서의 의미 있는 지지와 저항점에서 매매할 때 좀 더 세부적인 매매 포인트를 잡는 데 응용할 수 있습니다. 의미 있는 지지선 부근에서 매수 포인트를 잡을 때 그 지지선 부근에 가장 가까운 의미 있는 라운드 피겨 가격대에서 매수하는 방법으로 이용할 수 있습니다.

주가에는 추세와 역추세의 속성이 있고, 근본적으로 이러한 주가의 움직임을 만들어내는 핵심 요소는 지지와 저항의 개념이며, 지지와 저항이 나타나는 이유는 주식 매매자들의 공통된 군중 심리라는 사실도 알았습니다.

여러분은 혹시 복잡하고 화려한 보조 지표에 현혹되어 정작 중요한 부분을 등한시하지 않았는지 곰곰이 생각해보기 바랍니다. 사실상 보조 지표는 '주가의 그림자'에 불과합니다.

❶ 지지와 저항은 결국 돈을 벌려는 생각을 가진 매매자들의 공통된 군중 심리에 의해 나타난다.

❷ 지지와 저항대는 '집단적인 심리'가 반영되어 있고, 자기 충족적 예언 현상이 나타나며, 그에 따라 주가도 그러한 현상을 반영하여 움직인다.

❸ 지지와 저항대에서는 세력과 개미들 간의 '손바뀜'이 일어나는 가격대로, 주가는 정체되어 있지만 이후의 주가 방향성이 결정된다는 점에서 대단히 중요한 지점이다.

❹ 주요 저항대가 돌파되면 이후에는 지지선으로 바뀌며, 주요 지지대가 깨지면 이후에는 저항대로 바뀐다.

❺ 지지와 저항대의 기능을 담당하는 요소에는 주요 이평선, 주요 매물대, 캔들 차트상의 시가, 종가, 고가, 저가의 교차 영역, 라운드 피겨 가격대 등이 있다.

❻ 위의 요소들이 모두 정확히 일치할 수는 없지만, 대략적으로 많이 공통되는 주요 가격대는 흔하게 나타나며, 이러한 주요 지점을 중심으로 매매의 기준을 삼을 수 있다.

❼ 특별히 주요 매물 집중 구간과 캔들 차트상의 지표가 많이 겹치는 부분은 본질적으로 같은 의미를 지니고 있으며, 가장 직접적이고 의미 있는 지지와 저항선으로 작용한다.

제7장

추세 추종 매매

앞에서 오르는 주가는 계속 오르려 하고, 떨어지는 주가는 계속 떨어지려 한다는 중기적인 '추세'의 속성이 존재한다고 했습니다. 추세 추종 매매란 이러한 '추세'의 속성을 이용해 상승 추세가 형성되는 초기에 매수하고 하락 추세로 전환될 때 매도하여 시세를 취하는 중장기적인 매매 방법입니다.

주식투자의 가장 큰 매력이라면 시간이 지나면서 수익에 수익이 지속적으로 붙는 '복리 효과'라고 할 수 있습니다. 바로 이 시간에 따른 복리 효과를 최대한 누리며 강력한 수익을 추구하는, 가장 일반적이면서도 정석적인 형태의 투자 방법이 추세 추종 매매라고 할 수 있습니다.

강력한 수익을 추구하는 투자법

    그렇다면 추세 추종 매매를 하기 위해서는 '상승 추세'를 어떻게 정의해야 하는지가 중요한 문제가 되겠죠? 그런데 추세라는 것은 한 가지 방법으로 정의할 수 없습니다. 정의가 불가능하다는 것이 아니라, 일관된 정의의 기준이 없다는 것입니다. 어려운 말로 얘기하자면, 추세라는 것은 '조작적 정의'를 내려야 한다는 것이죠.

    예를 들어 A라는 사람은 상승 추세를 주가가 20일 이동평균선을 상향 돌파함으로 시작해서 20일 이동평균선을 하향 돌파할 때 끝나는 것으로 정의합니다. 하지만 B라는 사람은 60일 이동평균선을 기준으로 정의하고, 또 다른 사람은 5일 이동평균선과 20일 이동평균선을 이용해 정의하기도 합니다.

    그렇다면 어떤 방식으로 추세를 정의하는 것이 가장 '합리적'일까요? 앞서 살펴본 주가 움직임의 기본 원리가 매수세와 매도세의 힘 싸움, 즉 지지와 저항의 원리에 기반을 둔다는 사실을 고려하면 상승 추세의 시작은 매수세가 매도세를 압도하는 시점, 즉 주요 저항대를 돌파하는 것으로 정의하는 것이 가장 합리적이라고 할 수 있습니다.

또한 의미 있는 시세를 내기 위해서는 오랜 기간 동안 세력의 매집 과정이 수반되어야 하므로 장기간의 박스권을 최초로 돌파하는 신호를 이용하면 더 의미 있는 상승의 추세로 볼 수 있겠습니다. 이미 앞에서 자세히 살펴보았죠?

이런 관점에서 볼 때 상승 추세를 정의하는 방법은 매우 다양하지만, 대량의 거래량을 수반하며 장기간의 매집성 박스권 상단의 저항대를 돌파하는 신호를 합리적이고 의미 있는 상승 추세의 시작으로 볼 수 있습니다.

따라서 추세 추종 매매란, 장기간의 매집성 횡보 구간을 대량 거래량으로 돌파하며 상승하기 시작하는 초입에 매수하여 큰 시세를 취하는 매매 방법이라고 할 수 있습니다. 다른 말로는 박스권 돌파 매매 기법이라고도 할 수 있습니다.

추세 추종 매매의 장점과
일반적인 오해

추세 추종 매매에는 여러 가지 장점이 있습니다.

첫째, 진정한 의미의 '주식투자'에 가깝다고 할 수 있습니다. 수급이 받쳐주는 우량 기업을 상승 초기에 매수해서 큰 시세를 취하는 방법이기 때문이죠. 하지만 기술적인 분석을 통해 커다란 상승 추세가 형성되는 초기를 잡는다는 점에서 순수하게 내재적인 요인에 의존하는 가치투자와는 차이가 있습니다.

둘째, 큰 수익을 낼 수 있습니다. 추세 추종 매매는 저항 매물대를 뚫은 이후 매수하기 때문에 큰 시세를 노릴 수 있습니다.

셋째, 전업 투자자가 아닌 직장인이나 장중에 주가의 흐름을 모니터링할 수 없는 투자자들도 매매가 가능합니다. 추세 추종 매매는 주가의 커다란 추세를 노리는 것이어서, 급등락하는 시세에 연연하지 않기 때문입니다.

넷째, 매매 대상이 수급과 유동성이 뒷받침되는 우량 중대형주가 대부분이므로 큰 자금의 운용도 가능합니다.

그럼에도 불구하고 많은 분들이 추세 추종 매매에 대해 가지고 있는 잘못된 선입견들 때문에 막연한 거부감이나 아픈 기억을 가지고 계시리라 생각합니다. 그래서 일단 추세 추종 매매에 대한 여러분의 고정관념이나 선입견을 깨고 넘어가겠습니다.

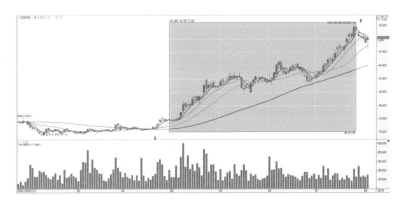

강한 추세적 상승을 보인 경우(고려아연)

• 추세 추종 매매(박스권 돌파)의 진입 시점은 차트상에서 이미 주가가 높은 지점에 있을 때 매수하는 것인데, 이는 가격적으로 비싼 자리에서 사는 게 아닌가? 오를 가능성보다는 떨어질 가능성이 더 높지 않은가? 고점에서 폭락하면 엄청난 손실을 보는 것 아닌가?

—물론 주요 저항대를 돌파한 지점은 분명 바닥권보다는 많이 상승한 구간입니다. 여기까지는 맞는데, '급등이 나왔으니 차익 실현을 하기 위해 이후에는 주가가 많이 떨어질 거야'라는 막연한 공포심은 틀렸

습니다.

주요 저항대를 강력한 거래량으로 뚫는 지점 이후의 주가는 중기적으로는 하락할 가능성보다 상승할 가능성이 더 높고, 실제로도 그렇습니다. 왜일까요?

박스권 상단을 대량 거래량으로 '최초'로 돌파하는 시점을 생각해봅시다. 세력은 돈을 많이 벌었을까요? 아닙니다.

왜냐하면 세력이 저가에서 물량을 많이 매집하기도 했지만, 워낙 많은 자금이 장대 양봉 상단의 매물 저항 부근대에 몰려 있고, 그 가격대에서 집중적으로 매수하여 세력의 평균 매집 단가 또한 그만큼 높기 때문입니다.

그렇다면 세력은 손해를 보지 않기 위해서라도 이후에 추가로 주가를 어느 정도 상승시켜 좀 더 높은 자리에서 팔아야 합니다. 더군다나 이전에 오랫동안 티 안 나게 모았던 매집 물량까지 다 팔아치우려면 박스권 돌파가 일어난 지점보다 더 주가를 높여야 합니다.

따라서 강력한 박스권 돌파가 일어나는 시점 이후에는 시세가 크든 작든, 이후에 어느 정도의 추가 상승 구간이 나타나게 됩니다.

장기간의 박스권을 대량 거래로 '최초'로 돌파하는 순간은, 차트상에서는 이미 고가권이지만, 사실은 이런 이유 때문에 실질적으로는 가장 싼 지점입니다. 막연하게 생각하면 여기가 고점, 시세의 막바지로 생각하실지 모르지만, 사실은 시세의 시작 지점입니다.

또 강력한 박스권을 최초로 돌파하면, 그 이후에는 적은 돈을 들여 더 크게 주가를 띄운 다음 더 비싸게 팔 수 있는 기회가 생기는데 수개월 동안 힘들게 매집하고 힘들게 가장 강력한 박스권을 뚫은 다음 바로 차익 실현을 하고 끝내버릴 이유가 없죠.

주가가 싼지 비싼지는 절대적인 개념이 아닌 상대적인 개념입니다. 5일 연속 주가가 올라도 다음 날 또 오르면 어제의 주가는 싼 가격이었고, 주가가 5일이 아니라 50일 연속 떨어져도 다음 날 또 떨어지면 어제의 가격대는 비싼 가격이라는 것이죠. 앞에서도 여러 차례 설명드린 바 있죠? 박스권을 돌파하는 구간은 이후에 주가가 상승할 합리적인 근거가 있다는 점에서 '싼 자리'입니다.

• 상승 추세에 있는 주식을 매수해서 잠깐 큰 수익을 얻은 적은 있지만, 매수 이후 다음 날이나 이후 며칠 동안은 오히려 주가가 떨어지는 일이 더 많아 대부분 손절로 끝나는 경우가 많았다.

─여기서는 무엇을 오해하고 있을까요?

첫째, 박스권 돌파 매매의 핵심은 박스권을 '최초'로 돌파하는 거래량 터지는 '최초의' 장대 양봉 종가 부근에서 사는 것입니다. 여기서 가장 중요한 것은 '최초'라는 단어입니다. 왜냐하면 그 이후의 구간은 추격 매수 구간이기 때문이죠. 세력의 평균 매수 단가보다 높은 구간입니다.

'그저께 박스권 돌파가 나왔고 어제는 바빠서 사질 못했는데 오늘 추가로 상승이 나왔군. 어차피 박스권을 돌파해서 상승 추세가 형성되었으니, 앞으로 오를 가능성이 높고 오늘 대충 사도 되겠지?'라는 생각이 문제입니다. 이것이 소위 말하는 추격 매수입니다. 돌파 시점에 잡지 못했다 해도 이후에 일시적인 급등에 의한 조정이 나오는 경우도 많아서 얼마든지 박스권 돌파 시점과 유사한 가격에서 매수할 수 있는 기회가 생깁니다. 그럼에도 불구하고 그냥 잘 가고 있으니, 추세가 형성되었으니 아무 때나 잡자는 추격 매수를 추세 추종 매매로 착각하는 것이죠.

추세 추종 매매는 그냥 잘 올라가는 종목을 마음 편하게 아무 지점에서나 잡는 게 절대 아닙니다! 주요 저항대를 돌파하고, 추세가 형성되고 시작되는 최초의 가격대에서 매수하는 것입니다. 그보다 높은 가격에서는 절대 사면 안 됩니다. 왜냐하면 세력이 가장 많은 자금을 투입한 가격대보다 비싸게 사는 것이기 때문이죠. 매수 기회를 놓쳤으면 다른 종목을 노리거나 지지선까지 조정받을 때를 기다려야 하는데 아무 생각 없이 비싼 가격에 따라붙으면 돌아오는 것은 손실밖에 없습니다.

물론 대단히 강한 추세가 형성되어 엄청난 수준의 상승 추세가 안정적으로 나오는 종목의 '지나간 차트'만 놓고 보면 매수 시점을 놓쳐서 약간 고점에 들어가도 될 것처럼 보입니다. 하지만 실제로 매매를 해보면 그렇지 않은 경우도 꽤 많습니다.

크고 안정적인 추세가 형성된 종목의 '지나간 차트'만 찾아보면 이런 착각을 하게 됩니다. 박스권을 돌파한 이후 단발성 시세에 그치거나 양봉 한두 개만 나오고 재차 박스권으로 회귀한 차트까지 찾아보면 별것 아닌 듯한 추격 매수가 얼마나 위험한지 알 수 있습니다.

돌파가 일어난 다음 날 장 초반에 주가가 일시적으로 급등할 때 따라붙는 경우가 많은데 이날 이후 추가 조정이 2~3일간 나와줘도 10% 이상의 손절을 하게 되는 경우가 무척 흔합니다. 추격 매수는 박스권 돌파와 백지장 하나 차이지만 그 결과는 엄청납니다.

둘째, 돌파가 나온 이후에 다음 날 바로 날아가는 경우도 많지만,

추가의 가격 조정이나 기간 조정을 거치는 경우도 매우 많다는 것입니다. 왜냐하면 세력이 주요 매물대를 돌파한 이후에도 따라붙는 매수세를 따돌리거나 물량을 추가로 더 매집하기 위해 의도적으로 그 이후에도 며칠 동안 조정을 주기 때문이죠. 이를 자연스러운 현상으로 받아들이고 의미 있는 손절선(종가 기준으로 장대 양봉의 시가)를 깨지 않은 이상 홀딩해야 하는데, 그냥 막연하게 떨어지니 역시 추세 추종 매매=고점 추격 매수로 간주하여 손절함으로써 손실을 보는 것이죠.

아무 때나 사고 나서 산 가격보다 떨어지면 단순히 손절하는 습관으로는 절대 큰 시세를 누릴 수 없습니다. 세력이 박스권을 그냥 아무 생각 없이 돌파하지 않았다는 사실을 알아야 합니다. 박스권 돌파 매매에서 가장 중요한 것은 바로 '시간'입니다. 시세는 바로 날 수도 있지만, 박스권 돌파 이후에 2차적인 박스권을 형성하는 경우도 많기 때문이죠.

• 떨어지는 주가를 참고 홀딩해보아도 큰 시세를 내는 경우가 드물었는데, 그래도 추세 추종 매매가 유효한가? 그냥 이론적으로만 존재하는 교과서적 기법이 아닌가?

－큰 추세가 나지 않는다고 하는 이유의 핵심은 바로 장세 판단과 종목 선정에 있습니다. 앞서도 강조했지만, 아무리 박스권을 돌파하는 종목이라도 장세가 좋지 않은데 혼자만 박스권 돌파한다고 수익을 내기는 쉽지 않습니다. 앞서 비유한 대로 태풍이 치는데 자기 실력만 믿고 파도 타러 가는 것과 똑같은 원리입니다. 다음으로 중요한 부분은 종목 선정인데, 사실 기술적인 분석으로만 접근했을 때 거래량이 폭발

하면서 주요 매물대를 뚫는 종목은 하루에도 수십 종목씩 쏟아집니다. 하지만 실제로 매매할 만한 가치가 있고, 이후에 큰 시세를 주는 종목은 그리 많지 않습니다. 종목 선정의 핵심은 바로 수급의 질입니다. 많은 사람들이 수급 주체 분석은 아예 무시하고, 단순히 차트상의 기술적 분석에만 급급해서 매매한 이후에 시세가 안 난다고 불평합니다. 수급 주체의 질 나쁜 종목은 추세 추종 매매가 아니라 고점 추격 매수로 끝나는 것이 당연합니다. 이 부분에 대해서는 뒤에 자세히 살펴보겠습니다.

추세 추종 매매(박스권 돌파 매매)에 대한 오해가 어느 정도 풀리셨나요? 막연히 공포심을 가지거나, 추세 추종 매매는 고점에서 물리는 매매라는 선입견이 어느 정도 깨졌으리라 생각됩니다.

종목 선정의 기술적 조건

그럼 이제부터는 본격적으로 박스권 돌파 매매의 세부적인 규칙과 기법에 대해 크게 세 가지로 나누어 살펴보겠습니다.

첫째, 종목 선정(기술적 조건, 수급적 조건, 종목 검색 방법)

둘째, 매수와 손절

셋째, 매도

■ 종목 선정의 기본 원칙

박스권 돌파 매매에 적합한 종목을 선정하기 위한 기술적인 조건부터 살펴보겠습니다.

기술적인 조건의 핵심 요소는 세 가지입니다.

• 최소 2~3개월 이상의 장기간 횡보 내지는 박스권 형성

- 박스권 상단을 완전히 돌파하는 양봉
- 돌파 시 대량 거래 수반(20일 평균 거래량의 2~2.5배 이상)

각각의 조건을 하나씩 살펴보겠습니다.

■ 최소 2~3개월 이상의 장기간 횡보 내지는 박스권 형성

박스권 내지 횡보 구간은 세력이 저가에서 많은 물량을 매집하고, 투자자들을 지치게 하여 매물을 소화하기 위한 목적이라고 설명드린 바 있습니다.

우리가 박스권을 관찰할 때 주목해야 할 것은 두 가지입니다. 첫째는 박스권 상하단의 폭이고, 둘째는 박스권 좌우의 길이입니다. 박스권 상하단의 폭은 좁을수록, 박스권의 기간은 길수록 신뢰도가 높습니다.

우선 박스권 상하단의 폭부터 살펴봅시다. 박스권 상단과 하단의 폭이 좁다는 것은 무얼 의미할까요? 좁은 가격대에서 세력이 물량을 매집했다는 것을 의미하죠? 박스권 상단과 하단의 폭이 크다는 것은 무엇을 의미할까요? 세력이 매집한 물량의 단가의 폭 또한 편차가 크다는 것을 의미합니다.

즉 상하단의 폭이 좁은 박스권이 좋은 이유는 박스권 돌파 시 매매할 때 우리의 매수 단가가 세력의 평균 매수 단가와 비슷한 수준에서 살 수 있기 때문에 안전하고, 세력이 집중적으로 매집한 이후 차익 실현을 위해 주가를 크게 상승시키지 않아 이후에 큰 시세가 날 가능성도 가장 높기 때문입니다.

다음으로 박스권의 길이에 대해 알아봅시다. 왜 박스권 좌우의 길이가 긴 것이 좋을까요?

박스권 좌우의 길이가 길다는 것은 그만큼 오랜 시간 동안 세력이 개미의 매물을 받아 많은 물량을 매집했다는 것을 의미하기 때문이죠. 세력이 많은 물량을 매집하면 매집할수록 당연히 주가 상승의 폭도 커집니다. 왜일까요?

그 많은 물량을 다 팔아서 차익 실현을 하려면 필연적으로 주가를 높이 올릴 수밖에 없기 때문이죠. 좀 더 정확히 말하면, 매집 기간이 길수록 주가가 많이 상승하는 것이 아니라, 세력이 주가를 많이 올릴 수밖에 없다고 할 수 있습니다. 왜냐하면 대량 매물을 한꺼번에 쏟아내면 주가는 폭락하기 때문입니다. 그래서 보유 물량이 많으면 많을수록 일단은 주가를 높게 띄워서 팔아야만 그나마 적은 수익이라도 올릴 수 있습니다.

주가가 크게 올라갈 수 있는 또 하나의 이유는 오랜 기간 매집을 하면 주식의 보유 주체가 세력으로 많이 넘어가기 때문에, 주가가 상승할 때 팔아치워 추가 상승을 저해할 수 있는 다른 보유자들의 물량이 상대적으로 적어진다는 것입니다. 주가를 더 쉽게 높은 가격까지 올릴 만한 환경이 조성되는 것이죠.

세력의 매집 기간은 당연히 종목에 따라 천차만별입니다. 하지만 대다수 종목들의 평균 매집 기간은 2~3개월 정도입니다. 통상적으로 이 정도 기간의 매집이 끝나면 박스권을 뚫는 시도가 나타나고, 이후에 본격적인 추세 전환이 이루어지거나 아니면 재차 박스권으로 회귀해서 다시 횡보 구간으로 진입합니다.

매집 기간이 너무 짧은 종목은 상당히 위험할 수 있습니다. 왜냐하면 하락 추세가 마무리되는 시점에서 짧은 기간 동안만 횡보하다가 최초로 돌파가 이루어지는 경우에는 위쪽의 매물벽에 부딪혀 다시 주가가 떨어지는 경우가 많기 때문이죠. 따라서 우리가 주의 깊게 관찰해야 하는 것은 최소 2~3개월간 횡보하다 돌파가 이루어지는 종목이라고 할 수 있겠습니다.

반드시 알아두어야 할 점은, 주식은 싸게 사면 살수록 오를 가능성보다는 떨어질 가능성이 더 높다는 것입니다. 싸다 비싸다의 기준은 절대적인 가격이 아니라, 매물 저항이 얼마나 강하냐 약하냐에 따라 결정되는 상대적인 것이기 때문이죠.

그럼 차트를 보겠습니다. LG화학입니다.

박스권의 형태 1

2009년 4~7월 말까지 약 3개월간의 좁은 박스권을 형성하고 이후에 거래량이 실린 장대 양봉이 출현하면서 박스권 돌파가 일어나고 추세가 전환된 것을 볼 수 있습니다.

다음은 차이나하오란입니다.

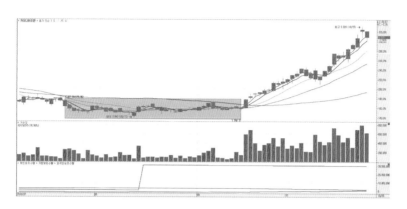

박스권의 형태 2

역시 약 2개월간 상하의 폭이 좁은 박스권을 형성한 뒤 대량 거래가
실린 장대 양봉이 출현한 다음 큰 시세가 난 것을 관찰할 수 있습니다.

두 종목의 박스권에서 공통적으로 나타난 현상은 상하의 폭이 좁은
박스권이라는 것이죠? 세력의 매수 단가가 좁은 구간에 집중되어 있음
을 의미합니다. 그만큼 좁은 구간에서 세력이 집중적으로 매수했다는
것이므로 이후에 최초로 돌파가 나오는 지점에서 매수하는 것은 대단
히 좋은 찬스를 잡은 것이라고 볼 수 있습니다. 이런 패턴이 전형적인
박스권 돌파라고 할 수 있습니다.

다음은 온미디어의 차트입니다. 손가락으로 표시된 세 군데를 주목
하면 거래량이 실린 장대 양봉으로 직전 고점을 돌파하는 흐름을 보여
주는데, 앞의 예와는 달리 의미 있는 횡보 구간 없이 그냥 주가가 수직
으로 상승해서 직전 고점을 돌파한 것을 볼 수 있습니다.

전고점 돌파(온미디어)

그런데 이후의 주가 움직임을 살펴보면 그냥 고꾸라지거나 돌파 직전의 가격대로 회귀하는 현상을 볼 수 있습니다. 이런 패턴을 '전고점 돌파'라고 합니다. 넓은 의미로는 당연히 박스권 돌파도 '전고점' 돌파의 일종이라고 할 수 있습니다만, 박스권을 형성하지 않은 이러한 좁은 의미의 전고점 돌파가 일어날 경우에는 단기적으로 큰 시세를 기대해선 안 됩니다.

왜냐하면 세력이 오랜 기간 동안 저가에서 많은 물량을 매집하고 올린 것이 아니라 바로 쳐올린 패턴이어서, 매집한 물량이 적어 이후에 큰 시세가 난다는 보장이 없기 때문이죠. 매집 물량이 적다는 것은 다른 세력이나 개미도 주식을 많이 들고 있다는 의미이고 이런 상황에서 주가를 추가로 올리면, 기보유자들에게는 차익 실현 기회를 제공하기 때문에 큰 추세를 기대하기 어렵습니다. 물론 대량 거래를 터뜨리면서 전고점을 돌파했기 때문에 단기적인 매매는 가능하지만, 중장기적으로 홀딩하기는 어렵습니다.

앞서 보여드린 LG화학과 차이나하오란의 차트는 가장 전형적인 형태의 박스권이라고 할 수 있습니다. 하지만 실제 매매에서는 저렇게 자로 잰 듯 네모반듯한 박스권보다 오히려 조금씩 변형된 형태의 박스권이 더 많이 나타납니다. 따라서 좀 더 다양한 형태의 박스권을 살펴볼 필요가 있습니다.

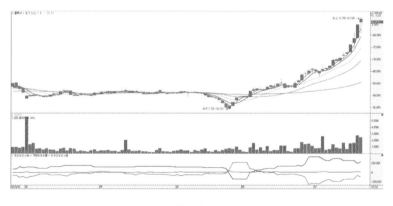

변형된 박스권 1

5월 초까지 저점이 잘 유지되는 매집성 박스권 구간이 나타나다가 갑자기 저점을 깨고 내려가는 것을 볼 수 있죠? 그런 다음 재차 낮은 구간에서 물량을 재매집한 이후 큰 폭의 상승이 나타난 것을 관찰할 수 있습니다. 플랫폼 패턴은 이미 널리 잘 알려진 패턴이고 확인하기 쉬워서 저점이 오랫동안 유지되는 패턴으로 진행될 경우, 매집하는 주요 세력이 아닌 일반 투자자들도 이 구간에서 매수에 동참하기도 합니다.

이때 세력은 고의적으로 지지선을 일시적으로 이탈시켜 개인투자자들의 손절을 유도한 다음, 저점에서 재매집하여 지지선을 회복한 이후 시세를 분출시킵니다. 매집성 횡보 구간을 인식하고 따라붙는 개미들의 물량을 빼앗기 위해 추가 손절을 고의적으로 유도하는 패턴이라 할 수 있습니다. 따라서 플랫폼 형태로 장기간 지속되다가 어느 날 갑자기 지지선이 깨지면, 포기하지 말고 이후에 매집하던 박스권 가격대를 다시 회복하고 돌파하는지 집중 관찰해야 합니다. 이탈 이후 재차 매집 가격대를 안정적으로 회복하고 돌파가 일어나면 매수에 동참해서 시세를 누릴 수 있기 때문이죠.

어느 정도 유동성이 있고 거래가 활발한 종목은 주가가 등락이 있는 상태로 오르락내리락하기 때문에 아주 평평한 상태의 이상적인 매집 형태가 나타나기 힘듭니다. 따라서 실제 매매에서는 상하단부의 폭이 좁은 패턴보다 박스권 상하단의 폭은 크지만, 세력이 지지하고자 하는 지지 가격대가 여러 차례에 걸쳐 지지되는 다중 바닥형 패턴이 더 흔하게 나타납니다.

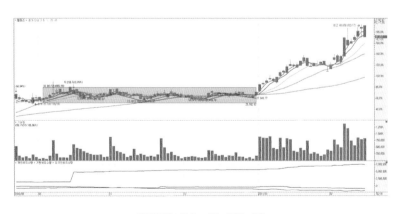

변형된 박스권 2-다중 바닥형 패턴

박스권 하단부에서 마치 W자가 연속되는 형태로 바닥이 지지되는 패턴을 볼 수 있죠? 주가가 저항대에 부딪혀 떨어지지만, 특정 가격대에 오면 다시 그 가격대를 회복하며 지지하는 현상을 볼 수 있습니다. 일반적으로 많이 이야기하는 쌍바닥 패턴, 삼중 바닥 패턴 등도 다중 바닥 패턴의 일종이라 할 수 있습니다. 특별히 다중 바닥의 저점이 점점 높아지는 패턴으로 진행되면 좀 더 믿을 만한 신호로 볼 수 있고 시세 분출이 임박했다고 판단할 수 있습니다.

패턴으로 박스권을 정의하는 방법은 다양하지만, 기본적으로는 방금 언급한 형태가 약간씩 변형된 것들입니다. 또 박스권 패턴이라는 것도 결국은 정형화된 것이 아니기 때문에, 여러 패턴이 혼합될 수도 있고 정확하게 특정한 패턴으로 정의하기 힘든 경우도 있습니다.

중요한 것은 형태가 어떻든 간에 충분한 매집성 횡보 기간을 보여주는 세력의 의도가 반영되어 나타나고 있는지를 판단하는 것입니다. 의미 있는 매집성 박스권의 핵심 요건은 특정 수준의 가격대를 깨지 않는 상태의 상하폭이 좁은 횡보 구간이 오랜 기간 동안 지속되는가의 여부입니다.

■박스권을 완전히 돌파하는 양봉

박스권 돌파의 두 번째 기술적인 조건은 박스권을 완전히 돌파하는 양봉입니다.

세력이 매집과 매물 소화 과정을 거쳐 박스권 돌파를 시도할 때 가장 주의 깊게 관찰해야 하는 것이 의미 있는 저항대를 강력한 양봉으로 '완전히' 돌파했는지를 확인하는 일입니다. 꽤 많은 사람들이 좀 더 싼 가격에 매수하려는 의도로 박스권을 완전히 돌파하지도 않았는데, 돌파를 미리 '예상'하고 선취매하는 경우가 종종 있습니다. 물론 돌파가 일어나기 전 세력이 매집할 때 같이 사면 당연히 더 싸게 살 수 있지만 이 방법에는 두 가지 치명적인 단점이 있습니다.

첫째, 세력은 매집하는 도중에도 중간중간에 한 번씩 급락을 시켜 추가의 손절 물량을 받아낼 수 있다는 것입니다.

둘째, 세력의 매집 기간이 한 달이 될지 두 달이 될지 1년이 될지 알 수 없다는 것입니다. 여러분이 세력의 매집 단가에 같이 사게 된다면 좋은 일이지만, 매집 기간이 얼마나 될지 모르는 상황에서 하염없이 기다리는 것도 사람이 할 짓은 못 되죠. 그래서 시간적인 면에서나 수익적인 면에서 문제가 있는 방법입니다. 차라리 매집 단가보다 조금 비싸게 살지언정 중간중간 흔들기에 안 당하고, 사자마자 바로 시세를 누릴 수 있는 최초의 돌파 시점이 실질적으로 가장 싸게 살 수 있는 시점이 되는 것입니다.

의미 있는 박스권을 확실히 돌파했는지의 여부는 반드시 '종가'를 기준으로 판단해야 합니다. 왜냐하면 장중의 가격 움직임은 속임수가 많기 때문이죠. 특히 장 초반에 대량 거래를 터뜨리며 박스권 돌파가 일어나는 경우, 종가에는 위꼬리를 길게 만들면서 음봉으로 마무리하는 경우가 대단히 많으므로 유의해야 합니다.

따라서 진짜로 의미 있는 저항대나 박스권을 완전히 돌파했는지의 여부는 반드시 장중 가격이 아닌 당일 종가를 기준으로 판단해야 하고, 박스권 돌파의 매수 시기는 확실한 돌파가 확인된 당일 종가 무렵의 오후장 후반이나 당일 종가 혹은 다음 날이 됩니다.

■ 돌파 시 대량 거래 수반(20일 평균 거래량의 2~2.5배 이상)

마지막으로 살펴볼 조건은 박스권 돌파 시 거래량의 강도입니다. 왜냐하면 거래량이 실리지 않은 돌파는 거짓일 가능성이 높기 때문입니다.

대량 거래를 수반한 돌파 이후에 재차 박스권 내로 회귀하는 경우도 많지만, 거래량이 실리지 않은 돌파는 일시적이고 확실한 추세 전환의 신호로 보기 어렵습니다. 왜냐하면 거래량의 강도는 곧 매수 또는 매도 주체의 자금력의 강도와 수급 주체의 손바뀜의 변화 강도를 의미하고, 이는 곧 상승 또는 하락의 강도, 세력의 주가 부양 또는 하락의 의지를 반영하기 때문입니다.

평소 거래하던 자금보다 더 많은 자금을 투입해 주가를 강하게 상승시켰다는 것은 어떤 세력이 그만큼 높은 가격대에서 일반 투자자들의 물량을 많이 흡수했다는 것을 의미합니다. 세력이 그 많은 물량을 손해 보지 않고 처분하려면 대량 거래가 일어난 가격대보다 주가를 더 띄워야 한다는 결론이 나오기 때문에 우리는 양봉이 나와서 높아 보이는 가격대에 매수해야 할 분명한 이유가 있는 것입니다.

그래서 박스권 돌파 이후에는 크든 작든, 일시적이든 장기적이든 간에 일단은 어느 정도의 상승 구간이 나타날 가능성이 높기 때문에 매수할 만한 가치가 있는 구간이 되는 것입니다.

거래량이 실리지 않은 단순한 양봉인 경우에는 강력한 매수 의지를 가진 매수 주체가 개입되었는지의 여부가 불투명하다는 것을 의미하고, 세력이 투입한 자금이 적기 때문에 향후 주가가 크게 올라간다는 보장이 없습니다. 따라서 대량 거래량이 확인되지 않은 어중간한 횡보 구간에서 좀 더 싼 가격에 선취매하려고 어중간한 가격대에 매수하는 것은 손절이나 커다란 손실로 이어질 가능성이 큽니다.

그렇다면 어느 정도의 거래 강도를 의미 있는 수준의 대량 거래로 정의할 수 있을까요? 거래량의 강도는 강할수록 더 큰 의미를 지니지만, 일반적으로 20일 평균 거래량의 2~2.5배 이상의 거래량을 대량 거래라고 볼 수 있습니다. 이 기간 동안 발생하는 평균 거래량의 강도보다 2배 이상의 대량 거래가 터졌다는 것은, 무언가 이 주가의 움직임에 중대한 변화가 일어났다는 것을 의미하는데 강력한 자금력을 가진 세력이 개입되지 않고는 불가능합니다.

여러분이 지금까지 어떤 추세의 시작을 단순히 주가의 움직임만을 기준으로 보았다면, 지금부터는 반드시 거래량의 변화까지 함께 보는 습관을 들여야 합니다.

2009년 큰 시세를 주었던 네오위즈게임즈의 차트입니다. 무엇이 보입니까? 단순히 주가가 20일 이동평균선을 돌파한 이후 상승 추세로

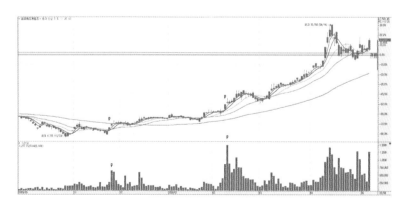

박스권 돌파와 대량 거래

전환된 것으로 보시나요? 위의 차트에서 주가 차트는 가리고 의미 있는 대량 거래가 터진 지점을 찾아 그 이후의 움직임을 한번 살펴보시죠. 손가락으로 표시된 지점입니다.

　다양한 형태의 박스권 돌파의 패턴 차트를 다시 보여드리겠습니다. 이번에는 박스권의 패턴에 집중하지 말고, 가격 차트 아래에 있는 거래량 차트에 주목하여 박스권 돌파 시 거래량의 강도에 집중해보시기 바랍니다.

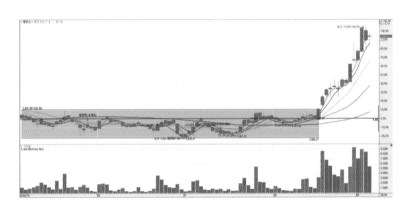

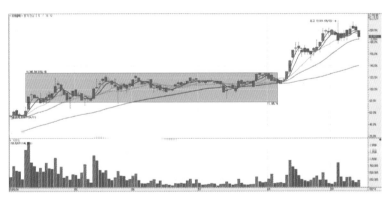

박스권 돌파와 대량 거래

어떻습니까? 주가 차트가 아닌 거래량 차트에서 불끈 솟은 장대 양봉이 나온 이후에 주가의 움직임 또한 대단히 의미 있는 추세의 전환을 보여주고 있죠? 주가의 움직임에 부가하여 반드시 거래량의 강도도 고려해야만 의미 있는 돌파 신호를 얻을 수 있습니다.

종목 선정의 수급적 조건

지금부터는 수급적인 조건에 대해 알아보겠습니다. 똑같은 기술적 조건을 만족하는 상황이라도 크고 안정적인 추세가 형성될 가능성이 높은지 아니면 단발성 시세에 그칠지를 결정하는 요소는 '수급 주체' 입니다.

수급 주체란 주식을 사고파는 주체를 말합니다. 수급 주체를 분석하는 이유는 간단합니다. 각각의 수급 주체는 매매 성향이 모두 다르고 굴리는 자금의 규모도 천차만별이기 때문에 어떤 종목에 어떤 수급 주체가 개입되었느냐에 따라 그 종목의 주가가 움직이는 패턴이 달라지기 때문입니다.

그렇다면 지금부터 수급 주체별 특성을 알아보겠습니다.

주식의 수급 주체는 다양합니다만 크게 분류하여 개인, 기관, 외국인으로 구분할 수 있습니다.

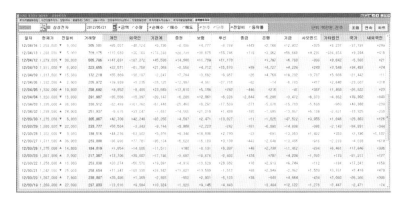

수급 주체의 종류 화면(삼성전자)

• 개인: 개인투자자를 의미합니다. 여러분이나 저처럼 소액을 가지고 매매하는 부류입니다. 개인들은 어떤 종목의 시세를 크게 움직일 정도의 막강한 자금력이 없고, 따로 흩어져 각자 생각대로 매매하기 때문에 가격의 움직임을 선도하여 일관된 추세나 패턴을 이끌어내지 못합니다.

신경 쓸 필요가 없는 수급 집단이고, 개인들의 매수세가 집중되는 종목은 오히려 피하는 게 좋습니다. 개인의 수급선을 보면 항상 고가에서는 수급선이 최저점이고, 주가가 떨어지면 수급선이 우상향하고 주가가 올라가면 우하향, 주가가 바닥일 때 수급선은 꼭지인 경우가 많으므로 오히려 반대로 활용할 수 있습니다.

코스닥 저가주를 대상으로 작전을 펼치는 자금력을 가진 세력도 수급 주체상으로는 개인으로 잡혀 일반 개인투자자들의 매매와 섞여서 집계되기 때문에 이러한 경우 진짜 세력과 일반 개인투자자들의 수급 현황을 구분하기는 불가능합니다. 이 경우 어떤 사람은 좀 더 구체적으로 대량의 자금이 유입되는 창구를 분석해서 세력의 자금 흐름을 파악하려는 시도를 하기도 합니다. 하지만 이런 작전 세력이 개입된 종목은 그다지 좋지 않으므로, 일단 개인이라는 수급 주체의 매수세에는 의미를 두지 않는 것이 좋습니다.

• 외국인: 가장 강력한 자금력과 정보력을 가진 수급 주체입니다. 우리나라는 1992년에 최초로 외국인에게 증시가 개방되었지만, 실질적으로는 IMF 외환 위기 이후 거의 완전한 개방이 이루어져 현재는 우리 주식시장의 30% 이상을 차지하고 있는 가장 큰 세력으로 부상했습니다.

이들은 다루는 자금의 스케일 자체가 다르기 때문에(수백억에서 수조 단위) 부실한 코스닥 저가주는 매매 대상에서 아예 제외되고, 유통 물량과 유동성이 풍부한 중대형 우량주가 주로 매매 대상이 됩니다.

이렇게 막대한 규모의 자금을 투입해 장기간 안정적인 수익을 확보하기 위해서는 기본적으로 그 회사가 그만큼 충분한 수익을 내줄 만한 기업의 내재적인 가치나 성장성, 안정성이 확보되어야 하므로 펀더멘털에 근거한 가치투자를 지향하는 속성이 있습니다. 이에 따라 외국인이 개입하면, 주가는 등락을 거듭하지만, 길게 보면 끝까지 그들이 원하는 목표가만큼 주가를 올리는 성향이 있습니다.

어떤 의미에서는 개인투자자들이 어떤 종목이 가치적으로 우량한지 가치 자체를 분석하지 않고, 외국인의 수급 동향만을 분석함으로써 이러한 효과를 간접적으로 달성할 수 있습니다. 외국인들이 개입되었다는 것 자체가 그들이 기업의 가치를 이미 다 분석하고 보증한다는 것을 의미하기 때문이죠. 따라서 외국인이 집중적으로 개입된 종목은 중장기적으로 큰 시세를 낼 가능성이 크고, 따라서 큰 추세를 노리는 추세 매매에 적합한 종목이 됩니다.

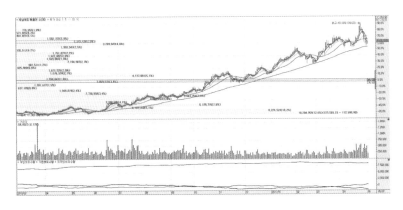

진짜 외국인이 매매하는 종목(호남석유)

호남석유의 차트입니다. 외국인 지분율이 꾸준히 증가하면서 그에 비례해 큰 상승을 보여주고 있습니다.

지금까지 설명한 부분이 일반적으로 이야기하는 '진짜 외국인' 투자자들의 투자 패턴입니다. 그런데 외국인으로 집계되는 수급 동향에는 이런 '진짜 외국인'만 있는 것이 아닙니다. 소위 '검은 머리 외국인'이라고 불리는, 외국인 투자자를 가장한 가짜 세력도 섞여 있습니다.

'검은 머리 외국인'이란, 외국계 증권사 창구를 개설하여 매매함으로써 수급 주체 분석상에서는 '외국인'으로 집계되지만, 실제로 앞서 설명드린 막대한 자금을 동원하여 펀더멘털에 근거한 중장기 투자를 하는 진짜 외국인과는 아무 상관 없는 내국인 투자자를 의미합니다.

외국계 증권사 계좌는 우리나라 사람도 개설하여 매매할 수 있기 때문에 수급 주체 분석에서는 진짜 외국인 투자자와의 구분이 불가능해지는 것이죠. 그런데 만일 이를 제대로 구분하지 못하고 진짜 외국인 투자자의 물량으로 착각하면, 개인투자자들은 단타를 칠 목적으로 개인투자자들을 유인하여 매매하려는 '검은 머리 외국인'에게 털리는 일이 생깁니다.

수급 주체 동향을 분석하다 보면 절대 외국인이 매매할 만한 우량 종목이 아닌 코스닥 저가주인데 떡하니 외국인 매수세가 유입된 것을 본 경험이 있을 것입니다. 바로 이것이 검은 머리 외국인입니다.

이를 완벽하게 구분할 수는 없지만, 간접적으로나마 검은 머리 외국인을 배제하는 몇 가지 방법은 있습니다.

첫째는 외국인 지분율입니다. 기본적으로 진짜 외국인 투자자들은 매매할 가치가 없는 기업은 투자를 안 하기 때문에 외국인 지분율이 낮습니다. 일반적으로 외국인 지분율이 3% 미만인데 수급 동향상 외국인의 수급이 들어온 것으로 나타나면, 검은 머리 외국인이 개입된 종목으로 보아도 무방합니다.

둘째는 외국인의 매수세 강도입니다. 외국인들은 기본적으로 우량 기업에 막대한 자금을 투입하기 때문에 거래 대금 자체가 클 수밖에 없습니다. 진짜 외국인들의 매매 규모는 일 기준으로 억 단위 이상의 자금이 들어오는 데 반해, 검은 머리 외국인이 개입된 종목의 경우 1백만원에서 1천만원 단위의 소액 자금이 유입되는 패턴을 보이는 경우가 흔합니다. 일 평균 거래 대금도 진짜 외국인이 개입된 경우 대략 50억원대 이상을 보이는 경우가 흔하지만, 그렇지 않은 경우 10억원대

미만으로 부족한 유동성을 보일 때가 많습니다.

셋째는 다른 수급 주체의 개입 여부입니다. 투신이나 기금과 같은 우량한 수급 주체가 동시에 개입하면 진짜 외국인이 개입된 종목일 확률이 높습니다.

많은 사람들이 안정적인 수급 주체가 개입된 종목을 찾는 나름대로의 기준 없이 무조건 코스피200 종목에만 한정, 코스닥 종목은 제외하는 식으로 많이 접근하지만 이러한 방법은 바람직하지 않습니다. 코스피 종목이라도 진짜 외국인이 아닌 검은 머리 외국인이 개입된 경우가 많고, 코스닥 저가 종목이라도 진짜 외국인의 탄력적인 매수세가 붙어 큰 시세를 주는 경우도 흔하기 때문이죠.

• 기관: 수급 주체 중 가장 다양한 부류가 존재합니다. 증권, 은행, 사모펀드, 투신, 기금 등 다양합니다. 하지만 이 중에서 우리가 신경 쓰고 주목해야 할 주요 기관 수급 주체는 투신과 기금, 그중에서도 투신의 수급이 가장 중요합니다.

물론 투신과 기금을 제외한 다른 기관 세력 또한 독자적으로 시세를 견인하기도 하지만, 이들 기관은 주식에 투자해서 수익을 창출하는 것이 고유 업무가 아닐뿐더러, 투신이나 기금과 같은 막대한 자금력을 가지고 있지 않기 때문에 신뢰도가 크게 떨어집니다.

투신은 주 업무가 투자이기 때문에, 투자에 의한 수익 추구가 부차적 목적인 여타 기관에 비해 훨씬 공격적이고 전문적인 투자 성향을 띠고 있습니다. 거대한 자금을 투자하기 위해서는 역시 외국인 투자자와 비슷한 형태의 매매 성향을 보입니다. 한 증권사 리서치에 따르면 투신, 기금, 외국인의 수급 주체 중에서 주가 상승과 가장 밀접한 관련이 있는 수급 주체가 투신이라는 연구도 있습니다.

기금은 국가에서 관리하는 대표적인 기관 투자 주체라고 볼 수 있는데, 운용 방식은 외국인 투자자나 투신과 마찬가지로 펀더멘털에 근거한 중장기 투자 패턴입니다.

투신과 기금을 제외한 다른 기관 수급 주체의 매수세는 큰 의미를 두지 않고 참고만 하면 됩니다. 기본적으로 투신이나 기금도 외국인 투자자와 유사한 중장기적 성향을 띠고 있으므로 투신이나 기금의 매수세가 일관되고 꾸준하게 유입되는 종목도 외국인의 지분율이 꾸준히 증가하는 종목과 유사하게 믿고 투자할 만한 종목이 됩니다.

외국인, 투신, 기금과 같이 막대한 자금력과 정보력이 없는 검은 머리 외국인이나 개인 세력 집단, 은행·증권 같은 기타 세력은 자금력이 떨어지기 때문에 중장기적인 큰 추세를 형성하기보다는 단발적인 시세나 단타 위주의 매매에 주력하는 경우가 흔합니다. 물론 이런 집단이 개입되어 큰 시세를 만드는 경우가 전혀 없거나 불가능하다는 것은 아닙니다. 하지만 일반적으로 그렇지 못한 경우가 상대적으로 더 많기 때문에 우리는 믿을 만한 수급 주체가 개입된 종목만 골라서 매매해야 하는 것이죠.

다음은 이노와이어의 차트입니다. 2010년 후반기부터 본격적으로 시세를 폭발시킨 종목이죠? 이 종목의 주요 수급 주체는 차트에서 보시는 것처럼 기관입니다. 시세가 나는 기간 동안의 외국인 보유 수량은 큰 변화를 보이지 않지만, 기관의 보유 수량은 꾸준히 증가하고 있

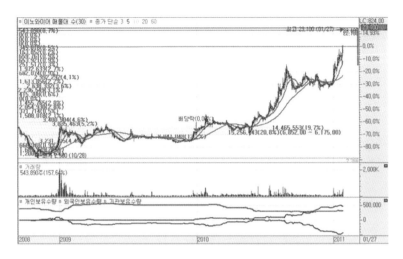

양호한 수급 주체-이노와이어

고 그에 비례해 주가 또한 큰 폭의 상승을 보여주고 있습니다.

수급 주체 동향을 보면 매집 기간이었던 2010년 후반기에 투신권과 기금에서 집중적인 매수세가 꾸준히 유입된 것을 확인할 수 있습니다.

지금까지 주요 수급 주체의 성향과 특징에 대해 알아보았습니다. 간단히 정리하면, 수급 주체는 다양하지만 우리가 매매할 때 반드시 확인해야 하는 신뢰할 만한 3대 수급 주체는 외국인, 투신, 기금이고(특히 투신의 수급이 중요), 기술적 분석상 의미 있는 돌파가 일어나는 것을 확인할 경우 이러한 주요 매수 주체의 자금이 유입되었는지를 확인하는 과정이 필수적입니다. 그래야 차트 모양만 보고 매매했다가 부실한 종목에서 털리는 사태를 방지할 수 있습니다.

추세 추종 매매의
종목 검색 방법

    그렇다면 기술적 조건과 수급적 조건을 만족시키는 종목을 어떻게 찾을 수 있을까요?

    증권사 HTS에서 제공하는 종목 검색을 활용하면 간단히 해결할 수 있습니다.

    현재 보시는 화면은 키움증권 HTS를 기준으로 한 것입니다. 키움증권뿐만 아니라 모든 HTS에는 종목 검색 기능이 있으므로 그에 맞는 규칙을 설정해 쓰시면 됩니다.

    제가 사용하는 세부적인 조건을 나열하면 다음과 같습니다.

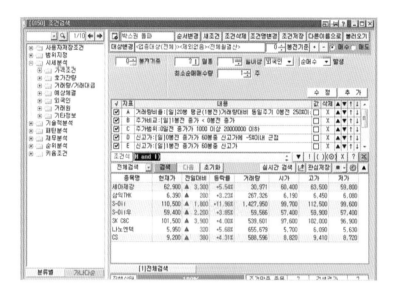

박스권 돌파 종목의 검색식

지표	내용
A	거래량 비율 : [일] 20봉 평균(1봉 전) 거래량 대비 동일 주기 0봉 전 250% 이상
B	주가 비교 : [일] 1봉 전 시가 〈 0봉 전 종가
C	주가 범위 : 0일 전 종가가 1,000 이상 2,000,000 이하
D	신고가 : [일] 0봉 전 고가가 60봉 중 신고가에 –5% 이내 근접
E	신고가 : [일] 1봉 전 종가가 60봉중 신고가
F	5일 평균 거래 대금(단위: 100만) 5,000 이상 1,000,000 이하(〈금일 포함〉)
G	외국인 지분율 3% 이상 100.0% 이하
H	0봉 전 2일 중 1일 외국인 순매수 발생 최소 순매 매수량 1주
I	0봉 전 2일 중 1일 기관 순매수 발생 최소 순매 매수량 1주
A and B and C and D and !E and F and ((G and H) or I)	

박스권 돌파 종목의 검색 조건

각각의 조건을 한번 살펴볼까요?

A. 거래량 비율: 대량 거래가 발생한 오늘의 거래량을 제외한 어제까지의 20일 평균 거래량의 2.5배 이상의 대량 거래가 오늘 발생한 종목을 검색하는 조건입니다. 250% 대신 200% 이상으로 검색하면 좀 더 상승 초기의 종목이 민감하게 검색됩니다.

B. 주가 비교: 당일의 종가가 당일의 시가보다 큰 양봉을 검색하는 조건입니다.

C. 주가 범위: 지나치게 싸서 매매할 가치가 없는 동전주를 제외하기 위해 1000원 이상의 종목을 검색하는 조건입니다.

D, E. 신고가: 의미 있는 시세를 내기 위해서는 최소한 2~3개월 이상의 매물 저항대를 극복해야 하므로 3개월 박스권의 저항대를 기준으로 60봉 신고가에 −5% 수준으로 근접한 종목을 검색하는 조건입니다.

이때 어제 의미 있는 돌파가 일어났는데 오늘도 신고가를 갱신하면서 올라가는 종목은 제외하기 위해 조건을 추가했습니다(!라는 표시는 제외하라는 의미입니다). 추격 매수를 하지 않기 위한 조건입니다.

F. 평균 거래 대금: 일반적으로 매매에 적합한 유동성의 기준은 자신의 투자 자금이 해당 종목의 당일 총 거래 대금의 0.5%를 넘지 않아야 한다고 알려져 있습니다. 바꾸어 말하면, 하루 평균 거래 대금이 해당 종목에 대한 투자 자금의 최소 200배 정도 이상이 되어야 내가 원하는 가격대에서 자유롭게 사고팔 수 있는 정도의 유동성이 확보된다는 이야기입니다. 유동성이 떨어지는 종목을 매매하면 오가 공백이 커져서 원하는 가격보다 더 비싸게 사거나 싸게 팔아야 할 경우가 종종 생기기 때문입니다. 따라서 거래 대금은 크면 클수록 좋습니다. 5일 평

균 거래 대금이 최소 50억원 이상인 종목을 선정하는 것이 바람직합니다. 거래 대금이 적은 종목은 주가의 탄력이 떨어지기 때문입니다.

G. 외국인 지분율: 검은 머리 외국인을 제외하기 위한 조건입니다.

H, I. 수급 조건: 외국인 또는 기관 중 어느 한 곳 이상에서 매수세가 유입된 종목을 검색하는 조건입니다. 외국인이나 기관의 수급 동향은 장중에는 집계되지 않고 장이 마감된 후에야 검색됩니다.

때문에 오늘 대량 거래가 터지면서 수급이 개입된 종목은 전날에도 개입되었을 가능성이 높다는 전제하에 편법으로 2일 중 1일 이상 수급이 개입된 종목을 검색하는 조건을 단 것이죠. 하지만 기관의 매수세가 투신이나 기금과 같은 곳의 매수세인지, 기타 영향력이 떨어지는 주체로부터의 매수세인지는 검색이 불가능합니다.

따라서 일단은 이런 조건으로 검색한 뒤, 앞서 보여드린 것과 같은 HTS상에서 제공하는 수급 동향을 체크해가며 세부적으로 확인하면 됩니다.

여러분이 반드시 명심해야 할 것이 하나 있습니다. 지금 제가 제시한 검색 조건이나 수치들에 절대적인 의미를 부여하거나 마치 마법의 공식처럼 생각해선 절대 안 된다는 것입니다. 어떤 종목을 어떤 방법으로 검색하느냐는 여러분의 세부적인 아이디어나 방식에 따라 얼마든지 변형하거나 다른 조건을 추가할 수 있습니다. 위의 검색 조건은 제가 나름대로 사용하는 한 가지 방법을 예로 제시한 것입니다. 검색식이라는 것은 어디까지나 '대략적이고 편리한' 도구의 하나에 불과하다는 점 잊지 마시기 바랍니다.

장중에 대량 거래를 동반하면서 마치 장대 양봉으로 마무리할 것처럼 하다가 장 막판에는 위꼬리를 길게 달고 음봉으로 마무리하는 경우도 대단히 많기 때문에 되도록이면 장중에 실시간 검색을 통해 좀 더 싼 가격에 매수하려 하기보다는 오후장 후반이나 마감 동시호가 시간 부근(대략 2시 30분 이후)에 종목을 검색하는 것이 좋습니다. 대략 이 정도의 시간대에서 주가의 방향성이 대부분 결정되기 때문이죠.

추세 추종 매매의 매수

　매수는 여러 가지 방법으로 할 수 있습니다. 각각의 방법마다 나름 대로 장단점이 있으므로 이를 잘 파악하는 것이 중요합니다.

■ 종가 매수

　가장 기본적이면서도 간단한 방법으로, 의미 있는 돌파가 일어나는 당일 종가에 매수하는데 손절선은 돌파 양봉의 시가로 잡고 홀딩하는 방법입니다. 장 마감이 가까워질 무렵 2시 30분 이후 기술적 조건과 수 급적 조건을 만족시키는 종목을 선정하여 마감 동시호가 시간인 2시 50 분에서 3시 사이에 '시장가' 주문을 내면 종가로 매수할 수 있습니다.

　장중에 종목을 검색하여 종가에 매수할 수 없는 직장인의 경우 다음 날 예약 매수를 이용할 수 있습니다. 퇴근 후 당일 의미 있는 돌파가 일 어난 종목을 검색한 이후 전일 종가를 기준으로 다음 날 이 가격대 이

하에 매수 주문을 내고 장중에 매수하는 방법입니다.

아주 강한 종목의 경우 전일 종가보다 낮은 가격을 전혀 터치하지 않고 바로 상승하기도 합니다. 하지만 대부분 당일에 매수하지 못해도 다음 날 이후 전일 종가 이하로 조정을 주는 경우가 흔하기 때문에 다음 날이나 이후 2~3일 정도까지 매수할 수 있는 경우가 많습니다.

매수할 때 가장 명심해야 할 사항은 매수의 기준 가격은 박스권을 최초로 돌파하는 시점의 양봉 종가 이하의 가격이고, 돌파가 일어난 양봉의 종가보다 높은 가격에선 절대로 추격 매수하지 않는 것입니다. 피치 못하게 당일 종가에 매수하지 못해서 다음 날 매수를 기다렸는데도 이후 매수 가격에 오지 않고 오르는 경우는 어쩔 수 없습니다. 매매할 종목은 매일 쏟아지므로 섣불리 추격 매수하지 않는 것이 중요합니다.

막상 돌파가 일어났을 때는 비싸 보여서 사지 않았는데 다음 날 주가가 상승하여 안타까움과 당장 주가가 오를 것 같은 막연한 기대감으로 전일 종가보다 높은 가격대에 덜컥 추격 매수를 하는 경우가 많은데, 이런 매매는 손절이나 큰 손실로 이어질 수 있습니다. 운이 좋아서 그보다 더 큰 상승을 할 수도 있지만, 당일 음봉으로 마무리되거나 다음 날 추가 조정이 오면 원치 않은 손해를 떠안는 경우도 종종 있기 때문입니다.

실제 다양한 박스권 돌파 패턴을 보면, 돌파 다음 날 장 초반에 주가가 잠깐 상승하는 듯싶다가 돌파 기준 양봉 몸통의 중간 이하 가격까지 조정을 보이는 경우가 흔합니다. 그런데 그보다 훨씬 더 높은 가격대에서 잡으면 이후에 심리적으로 흔들릴 뿐 아니라 손절할 경우 손절폭 또한 커서 큰 타격을 입게 됩니다.

조금 더 쌀 때 사려는 생각으로는 정작 강한 종목을 아예 놓치거나 추격 매수성 손절로 끝나는 경우가 생깁니다. 아니면 오히려 조정이 크게 나와서 박스권 돌파가 실패로 끝나는 시세가 약한 종목만 매수하는 결과를 가져오게 됩니다.

　기술적 분석과 수급적 요소를 모두 만족하는 종목에서 탄력적인 시세가 났을 때, 돌파 양봉의 종가보다 낮은 가격으로 조정이 일어나는 경우는 하락폭이 대부분 전일 양봉 종가의 2% 내외입니다.

　가장 싼 자리는 역설적으로 가장 비싸 보이는 '최초'의 돌파 시점이며, 이 지점에서는 과감히 매수해야 합니다. 종가로 매수한 경우 손절은 장중 가격이 아닌 종가 기준으로 장대 양봉의 시가선을 잡으면 됩니다.

　2개월 약간 안 되는 박스권이지만, 역사적 신고가 부근이라 매물 저항이 거의 없는 상태이므로 충분히 의미 있는 돌파라고 볼 수 있죠? 거래량도 충분히 실렸고요.

박스권 돌파 종가 매수(케이피케미칼)

이후의 움직임을 볼까요?

박스권 돌파 종가 매수(케이피케미칼)

일주일이 넘는 기간 동안 상승하지 않고 투자자들을 지치게 하고 있죠? 하지만 종가 기준으로 돌파가 일어난 양봉의 시가는 깨지 않고 있습니다. 이후의 흐름을 볼까요?

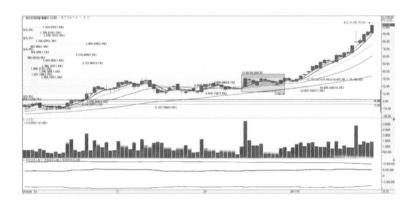

박스권 돌파 종가 매수(케이피케미칼)

이 구간 이후 30%가 넘는 폭의 상승이 나왔습니다. 의미 있는 돌파가 나오면 바로 탄력적인 시세를 주는 경우도 있지만, 이와 같이 추가의 가격 조정이나 기간 조정을 통해 투자자들을 지치게 만들고 나서 본격적인 상승을 하는 경우도 허다합니다.

물론 박스권을 뚫는 척하다가 박스권 하단을 깨고 내려가는 경우도 있고 손절하는 경우도 있습니다. 하지만 의미 있는 손절선에 대한 명확한 기준 없이 그냥 단순히 조금 떨어졌다고 원칙 없이 손절할 경우 손절은 꼬박꼬박 하면서, 박스권 돌파가 성공해 큰 수익을 낼 수 있는 기회도 꼬박꼬박 날려버린다는 사실을 명심해야 합니다.

큰 시세를 만들 의도가 있는 경우, 기간 조정과 견디기 힘든 가격 조정을 통해 투자자들을 겁주기도 하지만 종가 기준으로 의미 있는 장대 양봉의 시가를 이탈하지는 않습니다. 심지어 장중에 돌파 양봉의 시가를 깨다가 이후 재차 회복하는 경우도 있습니다. 따라서 손절은 장중의 가격보다는 방향성이 확실하게 결정되는 종가를 보고 판단해야 속임수에 당할 가능성이 적습니다.

정리하면, 가장 간단하면서 기본적인 매수 방법은 의미 있는 장대 양봉의 종가 이하 가격에 매수하여 종가 기준으로 장대 양봉의 시가를 손절선으로 하는 것이라고 할 수 있습니다. 이 방법은 매수 가격대가 높기 때문에 돌파가 일어난 이후 조정을 거의 주지 않고 바로 상승하는 탄력이 큰 종목을 놓치지 않아 큰 시세를 취할 수 있으며, 손절선을 종가 기준으로 돌파 양봉의 시가로 잡기 때문에 웬만한 장중의 변동이나 흔들림을 이겨내는 장점이 있습니다.

하지만 예상과 달리 돌파에 실패하여 손절하거나 돌파 이후 장중 조정폭이 클 경우 큰 손해를 볼 수 있으므로, 이러한 장단점을 잘 숙지하여 매매에 임해야 합니다.

■ 조정 시 지지선에서 매수

두 번째 매수 방법은 돌파 이후 약한 조정이나 눌림을 노려 돌파가 일어난 장대 양봉상의 지지선 부근에서 매수하는 것입니다. 종가를 기준으로 매수하는 방법은 조정을 주지 않고 바로 날아가는 종목을 잡을 수 있는 장점이 있지만 일반적으로 돌파 다음 날 미약한 폭이라도 조정을 주고 상승하는 경우가 대부분입니다. 따라서 가격적으로 좀 더 메리트가 있으면서 안전한 구간에서 사는 방법입니다.

박스권 돌파 지지선 매수(SKC솔믹스)

탄력적인 시세를 주었던 SKC솔믹스입니다. 대량 거래를 동반하며 의미 있는 박스권 돌파가 일어난 부분이 두 군데 있죠? 한번 자세히 살펴볼까요?

첫 번째 박스권 돌파가 일어난 지점을 15분 차트상에서 살펴보겠습니다.

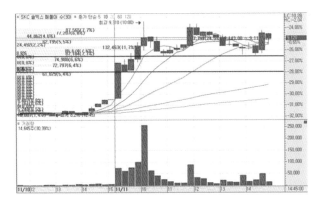

SKC솔믹스 지지선 매수 구간

돌파 당일 분봉을 분석하면 의미 있는 지지선을 대략 두 군데 정도 확인할 수 있습니다.

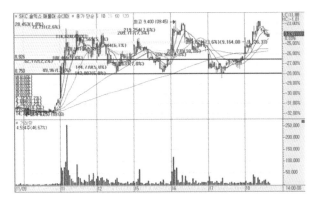

SKC솔믹스 지지선 매수 구간

두 번째 매수 방법은 바로 이러한 의미 있는 지지대까지 주가가 떨어지기를 '기다려' 매수하는 것으로, 좀 더 안전한 방법이라고 할 수 있습니다. 이후의 움직임을 볼까요?

돌파가 일어난 다음 날 전날 급등에 의한 피로감과 일시적인 차익 실현 매도세에 의해 주요 지지 가격대 부근까지 떨어지는 구간이 발생한 것을 확인할 수 있습니다. 다음 날뿐 아니라 이후에도 며칠 동안 의미 있는 지지 라인을 터치하며 횡보하는 모습을 관찰할 수 있죠? 이러한 의미 있는 지지대에서 매수하면 종가에서 사는 것보다 가격적으로 훨씬 싸게 살 수 있는 것이죠.

의미 있는 지지선은 매물이 집중되고 캔들의 요소가 많이 겹치는 라운드 피겨 가격대 부근이라고 했었죠?

그렇다면 정확히 어떤 지지 라인에서 잡아야 할까요? 여기에는 당연히 정답이 없습니다. 주가가 위쪽 지지 라인만 살짝 건드리고 다음 날 바로 날아갈지, 아니면 위의 예처럼 아래쪽 지지 라인까지 떨어지면서 며칠 동안 지루하게 하다가 날아갈지는 아무도 모르기 때문이죠. 지지선도 분명한 정답이 있는 것이 아니기 때문에 자신의 원칙에 따라 잡으면 됩니다.

여러분이 나름대로 어느 쪽 지지 라인에서 잡을 것인지 원칙을 정하고 매수하면 됩니다. 나는 1차 지지선에서 잡겠다, 아니면 좀 더 안전하게 2차 지지선에서 잡겠다, 아니면 1차에서 80%, 2차에서 20% 분할로 잡겠다라든지 자신의 원칙에 따라 매수하면 되는 것이지요. 이후의 움직임을 볼까요?

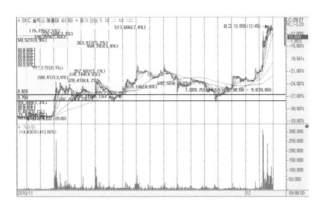

지지선 지지 이후 추가 박스권 돌파

거의 3주 동안 저 지지선 부근에서 횡보하다가 결국 추가 박스권 돌
파가 나타나며 상승합니다.

손절선은 여러분이 어떻게 매매 계획을 잡느냐에 따라 다양한 방법
이 있습니다. 1차 지지선에서만 일회성으로 매수하는 경우, 2차 지지선
을 손절선으로 장중에 대응할 수도 있고, 1차 지지선과 2차 지지선에서
분할 매수하고 장대 양봉의 시가를 손절선으로 대응하는 방법도 생각
해볼 수 있습니다. 어떤 방법이 더 나은지에 대해서는 당연히 정답이
없습니다. 다만 중요한 것은, 자신이 정한 원칙을 지켜나가는 것이죠.

이러한 매수 방법은 돌파가 일어난 다음 날 조정을 의도적으로 노리
고 매수하는 것이기 때문에 종가 매수에 비해 좀 더 싼 가격에 매수할
수 있으며, 분할 매수를 이용하면 생각보다 큰 변동성에도 큰 손실을
입지 않을 수 있다는 것이 장점입니다. 하지만 정말로 탄력이 좋아서
조정폭이 크지 않고 바로 치고 올라가는 종목을 놓치거나, 분할 매수로
접근한 경우 일부 물량만 매수하게 된다는 단점이 있습니다.

■ 종가 매수 + 지지선 매수를 혼합한 방법

세 번째 매수 방법은 종가 매수와 지지선 매수를 혼합하여 두 방법의 장점을 적절히 조화시킨 것입니다. 매수 방법은 돌파가 일어난 날 당일 종가에 물량의 80~90%를 매수하고, 나머지 10~20%는 다음 날 전일 돌파 양봉의 종가보다 약간 낮은 상단 지지선 부근에 걸어두는 것입니다.

일단 물량의 80~90% 정도를 종가에 잡았기 때문에 아래꼬리를 달지 않고 바로 날아가는 경우라도 종가 매수에 비해 크게 아쉬울 게 없고, 장 초반에 주가가 급등할 경우 차익 실현을 할 수 있는 종가 매수의 장점을 부분적으로 확보하게 됩니다.

만일 장 초반에 주가가 하락할 경우 나머지 일부 물량을 약간 낮은 지지선에서 투입하면 부분적이나마 매수 평단가도 약간 낮출 수 있기 때문에 지지선 매수의 장점도 부분적으로 확보하게 됩니다.

지금까지 여러 가지 매수 방법을 살펴보았는데, 어떤 방식으로 종목을 매수하느냐는 여러분의 자유이고 나름대로 장단점이 있습니다. 개인적으로는 종가 매수와 부분적인 지지선 매수를 혼합한 세 번째 방법을 추천하고 싶습니다.

하지만 상황에 따라서는 특정한 방법이 더 유리한 경우가 있습니다. 그렇다면 이러한 매수 방법을 결정하는 핵심 요소는 무엇일까요? 그것은 돌파가 일어난 장대 양봉의 장중 패턴입니다. 일단 두 종목을 살펴봅시다.

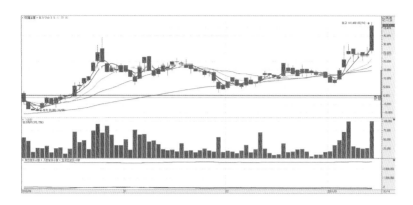

박스권 돌파 양봉의 패턴 1

박스권 돌파 양봉의 패턴 2

두 종목 모두 대량 거래를 동반하며 의미 있는 박스권을 돌파했습
니다.

그렇다면 다음 날의 움직임을 볼까요?

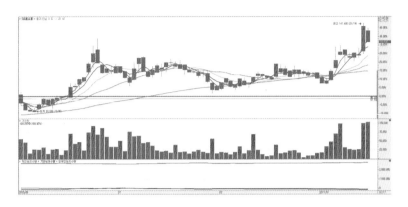

박스권 돌파 양봉의 패턴 1: 돌파 이후 움직임

박스권 돌파 양봉의 패턴 2: 돌파 이후 움직임

GS홈쇼핑의 경우 종가에 잡았다면 다음 날 무려 6%가 넘는 손실을 떠안고 매매하게 되지만, 테라젠이텍스는 전일 종가에 잡지 못했다면 사실상 다음 날 조정의 기회조차 주지 않고 날아가버렸을 상황입니다. 둘 다 대량 거래를 수반한 박스권 돌파 양봉이었는데 왜 한 종목은 다음 날 크게 떨어지고 다른 종목은 크게 상승했을까요?

실마리는 박스권 돌파 시의 캔들 패턴에 있습니다. 돌파 시의 캔들 패턴을 서로 비교해볼까요? 돌파가 일어난 날(대량 거래를 수반한 장대 양봉)의 15분봉을 살펴봅시다.

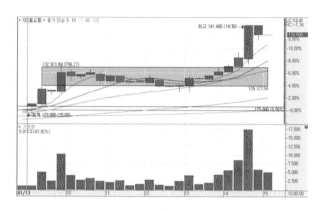

박스권 돌파 양봉의 패턴 1: 돌파 시점 분봉 캔들

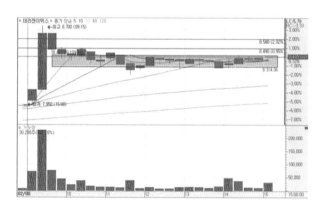

박스권 돌파 양봉의 패턴 2: 돌파 시점 분봉 캔들

GS홈쇼핑은 대략 10시경부터 오후 2시까지 주가가 거의 정체한 상태로 '평평하게' 유지되다가 장 막판에 급등하며 상승으로 마감했죠? 이것은 세력이 주로 10시에서 오후 2시 부근의 가격대에서 주로 매집을 하고 막판에 쳐올렸다는 것을 의미합니다. 세력의 평균 매수 단가는 10시에서 오후 2시 사이의 정체된 가격대에 가깝습니다.

반면 테라젠이텍스는 장 초반 급등 이후 잠깐 조정을 준 다음부터 장 마감 때까지 거의 동일한 가격대에서 줄곧 매집했지만 GS홈쇼핑과는 달리 매집 이후의 추가 상승이 없었죠?

이 두 경우, 당일 종가와 세력의 평균 매수 단가를 비교하면 어떻게 될까요?

GS홈쇼핑의 경우 주로 매집한 매물이 아래쪽에 많이 분포해 있기 때문에 종가는 세력의 평균 매수 단가보다 높습니다. 반면 테라젠이텍스의 경우 물량 대부분은 거의 비슷한 가격대에 집중되어 있고, 종가도 거의 이 가격대에서 끝났기 때문에 세력의 평균 매수 단가는 종가와 거의 같다고 볼 수 있겠죠?

GS홈쇼핑의 경우, 매집을 끝내고 추가로 주가를 쳐올린 상태까지 진행되었기 때문에 다음 날 이 가격대에서 세력이 차익 실현을 해도 수익을 낼 수 있는 상황입니다. 하지만 테라젠이텍스의 경우 매집만 완료되었고 매집 단가 부근보다 더 높은 가격대로 주가를 추가 상승시키지 않았기 때문에, 세력이 수익을 보기 위해서는 필연적으로 다음 날 이 가격대보다는 주가를 상승시켜야 한다는 결론이 나는 것이죠.

즉, GS홈쇼핑의 경우에는 돌파가 일어난 다음 날 주가가 떨어져도 전혀 이상하지 않은 상황이지만, 테라젠이텍스의 경우 다음 날 주가가 안 오르면 오히려 이상한 상황이 되는 것이죠.

그렇다면 테라젠이텍스 같은 경우 종가에 사지 않고 다음 날 전일 종가 부근에 걸어두면 되지 않느냐는 의문을 제기할 수 있겠죠?

문제는 대개 테라젠이텍스 같은 경우 다음 날 갭 상승으로 띄운 이후 조정이 없거나 아주 짧은 조정만 주고 날아가는 경우가 많습니다. 왜일까요? 세력이 매집을 충분히 끝낸 상황이고 더욱이 세력의 평균 매수 단가가 전일 종가보다 그리 높지 않은 상황이어서 굳이 다음 날 조정을 줄 필요가 없습니다. 그렇게 갭을 띄운 이후 조금 털어봐야 수익도 얼마 나지 않아서 의미가 없기 때문입니다.

　그래서 대개 이런 패턴으로 진행되는 경우는 다음 날 갭이 약하게 뜰 때 그날 양봉으로 마무리하거나, 장 초반에 갭을 높이 띄운 이후에 음봉을 형성하며 전일 종가 부근까지 차익 실현을 하는 두 가지 경우로 진행됩니다. 어느 경우든 당일에 잡을 찬스는 별로 없고, 전일 종가에 잡으면 다음 날 장 초반에 높은 지점에서 단타성으로 차익 실현을 하건 양봉으로 마무리하건 수익을 낼 수 있는 유리한 고지를 선점하는 것이죠. 대부분 다음 날 양봉으로 마무리하는 패턴으로 진행되는 경우가 많습니다. 따라서 이러한 캔들 패턴을 이용해 종가 베팅에 응용할 수도 있습니다. 즉 돌파가 일어난 캔들의 분봉 패턴에 따라 종가 베팅을 할 것인지, 다음 날 조정을 노려 매수할 것인지의 여부를 결정하는 것입니다.

　요약하면, 매집이 이루어져 매물이 집중된 구간과 종가 사이의 간격이 작으면 작을수록 종가 베팅이 유리하고, 간격이 크면 다음 날 지지선에서 노려 매수하는 방법이 유리합니다.

　종가 매수와 지지선 매수를 혼합하는 세 번째 방법을 사용할 경우, 이러한 돌파 시 양봉의 분봉 패턴을 참고하여 종가에 어느 정도의 물량을 투입할 것인지를 결정해야 합니다.

그렇다면 이러한 개념을 바탕으로 돌파가 나올 때의 장대 양봉의 구체적인 패턴과 특징을 한번 알아볼까요?

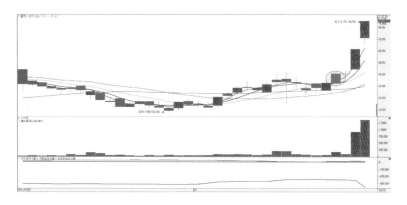

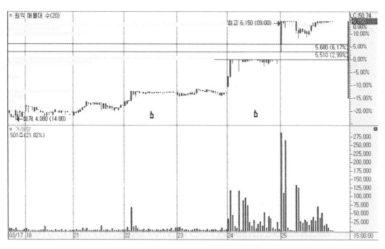

돌파 양봉의 패턴 1: 상단 매물 집중형

'돌파 양봉의 패턴 1'은 장 초반에 급등하여 최고가 부근에서 계속 매물이 집중된 형태입니다. 일반적으로 장 초반에 강한 상한가나 장대

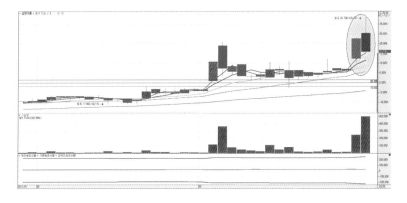

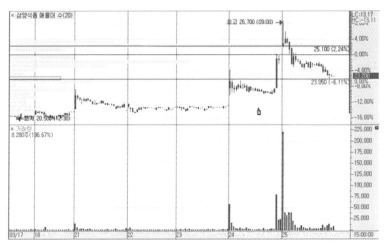

돌파 양봉의 패턴 2: 매물 집중 구간 이후 급등형

양봉을 만드는 종목에서 자주 나타나는 패턴입니다. 세력의 매물이 집중된 구간이 거의 종가 부근이므로 세력의 매집 단가가 장대 양봉 꼭대기 부근이라고 확신할 수 있습니다.

따라서 다음 날 세력이 차익 실현을 하기 위해서는 적어도 이 가격대보다는 주가를 한참 높이 띄워야 하므로 종가 베팅에 유리하고, 이 가격대가 다음 날 지지선으로서의 역할도 할 수 있습니다.

'돌파 양봉의 패턴 2'는 장중 내내 낮은 가격대에서 충분히 매집한 이후 장 후반에 급등시키거나, 장중에 짧은 구간 동안 매집을 하고 장 후반에 급등시킨 형태입니다. 앞서 살펴본 GS홈쇼핑의 패턴입니다. 세력의 평균 매집 단가가 아래쪽에 있기 때문에 섣부른 종가 베팅은 위험합니다. 종가에 베팅한다면 물량을 조금 줄이거나, 단기적인 관점에서는 다음 날 상승 구간이 나올 때 바로 차익을 실현하는 것이 좋습니다.

물론 이런 케이스에서 다음 날 추가적으로 바로 올라가 양봉으로 끝나는 경우도 있습니다만, 세력이 다음 날 차익 실현을 얼마든지 할 수 있는 구간이기 때문에 그저 다음 날 양봉으로 마무리할 것 같다는 막연한 기대로 매매하는 것은 위험합니다. 이 경우 장 초반에 급등시켜 추격 매수세를 유인한 직후 대량의 차익 실현을 통해 급락하는 시나리오로 진행될 가능성 또한 높습니다.

따라서 종가에 매수한 경우 될 수 있는 대로 장 초반에 주가가 상승할 때 매도를 하고, 전날 종가 베팅을 하지 않았다면 차라리 낮은 지지대까지 주가가 떨어지기를 기다려 매수하는 것이 낫습니다.

삼양식품의 경우 이러한 패턴이 나타난 다음 날 장 초반에 일시적으로 주가를 급등시킨 직후 엄청난 거래량을 터뜨리며 차익 실현을 하고

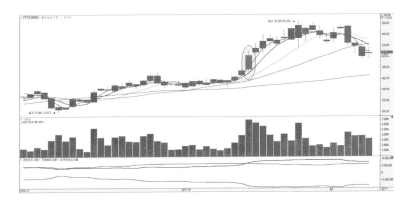

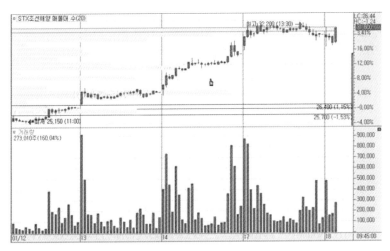

돌파 양봉의 패턴 3: 매물 집중 구간 이후 미약 상승형

하락한 것을 볼 수 있습니다.

'돌파 양봉의 패턴 3'은 장중에 급등한 이후 특정 가격대에서 오랫동안 매집하고 장 막판에 매집 단가보다 크게 높지 않은 미약한 상승으로 마무리한 경우입니다. 다음 날 약한 조정을 주기도 하지만, 지지선과의 간격이 별 차이 없으므로, 다음 날 조정을 노리는 매매 방식은 전날 종가 베팅을 하는 경우에 비해 가격적으로 크게 유리하지 않습니다.

하지만 다음 날 바로 갭으로 띄우고 날아갈 가능성이 충분히 존재하므로 조정을 노려 매수하는 방법보다 종가 베팅으로 접근하거나 종가 부근에 비중을 적극적으로 실어 매수하는 것이 더 유리한 패턴입니다.

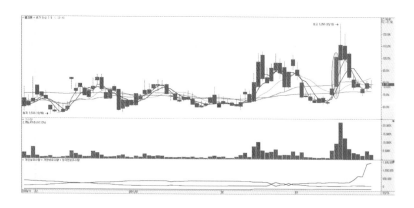

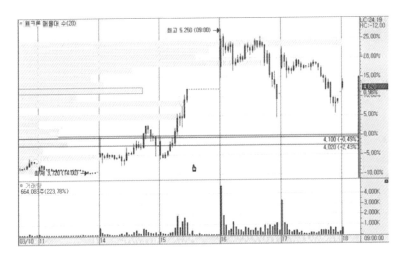

돌파 양봉의 패턴 4: 계단식 상승형

'돌파 양봉의 패턴 4'는 장중 내내 서서히 상승한 패턴으로, 특정 가격대에 매물이 집중된 것이 아니라 계단식으로 매수를 진행하여 올린 패턴입니다. 대략적인 평균 매수 단가는 시가와 종가의 중간 정도 부근(좀 더 구체적인 지지와 매물 정도를 확인하려면 매물대 차트를 보면 되겠죠?)이므로 매물대와 종가 사이의 간격을 고려해 종가 매수 물량의 비중을 조정하거나, 다음 날 추가 조정을 노려 지지선에서 사는 방식이 유리합니다.

돌파 양봉의 패턴 5: 고점 차익 실현형

'돌파 양봉의 패턴 5'는 장 초반 급등 이후 고가 부근에서 주가가 정
체를 보이다가 장 후반에 주가가 급락한 패턴입니다. 장 후반에 주가
가 급락했다는 점은 장중에 오래 지속된 평평한 횡보 구간이 세력의
매집 구간이 아니라 차익 실현 구간이라는 것을 의미합니다.

따라서 이런 패턴의 경우 위쪽의 매물 집중 구간은 지지선이 아니라
저항선으로 작용하기 때문에 아예 매매 대상에서 제외하거나 차라리
전일 시가 부근의 지지선에서 매매를 노리는 것이 적합합니다.

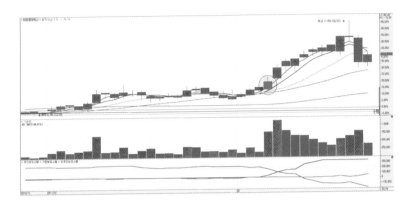

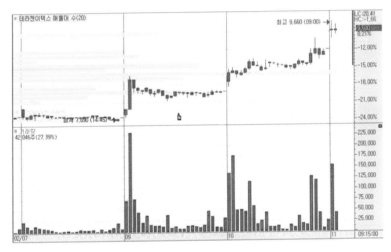

돌파 양봉의 패턴 6: 돌파 이후 매집형

'돌파 양봉의 패턴 6'은 장 초반에 급등시켜 개미들의 추격 매수세를 유도하여 차익을 실현하는 동시에 개미들의 손절 물량을 받아낸 이후 장중 내내 매집을 하고 종가 부근에서 살짝 상승으로 전환된 패턴입니다.

장 초반에 충분히 차익 실현을 한 이후 매집을 했고, 종가도 매집이 충분히 이루어진 가격대와 이격이 크지 않으므로 종가 매수하거나 물량을 싣기에 대단히 이상적이고 유리한 상황입니다. 다음 날 장 초반에 의미 있는 수준의 상승 갭이 나오거나 장 후반에 주가가 상승하여 양봉이 나올 가능성이 높은 패턴이라고 할 수 있습니다.

이와 같이 박스권을 대량 거래로 돌파하는 패턴은 다양하지만, 종가에 매수하는 것이 유리한지, 조정을 노려 지지선에서 사는 것이 유리한지는 분봉 차트상의 매물 집중 구간과 종가의 연관성을 따져서 판단하면 됩니다. 방금 설명드린 패턴의 '원리'를 생각하고 차트를 보면 자연스레 이해하고 응용하실 수 있을 것으로 생각됩니다. 이러한 원리는 굳이 큰 추세를 노리는 박스권 돌파 매매에만 국한하지 않고, 당일 종가 부근에 매수해서 다음 날 장 초반에 갭을 노리는 단기 매매에도 응용할 수 있습니다.

그렇다면 이렇게 기술적·수급적 조건을 모두 만족시키는 의미 있는 돌파가 일어나는 종목은 항상 큰 추세와 큰 수익을 보장하는 것인까요? 아닙니다, 얼마든지 실패할 수 있습니다.

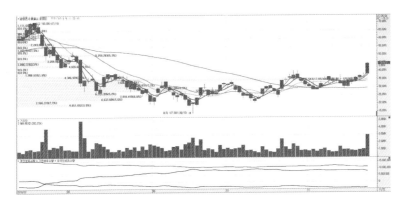

의미 있는 돌파의 예(삼성전기)

그림 같은 박스권 돌파의 모습을 보여주고 있죠? 이후의 흐름을 볼
까요?

박스권 돌파 실패의 예(삼성전기)

돌파 이후 약한 상승 구간을 보여주었지만 이후에는 바로 돌파 시
양봉 시가를 이탈한 흐름을 보여줍니다.

박스권 돌파 실패의 예(한화)

한화 역시 마찬가지죠?

기술적·수급적으로 의미 있는 돌파가 일어난 이후에 추세는 크게
날 수도 있지만, 작게 날 수도 있고, 얼마든지 실패할 수도 있습니다.
박스권 돌파가 일어나면 무조건 상승한다는 생각은 큰 오산입니다. 우
리의 예상과 다르게 움직이면 반드시 손절로 대응해야 합니다.

추세 추종 매매의 매도

어떤 의미에선 매수보다 더 중요한 것이 매도라고 할 수 있습니다. 수익이냐 손실이냐를 결정하는 핵심 요소는 결국 어느 자리에서 매수를 했느냐가 아니라 어느 자리에서 팔았느냐의 여부이기 때문입니다.

매도 방법에는 여러 가지가 있지만 공통적인 핵심 원리는 '손실은 짧게, 수익은 최대한 길게'입니다.

수급이 개입되고 차트상 의미 있는 돌파가 일어나는 종목의 경우, 대부분 돌파 시점의 장대 양봉의 시가 - 종가폭은 5~10% 수준입니다. 즉, 우리가 이러한 종목을 매수할 경우, 최악의 상황에서 종가 기준으로 손절하게 될 때의 손절폭도 5~10% 되는 수준(대략 7% 정도로 잡겠습니다)이 됩니다.

손절폭이 대략 7% 수준이라면, 이러한 리스크를 감당하는 매매를 지속할 경우 최소 어느 정도의 수익을 기대해야 할까요?

내가 어떤 종목을 매수한 이후 주가 움직임의 방향성은 상승 아니면 하락의 50 : 50이므로, 승률 자체는 50%를 유의하게 넘기기 어렵다고 기본적으로 가정해봅시다. 승률이 50%이면 손익비는 최소한 1 : 1이 넘어야 손해를 보지 않으므로 내가 매수한 이후에 설령 2~3% 정도의 수익이 나면 팔고 싶은 생각이 들어도 꾹 참고 최소한 7% 이상의 수익이 넘을 때까지 홀딩하는 습관을 들여야 매매 구조상 까먹지 않는 매매를 하게 된다는 이야기입니다.

그런데 지금 말씀드리는 손익비 1 : 1은 '최소' 수준입니다. 따라서 손익비는 1 : 2~1 : 3 이상 수준이 될 때까지의 수익을 기대하고 홀딩하는 것이 필요합니다. 이는 손절선을 7% 수준으로 잡았을 때 기대 수익률을 15~20% 수준으로 잡아야 함을 의미합니다.

그렇다면 큰 수익을 기대하기 위해 필요한 것은 무엇일까요? 바로 '시간'과 '인내'입니다. 왜냐하면 주식시장에서 손실과 수익이 나는 시간은 비대칭적이기 때문입니다. 이 원리를 모르면 절대로 큰 추세를 취할 수가 없습니다.

수익과 손실의 규모가 커지는 경우, 동일한 수준의 수익이 나는 데 걸리는 시간이 손실이 나는 데 걸리는 시간보다 훨씬 더 오래 걸립니다. 통계에 따르면, 평균적으로 동일한 수준의 수익과 손실이 걸리는 시간은 3배 이상 차이가 난다고 알려져 있습니다.

그 이유는 주가의 기본 속성은 '상승'이 아니라 '하락'이기 때문입니다. 전에도 잠깐 언급했지만, 주식이라는 것 자체는 보유하고 있는 것이 별 의미가 없고 보유한 주식을 팔아서 현금화해야 비로소 돈이 되고 의미가 있기 때문이죠. 그래서 조금이라도 주가가 상승했다 싶으면, 이후에는 크든 작든 차익 실현의 욕구가 나타나면서 조정을 받는 과정이 끊임없이 이루어지기 때문입니다.

물론 매수 이후에 바로 장대 양봉 두세 방이 나와서 며칠 만에 20% 이상의 수익을 달성하는 경우도 있지만, 평균적으로 의미 있는 1 : 3의 손익비를 달성하기 위해서는 이론상 평균 9배 정도의 시간이 소요되는 게 '전혀 이상한 것이 아니다'라는 사실을 논리적으로 이해해야 합니다.

여러분이 매수한 이후 2일 만에 7% 수준의 손절에 걸렸다면 21%의 수익을 기대하기 위해서는 어느 정도의 시간이 필요할까요? 동일한 수준의 손익에 걸리는 시간이 3배이니, 그에 비해 3배나 더 큰 수익을 기대하려면 3×3=9배, 2×9=18일, 즉 거의 한 달이라는 시간이 필요하다는 계산이 나옵니다. 단순하지만 중요한 이 원리를 모르면, 추세 매매를 한답시고 단타적인 마인드로 접근해서 손실은 길게, 수익은 짧게 끊는 최악의 매매를 하게 됩니다.

여러분이 차트를 유심히 살펴보시면, 주가는 기본적으로 횡보나 정체 기간이 길고, 급등 기간은 짧다는 것을 알 수 있습니다. 통계적으로도 주가 움직임의 3분의 2는 횡보 내지 정체 구간이고 나머지 3분의 1만 급등이나 급락 구간으로 알려져 있습니다.

평균적으로 20% 수준의 수익을 얻기 위해서는 최소 1~2개월 이상 걸릴 수도 있다는 사실이 전혀 이상하지 않다는 것을 알아야 합니다. 여러분이 큰 추세를 누리지 못한다면 여러분의 종목 선정 문제도 아니고, 매수 지점을 잘못 잡는 것도 아닙니다. 큰 시세가 나는 데에는 원래 시간이 걸린다는 단순한 진리를 모르기 때문입니다.

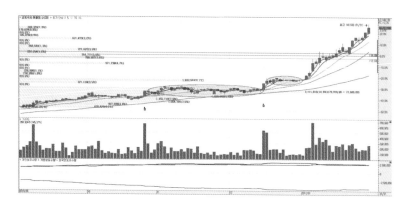

박스권 돌파 이후 기간 조정(금호석유)

박스권 돌파가 일어난 후 바로 급등하는 경우도 많지만, 위에서 보
는 것처럼 추가의 기간 조정이 적게는 며칠에서 길게는 한 달 이상까
지 나타나는 경우도 허다합니다.

두 번의 의미 있는 박스권 돌파가 일어난 과정이 보이죠? 만일 이런
구간에서 내가 매수한 이후 당장 며칠 안에 주가가 안 오른다고, 그냥
무턱대고 팔아버렸다면 석 달 만에 50% 이상의 시세를 누릴 수 있는
기회를 3%짜리 손절 두 번으로 끝내는 상황이 벌어집니다.

추세 추종 매매의 기본 원리는, 추세는 지속되는 경향이 있고 얼마
나 크게 날지 모르기 때문에 최대한 큰 추세가 날 때까지 홀딩하는 것
이라고 할 수 있습니다.

그런데 문제는 추세가 얼마나 길게 지속될지, 또 얼마나 크게 날지
아무도 알 수 없다는 것입니다. 그래서 무턱대고 큰 시세만 노렸다가
는 이미 충분한 시세가 나서 매도할 기회가 있었음에도 불구하고, 얻
었던 수익까지 다 토해내고 손절로 마무리하는 것이 문제입니다.

따라서 일단 추세에 올라탄 다음에는 무작정 더 오르기만을 기대할 것이 아니라, 추세가 언제 꺾이는지에 집중해서 수익을 낼 수 있을 때 수익을 실현하는 자세를 가져야 합니다. 추세는 분명 관성이 있지만, 무한정 지속되지 않는다는 점을 명심해야 합니다.

그렇다면 시세를 최대한 누리기 위해서는 어떻게 해야 할까요? 물론 최고점에서 매도하면 되지만 문제는 최고점을 알 수 있는 방법이 존재하지 않는다는 것이죠. 하지만 그렇다고 아무 기준 없이 아무렇게나 매도해도 된다는 것은 아닙니다. 따라서 완벽하지는 않을지라도 나름대로 합리적인 매도의 기준을 가지고 있어야 적절히 수익을 실현할 수 있습니다.

합리적인 매도 방법은 크게 기술적인 매도와 수익 목표치에 따른 매도로 나눌 수 있습니다. 어느 방법이 더 좋고 나쁘냐 하는 것은 없습니다. 각기 나름대로의 장단점이 있기 때문입니다. 각각의 개념을 숙지하신 후 나름대로의 원칙을 세워 지키는 것이 중요합니다.

■ **기술적인 지표를 이용한 매도(이동평균선을 이용한 매도)**

주요 이동평균선이나 MACD, 스토캐스틱, RSI 등의 지표를 이용하여 매도하는 방법입니다. 사람들은 최적의 매도 시점을 찾기 위해 여러 가지 보조 지표나 기법들을 복잡하게 이용해서 '완벽한' 매도 시점을 찾으려고 애쓰는데, 거듭 강조하지만 고점을 완벽하게 맞히는 방법 따위는 없습니다.

기술적인 매도 방법 중 가장 단순하면서도 편리한 방법은 바로 이동평균선을 이용하는 것입니다. 일반적으로 추세 매매에서 널리 이용되는 것은 20일과 60일 이동평균선입니다. 상승하던 주가가 20일이나 60일 이동평균선을 하향 돌파하면 주가의 추세가 꺾인 것으로 가정해 매도하는 것이죠.

여기서 오해하면 안 되는 것은, 20일선이나 60일선이 어떤 절대적인 의미를 가지고 있지 않다는 것입니다. 주가가 이동평균선 이탈 이후 정말 추세가 꺾일지, 단순한 속임수였을지는 아무도 모릅니다. 그럼에도 불구하고 우리가 이러한 이동평균선을 기준으로 매매하는 이유는, 이런 기준이 어떤 절대적인 완벽성이나 특별한 의미를 띠기 때문이 아니라 상승 추세를 취하면서 객관적이고 명확한 매도의 기준을 갖기 위해서입니다. 다른 매도의 기준도 마찬가지입니다.

이동평균선을 이용한 매도 방법의 장점은 일봉을 기준으로 매도하기 때문에 장중의 가격 등락에 따른 속임수나 의미 없는 움직임에 연연하지 않게 되고, 거시적인 추세를 추적할 수 있어 장기적으로 큰 추세를 누리는 것이라고 할 수 있습니다. 하지만 오히려 이 점이 단점으

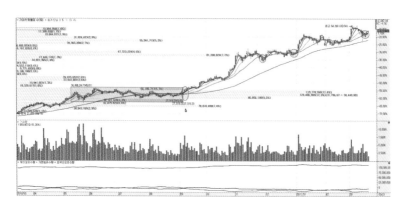

이동평균선을 이용한 매도 전략(기아차)

로 작용하기도 합니다. 직접적인 가격 변동성에 아주 민감하지 않기 때문에 고점 부근에서 급락이 일어나는 경우, 상당히 큰 폭의 이익을 토해내야 할 경우도 생기기 때문입니다.

기아차의 경우 손가락으로 표시된 박스권 돌파가 일어난 이후 시세를 분출하기 시작하는데, 2010년 11월 이후 네 차례나 20일 이동평균선을 이탈하는 것을 관찰할 수 있죠? 하지만 박스권 돌파가 일어난 이후 60일 이동평균선은 단 한 번도 이탈하지 않은 것을 볼 수 있습니다.

만일 20일 이동평균선 이탈을 매도 전략으로 삼았다면, 이 같은 상황에서는 당연히 60일 이동평균선 매도 전략보다 수익률이 낮을 것이라고 예상할 수 있겠죠.

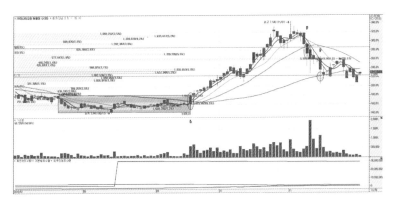

이동평균선을 이용한 매도 전략(차이나하오란)

하지만 이처럼 주가의 변동성이 급격히 진행되는 경우에는, 20일 이평선을 매도 기준으로 잡은 것이 60일 이평선을 매도 기준으로 잡은 것보다 훨씬 더 수익을 잘 보전하는 방법이 되죠.

따라서 어떤 이평선을 매도 기준으로 잡느냐 하는 것은 어느 것이 더 좋고 나쁘고의 문제가 아니라, 내가 어떤 기준과 원칙을 가지고 매매할 것이냐를 선택하는 문제라는 것을 명심해야 합니다.

■ 수익 목표치에 따른 매도

수익 목표치에 따른 매도 방법은 이동평균선과 같은 특정한 기술적인 지표를 기준으로 매매하지 않고, 목표 수익률을 정한 상태에서 매도하는 방법입니다. 이 방법의 장점은 주가의 움직임에 보다 민감하게 반응할 수 있고, 수익을 최대한 지킬 수 있다는 점입니다. 20일 이동평균선을 기준으로 매도할 경우 매수 이후 수익이 최대 30% 정도 수준까지 발생했더라도 20일 이동평균선을 하향 이탈하는 것을 확인한 후 매도해야 하기 때문에 정작 매도할 때에는 15% 수준의 수익만 챙기는 경우가 발생하게 됩니다.

하지만 수익 목표치를 정해놓고 매도하면, 이미 발생한 수익을 최대한 확보하면서 차익을 실현하는 장점이 있습니다. 물론 이 점이 단점으로 작용하기도 하죠. 수익은 잘 실현하지만, 큰 시세는 놓칠 수 있다는 것 말입니다.

그렇다면 어느 정도의 수익에서 어떻게 매도해야 할까요? 이 문제에 대한 해답을 얻기 위해서는 우선 추적 청산(trailing stop)과 분할 매도에 대한 개념을 알 필요가 있습니다.

여러분이 매수한 종목이 강한 상승 추세에 접어들었다고 가정합시다. 오늘 장중에 드디어 20%대 수익을 돌파하는 흐름이 나오고 계속 올라가는 것이 확인된 상황입니다. 이때 20% 수익에서 전량 이익을 실현하는 것이 정답일까요? 물론 의미 있는 충분한 수준의 이익을 실현했으니 매도해도 나쁘진 않지만, 문제는 현재 주가가 계속 올라가고 있다는 사실입니다.

이런 상황에서 취할 수 있는 합리적인 선택은 의미 있는 수준의 수익 목표치에 도달한 이후에도 계속 주가가 상승할 경우, 하락 전환을 미리 예상하고 매도하는 것이 아니라, 최고점까지 올라간 이후 주가가 살짝 꺾이는 것을 확인하고 매도하는 것입니다. 여기에서 바로 'trailing stop', 즉 추적 청산의 개념을 숙지할 필요가 있습니다.

추적 청산은 입력한 목표 가격이나 목표 수익률을 초과한 후 지속적

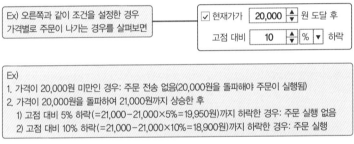

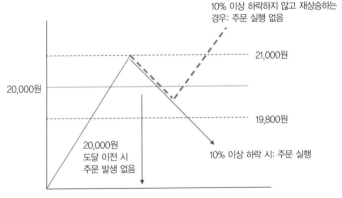

추적 청산의 개념

으로 달성되는 최고점을 기준으로 우리가 설정한 값만큼 하락했을 때 매도 주문을 실행하는 방법입니다. 이 기능을 활용하면 주가가 추가 상 승할 경우 고점 대비 일정 비율이나 폭만큼 하락하면 매도 처리되므로 추세적으로 상승할 때는 추가 이득을 얻는 데 더 유리할 수 있습니다.

주가가 올라가면서 갱신되는 고점과 그 지점을 기준으로 한 하락 수 준은 HTS에서 계속 자동적으로 체크되기 때문에 일일이 골치 아프게 차 트를 들여다보고 있을 필요가 없습니다. 수익은 극대화하는 동시에 이미 발생한 수익을 보전하는 장점을 모두 취하고 있는 방식입니다.

또한 추적 청산은 장중의 실시간 가격을 기준으로 하기 때문에 장중 에 예상치 못한 가격 변화에도 큰 수익을 보전할 수 있다는 장점이 있 습니다.

HTS에서 제공하는 추적 청산 기능

HTS에서 제공하는 추적 청산 기능입니다. 조건은 매수 이수 손절선은 5% 수준에서 잡고, 이익 실현은 매수가 대비 25% 수익 이상이 최고 수익을 기준으로, 이익이 최고점 대비 20% 하락한 수준에 자동으로 100% 매도하라는 조건을 보여주고 있습니다.

주가가 올라 25% 이상의 수익이 나고 운이 좋아서 별다른 조정 없이 바로 40% 수준까지 오른 이후 조정이 나오면 최대 수익인 40% 수익 대비 80% 수익인 32% 수준까지 주가가 떨어지면 매도하라는 것이죠.

■ 분할 매도

지금 살펴본 이동평균선을 이용한 매도 방법이나 추적 청산은 매수 이후 목표 수익에 도달하여 매도 신호가 나올 때 한 번에 '전량 매도' 하는 방법입니다.

전량 매도는 추세가 크게 나거나 매도 지점이 운이 좋아서 실제 고점 부근에 가까운 경우 큰 수익을 낼 수 있다는 장점이 있지만, 단점 또한 있습니다. 그것은 추세가 예상했던 것만큼 크게 나지 않고 하락하거나, 급격한 주가 변동에 의해 급락이 나타날 경우 힘들게 벌어놓은 수익을 다 까먹거나 심지어 손절로 마무리할 수도 있다는 것입니다.

실제 매매에서 가장 문제 되는 것은, 우리가 매수한 종목의 주가가 향후 어떤 패턴으로 움직일지 전혀 알 수 없다는 것이죠.

하지만 분할 매도는 이러한 한계를 어느 정도 극복할 수 있습니다. 분할 매도는 한 번에 전량 매도하는 것이 아니라, 2~3회에 걸쳐 나누어 매도하는 것을 말합니다.

분할 매도를 하면 한꺼번에 다 팔아버린 것이 아니기 때문에 여러 경우에 대처가 가능합니다. 가장 전형적인 방법은 의미 있는 수익권에 도달했을 때 일단 물량의 50%만 매도해서 수익을 확정짓고 나머지 물량을 가지고 이평선 매도든 추적 청산 매도든 자신의 원칙에 따라 홀딩하는 전략입니다. 분할 매도를 하면 수익권에 도달했을 때 이익을 부분적으로 실현하기 때문에 이후에 주가가 오르든 내리든 심리적으로나 계좌상으로 부담이 줄어듭니다.

예를 들어볼까요?

A. 15~25% 수익권에서 추적 청산으로 50% 물량 매도, 나머지 50% 물량은 20일 이동평균선 이탈 시 매도

B. 15~25% 수익권에서 추적 청산으로 50% 물량 매도, 나머지 25% 물량은 20일 이동평균선 이탈 시 매도, 나머지 25% 물량은 60일선 이탈 시 매도

C. 차트상 의미 있는 저항대 지점에서 50% 물량 매도하여 이익 실현, 나머지 50% 물량은 이평선이나 추적 청산으로 매도

매도의 기준은 이런 방법을 이용하여 여러분 나름대로 얼마든지 정할 수 있습니다. 하지만 중요한 것은 수익을 지나치게 짧게 가져가는 우를 범하지 말라는 것입니다. 추세 추종 매매의 최대 강점은 큰 수익을 기대할 수 있다는 것인데, 이 장점을 버리면 찔끔찔끔 수익 내다가 한 번 크게 손절해서 결국은 손실이 누적될 수 있기 때문이죠.

여러 가지 매도 방법을 살펴보았는데, 가장 중요하고 절대적인 매도 원칙은 무엇일까요? 시장 상황이 하락 전환하면 모든 종목을 매도하는 것입니다. 물론 시장 상황은 나빠지는데 내가 잡고 있는 종목이 운이

좋아 더 오를 수 있습니다. 하지만 대부분은 그렇지 않다는 것을 아마 매매해보면 느끼실 것입니다. 주식시장은 오늘도 열리고 내일도 열리고 모레도 열립니다. 설령 내가 팔고 나서 올랐다 해도 아쉬워하지 마십시오. 시장의 상황을 고려하지 않고 욕심부리다가는 엄청난 손실을 보는 경우가 더 많기 때문입니다.

단기 매매에 있어서도 물론 시장 상황을 고려하는 것이 중요하지만, 특히 수익이 나는 데 상대적으로 오래 시간이 걸리는 추세 추종 매매에서야말로 시장 상황을 고려하지 않으면 여러분이 아무리 열심히 종목을 선정하고 매매하려 해도 손실만 보는 상황을 겪게 될 것입니다. 여러 번 강조하지만, 폭풍이 몰아치는 바다에서 내 실력과 장비만 믿고 파도타기하러 가는 우를 범하지 마시기 바랍니다.

지금까지 추세 추종 매매에 대해 자세히 알아보았습니다. 추세 추종 매매에서 가장 역점을 두려 했던 것은 막연한 추세 추종 매매에 대한 오해와 편견의 타파였습니다. '주가는 쌀 때 사야 한다, 떨어질 때 사야 한다, 조정 시에 사야 한다, 양봉 꼭대기에 따라붙는 것은 추격 매수이고 자살행위다'…….

하지만 지금까지 살펴본 내용은 여러분이 생각했던 것과는 조금 다르죠? 여러분이 혹시나 지금까지 잘못된 방법으로 실패만 하셨다면, 상식적으로라도 그 반대로만 하면 수익이 날 거라는 생각이 드시죠? 이것이 바로 추세 추종 매매의 핵심입니다.

요약

❶ 추세 추종 매매는 상승 추세가 형성되는 초입에 매수하여 추세가 꺾일 때 매도함으로써 차익을 취하는 중장기적인 매매 방법이다.

❷ 기술적으로는 장기간 횡보하며 박스권을 형성하다가 대량의 거래량을 동반하는 장대 양봉으로 박스권을 돌파할 때 매수한다.

❸ 수급 면에서는 메이저 수급 주체인 기관이나 외국인의 매수가 집중되는 종목을 매수한다.

❹ 매수 시 반드시 정해진 원칙에 따른 손절선을 잡고 들어가야 하며, 기술적인 매도 기준이나 다양한 분할 매도 방법을 이용하여 수익을 취한다.

| 제8장 |

눌림목 매매

앞에서 추세 추종형 매매 기법에 대해 살펴보았습니다. 지금부터는 이와는 사뭇 다른 '눌림목 매매'에 대해 알아보겠습니다. 어떤 의미에서 보면 눌림목 매매는 역추세 매매의 변형된 방식이라고도 할 수 있습니다.

추세 추종형 매매 기법은 강한 저항대를 돌파하는 순간, 시세에 올라타서 큰 추세를 취하는 방법이었죠? 그런데 사실 일반적인 매매자들의 심리상 장대 양봉에 그대로 올라타는 것은 왠지 비싸게 사는 것 같고 손해를 보는 듯한 느낌, 혹은 위험한 듯싶은 느낌이 들게 합니다. 물론 추세 추종 매매와 추격 매수는 분명 다르고 이러한 부분에 대한 오해를 충분히 풀어드렸다고 생각하지만, 그럼에도 불구하고 왠지 비싸게 사는 것 같아 손해를 보는 듯한 느낌을 받는 분들도 꽤 많으리라 생각합니다.

그렇다고 무작정 끝없이 하락하는 종목에 물타기하면서 오르기만을 기다리는 것도 바보 같은 짓이죠? 그렇다면 대안은 무엇일까요? 네, 그렇습니다. 상승하던 종목이 일시적으로 조정을 보일 때 매수하면, 안전하면서도 쉽게 수익을 낼 수 있겠죠?

바로 이것이 눌림목 매매의 기본 개념입니다. 지금부터는 이 눌림목 매매에 대해 상세히 살펴보겠습니다.

안전하게 수익을 내는 방법

눌림목 매매를 알기 위해서는 일단 눌림목이 무엇인지부터 알아야 겠죠? 이를 위해 우선 캔들에 담겨 있는 주가 움직임의 원리를 살펴볼 필요가 있습니다.

양봉(주가 상승)은 세력(주요 매수 주체)이 주식을 매수해서 주가를 올린 구간입니다. 이후에 추가 상승이 나올 수도 있지만, 세력은 낮은 가격 대에서 주식을 매수하여 주가를 올려놓았기 때문에 수익을 보고 있는 상황입니다. 따라서 양봉 이후에는 얼마든지 차익 실현에 의한 하락이 나올 수 있는 구간입니다.

음봉(주가 하락)은 세력이 차익을 실현하는 구간으로, 이후에 추가 하 락이 멈추고 반등이 나올 수도 있지만, 세력에 의해 얼마든지 추가 차 익 실현이 나타나거나 의도적인 하락이 지속될 수도 있는 구간입니다.

상승하던 주가가 하락하는 이유는 무엇일까요? 딱 한 가지입니다.

양봉을 만들어 주가를 올린 세력이 차익을 실현하기 때문이고, 이 과정은 차트상에서 주가 하락 또는 음봉으로 나타납니다. 그렇다면 언제 하락이 멈출까요?

세력이 가지고 있는 물량을 다 팔아치워 물량이 없거나, 더 이상 떨어지면 세력도 손해를 보는 가격대까지 도달하면 하락이 멈출 것입니다. 또 이런 지점에서 매수하려는 투자자들의 집단적인 매수세가 집중되는 경향(자기 충족적 예언의 실현)도 나타나기 때문에 더욱더 의미 있는 자리가 됩니다. 일반적으로 이 지점이 소위 말하는 지지선 부근이 되는 것이죠.

그런데 세력이 차익을 실현할 물량이 많이 남아 있는 경우는 차트상에서 어떻게 나타날까요? 세력의 보유 물량이 많으므로 거래량이 많은 상태에서 주가가 계속 하락하는 현상이 나타납니다. 세력도 비싼 가격대에서 최대한 많이 팔아야 최대의 수익을 낼 수 있기 때문에, 주가 하락이 처음 시작되는 고점 부근에서의 거래량이 가장 많고, 하락이 진행될수록 매도 물량은 감소하므로 거래량은 점점 줄어들고 그에 따라 주가의 등락폭도 작아져 캔들(봉)의 길이도 점차 짧아지는 형태로 하락이 진행됩니다.

즉, 차트상에서 보면 고점 부근 대량 거래+주가 하락+점진적 거래량 감소+캔들 길이 감소(단봉 형태의 캔들)의 현상이 나타나는 것이 일반적인 하락 추세의 특징입니다.

하락 추세가 마무리되는 지점은 어떻게 알 수 있을까요? 거래량 감소+단봉 형태의 패턴이 차트상에서 나타나면 하락 추세가 마무리되었다는 신호로 해석할 수 있을까요?

아닙니다. 이 조건만으로는 세력의 매도세가 완전히 끝났다고 속단할 수 없습니다. 그 이유는 웬만큼 필이시 충분히 주가도 떨어지고 충분히 거래량도 감소했다고 생각했는데, 다음 날 거래량이 더 줄면서 주가가 더 떨어질 수 있기 때문이죠.

그렇다면 세력이 물량을 다 팔고 더 이상 안 팔겠다는 사수 의지를 보이는 지점에서는 어떤 현상이 나타날까요? 바로 거래량 감소＋단봉의 패턴에 부가해서 저점이 지지되는 현상입니다. 거래량 감소＋단봉, 이 두 가지는 매도세가 잦아들어 바닥이 가까워지고 있다는 신호입니다. 그런데 이 신호가 나타나는 과정에서 주가가 특정 가격 이하로 더 이상 떨어지지 않고 지지된다는 것은 이제 세력이 더 이상 하락을 용인하지 않을 목적으로 개입할 가능성이 높다는 것을 의미합니다. 이는 곧 이 부근에서 다시 주가를 올리겠다는 의미죠.

즉, 상승하던 주가가 차익 실현의 과정을 통해 하락했다가, 하락이 마무리되어 매도세가 사라지고 더 이상 추가 하락 없이 저점이 지지되면서 일시적으로 멈춘 지점을 눌림목이라고 합니다. 차트상의 핵심적인 특징은 거래량 감소＋단봉 캔들 출현＋저점 지지라고 할 수 있습니다.

일반적으로 눌림목은 매수하기에 안전한 자리로 알려져 있습니다. 왜일까요? 팔 만큼 다 팔아서 매도세가 잦아든 것을 확인한 데다 더 이상의 추가 하락 없이 지지되는 것까지 확인했기 때문입니다. 더 이상 떨어지지 않을 논리적 이유가 있는 자리에서 매수하기 때문에 안전한 것입니다.

매매 구조적인 면에서 분석하면 어떻게 될까요? 하락이 마무리되고 강한 매도세가 잦아든 것을 확인했으므로 눌림목 부근의 가격대에서 반등이 일어날 논리적인 가능성도 높을 뿐 아니라, 설령 눌림목을 깨고 재차 하락해도 매수가 바로 아래 부근에서 손절을 짧게 하는 것이 가능하기 때문입니다. 즉, 손익비가 높은 매수 자리죠.

전형적인 눌림목의 형태는?

눌림목 매매는 의미 있는 지지선을 예측하여 매수하는 것이 아니라, 실제로 주가가 지지되는 현상이 나타나는 것을 '확인'하고 매수한다는 점에서 차이가 있습니다. 물론 이 말이 주가가 지지되는 것을 눌림목에서 확인하고 매수하면 항상 성공한다거나 이후에 그 저점을 이탈하지 않는다는 의미는 아닙니다.

하지만 지지선 부근에서 주가가 하락을 멈추고 지지되는 현상을 '확인'하고 매수한다는 점에서 떨어지는 칼날을 잡는 역추세 매매보다 심리적으로 더 편하고 더 안전한 방법이라고 할 수 있습니다.

그렇다면 일반적인 형태의 눌림목을 차트에서 직접 찾아보고 확인해보겠습니다.

눌림목의 전형적인 형태

노란색으로 표시된 세 군데가 보이시죠? 공통적으로 어떤 현상이
일어났나요?

이전에 양봉으로 주가가 올랐다가 이후 2~4일 정도 주가가 일시적
으로 하락했습니다. 하지만 더 이상 떨어지지 않고 순간적으로 움직임
이 멈추고 정체하는 현상이 나타났습니다. 그다음에는 어떤 현상이 나
타났나요? 주가가 상승한 것을 관찰할 수 있습니다. 바로 이 지점이 눌
림목이고, 이 지점에서 매수하는 것이 바로 눌림목 매수 기법입니다.

현대해상 차트에서 세 개의 눌림목은(노란색으로 표시) 형태가 약간 다
르지만 기본적인 형태는 거의 유사합니다.

우선 첫 번째 눌림목을 살펴보겠습니다. 1번이라고 표시된 지점에
대량 거래를 동반한 장대 양봉을 확인할 수 있죠? 세력이 돈을 쏟아부
어 주가를 올렸다는 것을 의미합니다.

2번과 3번의 구간까지 세력은 주가를 올린 이후 4번 구간까지 차익

눌림목 매매의 실례(현대해상)

을 실현했습니다. 이때는 당일 봉이 아래꼬리가 달리지 않은 형태의 장대 음봉으로 마감했습니다. 이 상황은 내일 세력이 얼마나 더 주가를 찍어내릴지 알 수 없는 불안한 상황이라고 할 수 있습니다.

그런데 다음 날은 전날보다 거래량은 줄었는데, 아래꼬리가 살짝 달리고 봉 길이가 짧은 단봉 형태로 마무리되었죠? 거래량이 감소했다는 것은 더 이상 추가적인 대량의 매도세가 나타날 가능성이 적다는 것을 의미합니다. 만일 세력이 추가로 상승시킬 의도 없이 물량을 모두 털고 나가려 했다면, 이날에도 음봉을 형성하며 주가는 하락했을 것입니다. 그런데 더 이상 추가 하락하지 않고 지지되는 형태의 눌림목을 형성했다는 것은 추가 상승의 의지가 있다는 것을 암시합니다. 이는 곧 세력이 개입되어 매도를 멈추고 다시 매수로 전환했다는 초기 신호를 의미합니다. 바로 여기가 첫 번째 눌림목입니다.

종합적으로 해석하면 어떤 의미입니까? 차익 실현은 충분히 해서 매도세는 멈추고 매수세로 전환은 되었는데, 적극적으로 주가는 상승시키지 않았다는 것을 의미합니다.

따라서 이날 종가·저가 부근의 가격대에서 다음 날 매수를 하면(혹은 당일 종가 매수) 실질적으로 세력이 매수를 시작한 가격과 거의 비슷한 가격대에서 살 수 있습니다.

첫 번째 눌림목이 형성된 다음 날에는 예상대로 대량 거래가 터진 양봉이 나오면서 주가가 급등했고, 다음 날은 전날보다 거래량이 더 증가한 형태의 양봉이 나왔습니다. 이는 이틀 동안 세력이 그만큼 많은 돈을 들여 적극적으로 주가를 올렸다는 의미입니다.

그다음 날부터는 이와 유사한 패턴으로 거래량이 동반되면서 양봉을 만들어 주가를 올린 다음 고점에서 차익 실현을 하여 주가가 다시 떨어집니다. 차익 실현이 충분히 일어난 이후, 세력이 추가로 주가를 하락시킬 의지가 없는 경우 역시 두 번째에서 보는 것처럼 저점이 지지되는 단봉 캔들 형태의 눌림목이 출현하는 것을 볼 수 있습니다. 이후에 주가는 재차 상승하고 유사한 패턴으로 진행되면서 세 번째 눌림목을 형성합니다.

특히 세 번째 눌림목은 대단히 정석적인 형태의 눌림목이라고 할 수 있습니다. 그 이유는 거래량이 줄어든 단봉 형태에 부가하여, 저가가 지지(아래꼬리 형성)되는 패턴이 당일의 저가가 전일의 저가보다 더 높은 상태로 나타났기 때문입니다. 바닥을 두 번씩이나 확인한 셈이 되기 때문에 더 안전하다는 것이죠.

저점이 지지되어야 한다는 것은 대단히 중요한 눌림목의 필수 조건입니다. 그런데 이 조건을 잊어버리고 단순히 주가 하락＋거래량 감소만 나타났을 때 주가 하락이 멈추고 반등이 올 것이라 생각하면 큰 오류에 빠질 수 있습니다.

거래량이 줄어든 형태로 저점이 지지되지 않고 주가가 계속 떨어지는 것은 대단히 위험한 신호입니다. 왜냐하면 적극적으로 주가를 지지하면서 올릴 세력이 없어 그냥 돈 없는 개미들끼리 서로 주고받고 있다는 것을 의미하기 때문이죠.

반면, 똑같이 거래량은 줄었지만, 특정 수준의 주가가 지지되면서 횡보하는 주식은 세력이 강력하게 개입되어 주가를 쳐올리겠다는 신호이기 때문에 대단히 좋은 신호입니다.

많은 사람들이 상승할 때는 거래량이 증가하는 것이 좋고, 하락할 때에는 거래량이 줄어든다는 내용을 그냥 막연하게 공식처럼 외고 있어서 거래량이 줄어든 상태로 주가가 계속 떨어지면 대단히 좋은 것인 줄로 엄청난 오해와 착각을 합니다.

거래량이 줄어들면서 하락하는 것 자체만으로는 절대 좋은 신호가 될 수 없습니다. 저점이 유지되지 않고 빌빌거리면서 거래량이 줄어든 상태로 줄줄 흘러내리는 패턴은 그 어떤 것보다 무서운 주가 하락의 움직임입니다. 눌림목의 필수 조건에 반드시 저점이 지지되면서 유지되어야 한다는 것, 절대 잊지 마시기 바랍니다.

눌림목 매매의 종목 선정

　눌림목은 차트상에서 대단히 다양한 패턴으로 나오기 때문에 정형화된 검색식으로 예쁜 눌림목만 콕 집어서 찾아내기가 어렵습니다. 지나치게 세부적인 조건을 많이 지정하면 미세한 조건의 차이 때문에 실제로는 눌림목 매매에 적합함에도 불구하고 검색되지 않는 경우가 많습니다. 따라서 검색식은 종목을 찾아내는 도구로만 대략 사용하고, 종목이 검색되면 차트를 직접 확인해가며 매매에 적합한 종목인지 따져보아야 합니다.

　눌림목 종목을 검색하는 방법은 매우 다양합니다. 눌림목을 어떤 관점에서 바라보느냐에 따라 얼마든지 여러 방법으로 검색할 수 있습니다. 여기서는 제가 사용하는 단순한 검색식 하나를 제시하겠습니다. 여러분도 제가 설명드린 원리를 바탕으로 다양한 방법의 검색 기준을 만들어보시기 바랍니다.

지표	내용
A	5일 평균 거래 대금(단위: 100만) 1,000 이상 10,000,000 이하(금일 제외)
B	주가 이평 추세: [일] 0봉 전(종가 20) 이평 상승+보합 추세 뉴시 1회 이상
C	주가 비교: [일] 1봉 전 저가 〈 = 0봉 전 저가
D	주가 이평 추세: [1분] 0봉 전(종가 20) 이평 상승+보합 추세 유지 1회 이상
E	가격-이동 평균 비교: [일] 0봉 전(종가 3) 이평 〉= 종가
F	가격-이동 평균 비교: [일] 0봉 전(종가 5) 이평 〉= 종가
G	주가 이평 추세: [일] 0봉 전(종가 5) 이평 하락 추세 유지 1회 이상
H	주가 이평 추세: [일] 0봉 전(종가 3) 이평 하락 추세 유지 1회 이상

A and B and C and D and (E or F) and (G or H)

눌림목 검색의 예

A: 유동성이 지나치게 떨어지는 종목을 제외하기 위한 조건입니다. 일반적으로 눌림목이 발생하는 날의 거래량은 감소하므로, 평균 거래량에 금일의 거래량은 포함시키지 않았습니다. 눌림목 역시 거래 대금이 크면 클수록 좋습니다.

B: 상승 추세에 있는 종목을 매매해야 한다는 점에서는 눌림목 또한 예외가 아닙니다. 상승 추세는 20일 이동평균선이 상향 추세에 있어야 하는 것으로 정의했습니다.

C: 눌림목에서 가장 중요한 것이 저점이 지지되는 패턴이라고 했죠? 주가가 계속 하락하는 상황에선 저점이 계속 낮아지는 현상이 나타납니다. 오늘의 저가가 어제의 저가 이상으로 유지된다는 것은 세력이 개입되어 주가를 지지하고 있다는 증거입니다. 대단히 중요한 조건입니다.

D: 단순히 일봉 캔들상에서 오늘의 저가가 어제의 저가보다 높다는

조건 하나만으로는 우리가 원하는 눌림목을 찾아낼 수 없습니다. 왜 냐하면 이 조건만 지정할 경우, 아래꼬리가 안 달린 채 음봉으로 마감해도 전일 저가보다 당일 종가가 높은 종목이 검색되기 때문입니다. 따라서 이런 오류를 막기 위해, 당일의 분봉 차트상 장 후반부에서 주가가 지지되면서 상승 추세에 있는 종목을 검색하는 조건을 추가했습니다.

E, F, G, H: 눌림목이란 주가가 일단 하락한 구간에서 형성되어야 합니다. 상승하던 주가가 조정을 받아야 하기 때문이죠. 주가가 단기적으로 하락하면 주가는 단기 이동평균선인 3일선이나 5일선보다 낮게 형성되므로 이런 조건을 지정했습니다. 하지만 3일선이나 5일선보다 주가는 낮으면서도 눌림목을 형성하지 않는 경우가 있는데 이런 경우를 배제하기 위해 3일 이평선이나 5일 이평선이 하락 추세에 있어야 한다는 조건을 지정했습니다.

위 검색식에서는 거래량에 대한 조건을 따로 지정하지 않았지만 검색해서 확인해보면 대부분 거래량이 감소된 지점에서 단봉 형태로 나타나는 것을 확인할 수 있습니다. 또 당일의 주가 움직임이 하락을 멈추고 다음 날의 상승을 위한 단기적인 매집 구간으로 나타나는 경우에는 오히려 거래량이 약간 증가하는 경우도 있기 때문에 굳이 거래량이라는 조건까지 추가하지는 않았습니다.

눌림목 매매 기법의 매수

　　눌림목의 매수 지점은 눌림목이 발생한 당일 캔들의 종가 이하 가격 대입니다. 당일 종가에 매수해도 되고 다음 날 매수해도 됩니다. 당일 종가에 매수하면 다음 날 장 초반에 주가가 상승할 때의 차익을 얻을 수 있으므로 눌림목 매수 시에도 종가 베팅이 자주 사용됩니다.

　　어떤 경우에 종가에 매수하고 어떤 경우에 다음 날 지지선에서 잡을 것인지는 추세 추종 매매에서 살펴보았던 분봉 캔들의 패턴을 참고하면 됩니다. 즉, 눌림목을 형성한 당일 분봉의 캔들 패턴이 일자로 평평하게 유지되는 패턴에 가까우면, 세력이 물량을 매집했지만 주가를 상승시키지는 않은 상황이므로 종가에 매수하는 것이 유리하고, 장중에 평평하게 매집하는 패턴으로 진행되었지만 장 막판에 치켜올린 경우, 다음 날 차익 실현이 나올 수 있으므로 종가 매수보다는 다음 날 지지선에서 잡는 것이 유리합니다.

분봉 캔들의 패턴에 따라 박스권 돌파 매매 시 유용한 매수 방법이라고 말씀드렸던 종가 매수＋지지선 분할 매수의 방법도 눌림목 매매에 똑같이 적용할 수 있습니다. 왜냐하면 눌림목도 일종의 미시적인 박스권 돌파이기 때문이죠.

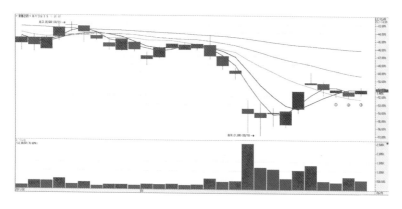

눌림목 매매의 실례(호텔신라)

하락 추세이긴 하지만, 단기적으로 눌림목을 형성한 구간입니다. 주가가 급락한 이후 2일간 급등했고, 그 이후 2일간은 음봉을 만들면서 주가가 하락한 모습을 보여주다가 1번 지점에서는 거래량이 급격히 감소하면서 캔들의 길이가 짧아지고 저점이 지지되는 눌림목을 형성했습니다. 1번 지점에서 눌림목을 형성한 이후 다음 날 바로 반등이 나오지는 않고 이후 2인간 추가로 눌림목을 형성한 상황입니다.

15분봉을 통해 살펴보면 첫 번째 눌림목에서는 장중 내내 거래량이 줄어든 상태로 횡보(매집)하다가 장 마감 시 주가가 급격히 상승한 것을 관찰할 수 있습니다. 이는 장중에 세력이 매집을 끝내고 고가에서 팔

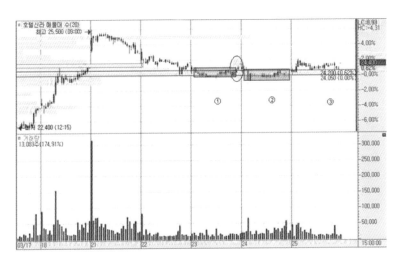

눌림목 매매의 실례(호텔신라)

기 위해 가격을 올린다는 것을 의미하므로 다음 날 차익 실현 물량으로 주가가 하락할 수 있습니다. 따라서 당일 종가 매수보다는 다음 날 지지선에서 매수하는 것이 바람직합니다.

2번의 경우는 장중 내내 주가의 변동 없이 플랫 베이스(flat base) 패턴으로 매집만 하고 장이 끝날 때에도 상승시킨 구간이 나타나지 않은 것을 확인할 수 있습니다. 이는 세력이 매집은 했으나 차익 실현을 하기 위해 추가로 가격을 올리지 않았다는 것을 의미하기 때문에, 종가에 매수하면 다음 날 세력이 차익 실현을 하기 위해 주가를 상승시킬 것이라 생각할 수 있으므로 종가 매수가 유리한 지점입니다.

3번의 경우는 장중 매집 이후 종가가 살짝 오른 수준으로 마무리되었습니다. 전날 이틀 동안 매집을 끝내고 세 번째 거래일에는 전날보다 저점이 살짝 더 높아지면서 주가도 상승했으므로, 눌림목의 형성을

마치고 상승할 채비를 갖추었다고 해석할 수 있으므로 종가에 매수해
도 무리 없는 자리라고 할 수 있습니다.

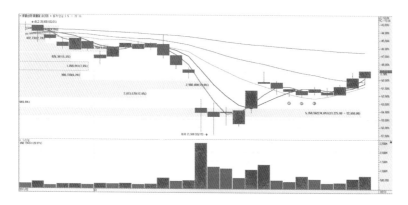

눌림목 매매의 실례(호텔신라)

이후의 움직임입니다. 눌림목을 극복한 이후 상승 구간이 나타난 것
을 확인할 수 있습니다.

눌림목 매매의 손절선은 눌림목이 발생한 캔들의 저가입니다. 눌림
목의 매수 지점은 전일의 종가에서 저가 사이의 가격대인데, 눌림목
캔들은 봉 길이 자체가 짧죠? 따라서 손절선을 짧게 잡을 수 있는데,
바로 이것이 눌림목 매매의 최대의 매력입니다. 손익비가 크다는 것이
죠. 손절선은 정확히 눌림목 캔들의 저가로 지정할 수도 있지만, 세력
이 의도적으로 눌림목 캔들의 저가를 살짝 깼다가 재차 올리는 경우가
많기 때문에 눌림목 캔들의 저가를 기준으로 1~2% 정도 더 여유 있게
손절선을 잡기도 합니다.

눌림목 매매 기법의 매도

    눌림목의 매도 기준은 다양합니다. 왜냐하면 눌림목의 매도 시점은 눌림목에서 매수한 이후 어느 정도의 시세를 목표로 하느냐에 따라 달라지기 때문입니다.

    눌림목 매매의 최대 장점은 눌림목 이후 다음 날 바로 주가가 상승하는 경우도 많기 때문에 시간 대비 매매 수익이 대단히 높아 효율적입니다. 따라서 단기 매매도 가능할 뿐 아니라 상승 추세 초입의 눌림목을 공략하면 추세를 노려 중기적으로 큰 시세를 취할 수도 있습니다.

    극히 단기적인 관점에서는 종가에 매수해 다음 날 주가가 매수가보다 조금이라도 높으면 2~3%의 수익에 만족하고 매도할 수도 있습니다. 종가 베팅으로 단기 수익을 노리는 방법입니다.

    단기 스윙의 관점에서 접근하면 차트상에서의 상단의 저항선을 목표가로 할 수도 있고, 아주 길게는 눌림목에서 매수하여 자잘한 등락은 무시하고 이후에 큰 추세를 노리고 홀딩하는 방법도 있습니다.

　어떤 경우에 짧게 먹고, 어떤 경우에 길게 홀딩하느냐는 눌림목을 어떤 목적으로 이용하느냐에 따라 달라집니다. 단기 수익을 노리는 방법은 어떤 상황에서도 가능합니다. 하지만 추세적으로 큰 시세를 취할 목적이라면 상승 추세가 진행 중인 구간에서의 눌림목에서는 위험하고, 반드시 최초 박스권 돌파가 일어난 다음 첫 눌림목만을 노리는 것이 안전합니다. 왜냐하면 돌파가 일어나 상승 중인 주가는 언제 하락 전환할지 모르기 때문입니다. 상승의 초입 구간이 가장 안전하기 때문이죠.

　단기 매매 관점에서 접근한다면 눌림목이라는 구간도 일단은 위쪽에 저항대가 분포하고 있다는 것을 전제하므로 매수에 성공하면 추세적으로 끌고 가기보다는 상단의 저항대에서 부분적으로라도 수익을 실현하는 것이 바람직합니다. 만일 여기서 이 저항대를 돌파한다면 나

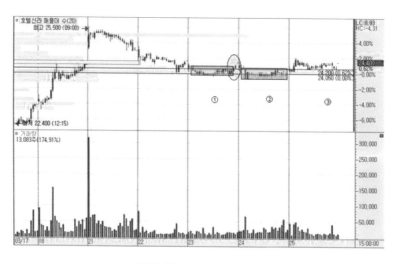

눌림목 매매의 매도 시점(호텔신라)

머지 물량은 추세 추종 매매에서 설명드린 원칙을 이용하여 추가 수익을 노리면 됩니다.

앞서 살펴본 호텔신라의 차트입니다. 여러분이 세 번의 기회가 주어졌던 눌림목에서 매수했다면 1차적인 매도 목표가는 어디가 될까요? 제가 굳이 설명을 안 드려도 차트에 여기서 매도하라고 손짓을 보내고 있죠? 앞서 지지와 저항 부분을 열심히 공부하신 분이라면 대번에 아시리라 생각합니다.

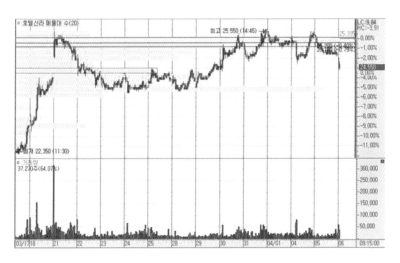

눌림목 매매의 매도 시점(호텔신라)

눌림목 매매 기법의 실제

그렇다면 실제 예를 통해 눌림목이 어떤 형태로 나타나고 어떻게 매매할 수 있는지 살펴보겠습니다.

눌림목 매매의 실례(LG상사)

회색 박스로 표시된 부분이 대량 거래가 발생하면서 박스권을 돌파하여 의미 있는 상승 추세로 전환된 구간이라고 할 수 있죠? 저 구간에서는 여러 번의 정석적인 형태의 눌림목이 발생했습니다. 좀 더 자세히 살펴보겠습니다.

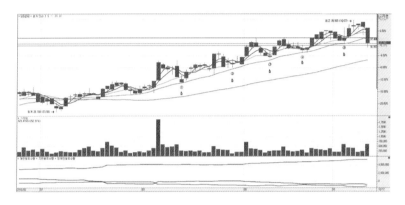

눌림목 매매의 실례(LG상사)

대략 다섯 군데의 눌림목이 발생한 것을 확인할 수 있습니다. 자세히 살펴볼까요?

1번 눌림목입니다.

1번 눌림목이 발생하던 날의 전후 상황은 위와 같습니다. 대량 거래가 터진 장대 양봉의 시가 부근이 의미 있는 지지 가격대(3만 2550원), 장대 양봉의 종가 부근(3만 4620원)이 의미 있는 저항대죠?

이 상황에서 의미 있는 지지 가격대인 3만 2550원 부근에서 거래량이 줄고 위꼬리가 달린 짧은 양봉 형태의 지지 캔들이 발생하여 눌림목을 형성한 것을 알 수 있습니다.

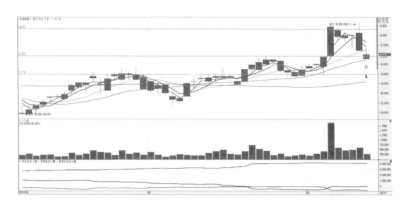

눌림목 매매의 실례(LG상사)

당일의 저가를 손절선으로 종가에 매수하는 방법이 있고, 다음 날 장중에 전일 종가에서 전일 저가 사이의 적당한 가격대에서 매수하는 방법이 있습니다.

매도는 어떻게 하면 될까요?

첫째, 지극히 짧은 시세만 노린다면 종가 매수 이후 갭이 뜰 때 바로 팔아치우는 방법

둘째, 의미 있는 저항대 가격인 3만 4620원대에서 매도

셋째, 매수 이후 중기적인 추세를 노려 지속적으로 홀딩

넷째, 의미 있는 저항대에서 절반을 매도한 이후 나머지는 주가의 흐름을 보고 홀딩하는 방법이 있겠습니다.

어떤 방법이든 자신이 어떤 식으로 매매할 것인지 매수 당시에 미리 계획과 시나리오를 가지고 매매해야 흔들리지 않겠죠?

이후에는 어떻게 되었을까요?

눌림목 매매의 실례(LG상사)

눌림목이 발생한 다음 날 거의 종가보다 살짝 낮은 가격대를 터치하고 주가가 상승한 것을 알 수 있습니다.

첫 번째 매도 시나리오대로 짧은 갭을 노린 경우 작은 수익을 실현할 수 있었을 것이고, 두 번째 매도 시나리오대로 했다면 이후 3~4일 뒤에 의미 있는 저항대 부근에서 5%대의 수익을 실현할 수 있는 기회가 주어졌겠죠?

세 번째로 중기적인 추세를 노린 경우, 이후 재차 박스권을 뚫는 장대양봉이 나왔으므로, 홀딩했다면 추가 수익을 노릴 수 있었습니다.

네 번째로 부분 매도를 했다면, 절반의 물량은 수익을 실현하고 나머지 물량으로 추가 추세를 누릴 수 있었습니다.

눌림목이 발생한 이후 주가는 전일의 저가를 깨지 않았기 때문에 눌림목 매매에 성공한 케이스라고 할 수 있습니다.

여기까지 진행된 상황을 보면, 8월 23일에 박스권을 재차 뚫는 장대양봉이 나왔죠? 이제 우리는 어느 가격대에서의 눌림목을 노려야 할까요? 박스권을 뚫었기 때문에, 강력한 저항선이었던 3만 4620원 가격대가 이제는 강력한 지지선으로 작용할 것이므로 이 가격대 부근에서의 눌림목을 노려야 합니다.

그러면 이후의 움직임을 살펴볼까요?

눌림목 매매의 실례(LG상사)

박스권을 뚫은 이후 2일간 하락하고, 3일째 되던 날에 거래량이 줄고 아래꼬리가 달려 지지 형태를 보이는 '도지성' 양봉이 나타난 것을 볼 수 있습니다. 사실 이날 눌림목이 형성된 것으로 보아도 무방한 지점입니다. 다음 날에는 전날의 저가 이하로 주가가 떨어지지 않아 지지 패턴을 보이며 거래량은 더 감소해서 좀 더 확실한 눌림목이 형성된 것으로 볼 수 있습니다.

매수와 매도 계획은 이제 아시겠죠? 앞의 방법과 동일합니다.

이후에는 어떻게 진행되었을까요?

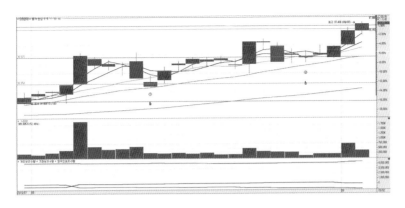

눌림목 매매의 실례(LG상사)

2번 눌림목에서는 아쉽게도 전일 눌림목의 종가에 사지 못했다면 다음 날 매수할 기회는 주지 않은 것을 확인할 수 있습니다. 이 경우, 장 초반에 매수 가격대에 오지 않는다고 함부로 추격 매수를 했다가는 손해를 보기 때문에, 차라리 잡지 못할지언정 내가 정해놓은 매수 원칙을 깨고 함부로 추격 매수를 해서는 안 됩니다.

다음 날에는 매수 기회가 없었지만, 그다음 날에는 눌림목의 종가 부근 가격대에서 매수 기회를 주고 재차 박스권을 돌파한 것을 알 수 있습니다. 돌파가 일어나면 이제는 또 의미 있는 저항대였던 3만 5797 원대가 다시 강력한 지지선으로 바뀌죠? 다음번에는 이 자리에서 눌림 목을 또 한 번 노릴 수 있습니다.

이후의 움직임을 볼까요?

박스권을 돌파하여 상승하던 주가가 다시 조정을 받아 3번 지점에서 아래꼬리가 달린 형태의 지지 캔들을 형성하여 눌림목이 형성된 것을 관찰할 수 있습니다.

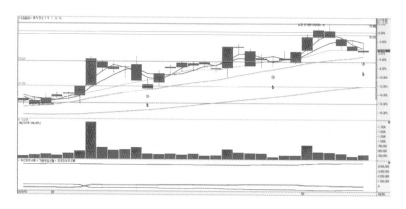

눌림목 매매의 실례(LG상사)

　이때, 전일의 위꼬리 달린 음봉은 아래꼬리가 없어 저가가 확실히 지지된다고 보기 힘들기 때문에 안전한 눌림목이라고 보기에는 위험한 상황이라 다음 날의 양봉 캔들을 눌림목으로 볼 수도 있습니다. 이날의 거래량은 전일보다 증가하긴 했지만, 평균적인 거래량에 비하면 적은 수준이므로 눌림목으로 해석해도 무방합니다.

　이후의 움직임입니다.

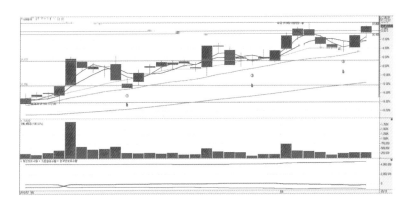

눌림목 매매의 실례-LG상사

종가에 매수하지 않았다면 매수할 기회를 주지 않은 패턴으로 진행
되었죠? 역시 이전의 박스권을 새로 돌파하여 수익을 준 것을 확인할
수 있습니다.

대충 감이 오시나요? 이후의 눌림목과 움직임은 한 번에 보겠습니다.

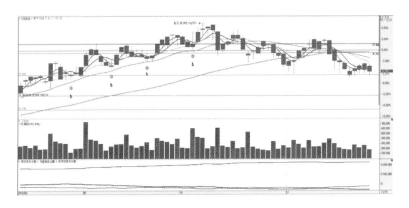

눌림목 매매의 실례(LG상사)

3번 눌림목을 형성한 이후에는 박스권을 강하게 뚫지 못하다가 재차 4번 구간에서 눌림목을 형성했죠? 이때는 다음 날에도 전일 저가 부근의 가격대까지 매수 기회를 준 경우죠? 이후에 다시 박스권을 돌파하고 상승하다가, 의미 있는 지지 가격대인 3만 7275원 부근인 5번에서 눌림목을 형성한 것을 볼 수 있습니다.

사실 5번의 눌림목은 지나간 차트상에서 눌림목이었음이 나타났기에 보여드리는 것이지, 엄밀한 의미에서 보면 위험한 눌림목입니다. 위꼬리가 너무 긴 데다 거래량이 폭증했죠? 이는 세력이 장중에 주가를 크게 상승시키면서 차익 실현을 했다는 것을 의미합니다.

매매 대상이 되는 눌림목은 세력이 개입하여 더 이상의 하락을 멈추고 매집은 하되, 주가를 크게 띄워 차익 실현은 하지 않은 상태여야 하죠? 그런데 이런 패턴은 세력이 이미 차익 실현을 다 해버린 상태를 의미하기 때문에 다음 날 추가 상승이 나올지 안 나올지 미지수여서 리스크가 있는 자리라고 할 수 있습니다. 따라서 이러한 패턴의 눌림목은 매매를 지양하는 것이 좋습니다.

눌림목 매매에서
고려해야 할 사항

　여기까지 설명을 들으신 분들은 눌림목만 찾아 매매하면 무조건 돈을 벌 것처럼 생각할지도 모르겠습니다만, 현실은 그리 만만치 않습니다. 방금 앞에서 보여드린 것은 전형적인 눌림목, 그것도 성공한 케이스이고, 얼마든지 실패하는 경우도 나타나기 때문입니다.

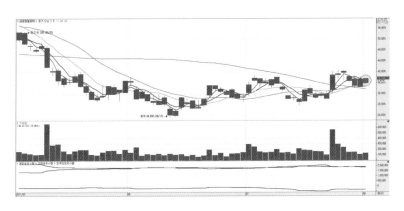

눌림목 매매 – 실패하는 경우

삼성정밀화학의 경우 8월 1일 눌림목을 형성했죠? 이후 어떻게 되었을까요?

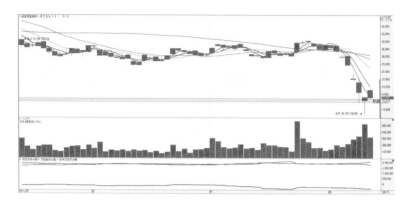

눌림목 매매-지지선 이탈 시 손절로 대응

어떻습니까? 눌림목 매매도 얼마든지 실패할 수 있습니다. 그러므로 눌림목 매매에서는 반드시 눌림목의 저가를 손절선으로 잡고 대응해야 치명적인 손실을 방지할 수 있습니다. 이렇게 손절을 당해도 눌림의 손절선은 짧은 데 반해 수익이 나는 경우 수익은 손절폭에 비해 상대적으로 크기 때문에 매매를 지속할수록 수익 구조상 이익을 낼 수 있습니다. 명심하십시오. 손절하지 않는 것은 눌림목 매매의 최고 장점을 날려버리는 행위라는 것 말입니다.

그렇다면 어떻게 해야 눌림목 매매로 실패할 가능성을 조금이라도 줄일 수 있을까요?

첫 번째 방법은, 되도록 상승 추세 초기의 눌림목만을 노리는 것입니다. 상승 추세 초기란 장기간 박스권을 유지하다가 최초로 박스권을 강하게 돌파한 이후의 첫 조정 시에 나타난 눌림목을 말합니다. 이때는 상승 추세가 형성되는 초기 구간이므로 이후에 상승할 여력은 가장 크고 하락할 여지는 적거나, 설령 하락해도 재차 반등할 가능성이 가장 높은 구간입니다. 이는 비단 눌림목 매매뿐만 아니라, 추세 매매에서도 동일하게 적용되는 원칙입니다.

두 번째 방법은 되도록 상승 추세가 살아 있는 구간에서의 눌림목만 매매하는 것입니다. 상승 추세란 이전에도 말씀드렸듯, 여러분이 정하기 나름입니다. 20일, 60일 이동평균선이 우상향하는 것으로 정의할 수도 있고, 20일 이평선이 60일 이평선 위에 있는 것으로 정할 수도 있고, 의미 있는 저항선을 돌파한 위쪽 구간에 존재할 때를 상승 추세로 정의할 수도 있습니다.

일반적으로는 20일 이동평균선이 우상향하고, 주가가 20일 이동평균선 위에 있는 것을 상승 추세로 정의합니다. 실제로 이 구간에서 주가가 탄력적인 움직임으로 보이는 경우가 많으므로 이 기준을 일반적인 매매 원칙으로 삼아도 무방합니다.

마지막으로 가장 중요한 것은 무엇일까요? 눌림목 매매 이전에 반드시 치밀한 자금 관리와 장세 판단을 잊지 말라는 것입니다. 아무리 종목 검색상 예쁜 눌림목이 보여도 지금 종합주가지수가 하락 추세를 보이는 경우 매매를 해야 합니까, 쉬어야 합니까? 여러분이 아무리 박태환 선수보다 수영을 잘해도 태풍이 치는 바다에 나가는 것은 어리석은 짓이겠죠?

❶ 눌림목 매매는 상승 추세 중 차익 실현을 위해 일시적으로 주가가 조정을 받았을 때 매수하여 과매도권에 이르면 차익을 취하는, 단기적이고 효율적인 매매 방법이다.

❷ 눌림목 매수의 조건은 상승 추세 유지, 일시적인 조정, 거래량 감소를 동반한 단봉의 캔들이 출현했을 때다.

❸ 조정받기 전의 주요 매물대를 1차 수익 목표치로 잡고 매도하거나 기술적인 매도 기준에 따라 수익을 취한다.

| 제 9 장 |

종가 베팅

이제까지는 상대적으로 장기간에 걸쳐 큰 수익을 노리는 정석 매매 방법인 추세 추종 매매와, 상대적으로 짧은 기간에 효율적인 수익을 노릴 수 있어 시간 대비 수익성이 큰 눌림목 매매를 살펴보았습니다. 지금부터 살펴볼 '종가 베팅'은 장중에 매수하는 것이 아니라, 장이 마감되는 종가에 매수하여 다음 날 시가나 장 초반에 차익을 실현하는 지극히 짧은 단기 매매 기법입니다.

종가 베팅에 관련해서는 추세 추종 기법과 눌림목 기법에서 잠깐 언급한 바 있습니다. 여기서 소개하는 종가 베팅 기법의 종목 선정이나 매매 방법 자체는 앞서 소개한 박스권 돌파 매매와 눌림목 매매 기법과 동일합니다. 다만 앞서 소개한 방법은 기본적으로 며칠 이상 홀딩하며 수익을 내는 스윙 이상의 기법인 반면, 종가 베팅은 종가에 매수해 다음 날 장 초반에 수익을 실현하는 극히 짧은 매매 방법이라는 차이가 있습니다. 여기서는 우선 왜 종가 베팅이라는 방법이 지극히 짧은 매매 기법임에도 불구하고 짧은 수익을 효율적으로 낼 수 있는 방법인지, 또 왜 장중에 매매하는 방법에 비해 우월성을 가지고 있으며 수익을 낼 수 있는 구조인지, 종가 매수의 세부적인 사항에 대해 살펴보겠습니다.

종가 베팅에 대한 허실

아마 여러분 중 십중팔구는 이렇게 말씀하실 것입니다.

"주가의 움직임은 한 치 앞도 내다볼 수 없는데, 도대체 어떻게 종가에 무턱대고 매수한단 말이냐? 내일 아침에 떨어지면 어쩌려고?"

정말 그런지 한번 따져보겠습니다.

당일 종가에 매수해서 가장 수익을 내기 좋은 시나리오는 다음 날 아침에 장이 열리자마자 주가가 상승으로 시작하거나 올라주는 것이죠? 물론 아무 종목을 아무렇게나 무작정 종가에 매수하면 다음 날 무조건 상승해서 수익을 낼 수 있다는 것이 아닙니다. 하지만 까다로운 조건을 만족시키지 않은 경우라 하더라도 다수의 경우 종가 베팅은 그 위력을 발휘합니다.

그 이유를 간단히 말씀드리면, 평균적으로 주가가 가장 오르기 쉬운 구간은 장중이 아니라 매수 당일 종가에서 다음 날 시가 내지 장 초반의 구간이고, 장중의 매매 구간은 수익을 내기 힘든 하락 구간이기 때문입니다.

물론 양봉이 나오는 날도 있고, 음봉이 나오는 경우도 있습니다. 하지만 '평균적인' 장중 주가의 움직임은 기본적으로 하락의 속성이 훨씬 강합니다. 매매를 조금 해보신 분이라면, 본능적으로 이 사실을 느끼고 있습니다.

그렇다면 왜 장 후반에서 다음 날 장 초반의 구간이 기본적으로 상승 구간이고 장중의 구간은 하락 구간인지 객관적인 자료를 통해 알아보겠습니다.

장 초반에 주가가 상승하는 이유

    당일 종가에서 다음 날 시가 내지 장 초반의 구간은 기본적으로 상승 구간이고, 장중의 구간은 기본적으로 하락 구간이라는 것을 확인하기 위해 코스피 지수의 일중 그리고 일간의 움직임을 분석해보겠습니다. 구체적으로 전일 종가 대비 당일 시가의 상승률과 당일 시가 대비 당일 종가의 상승률에 대한 장기간에 걸친 데이터를 비교 분석해보았습니다.

    증권사 HTS에서 일봉의 데이터가 제공되는 1989년 1월부터 2011년 5월 9일까지의 코스피 지수를 대상으로 분석해보았습니다. 무려 20여 년이 넘는 기간입니다. 먼저 이 기간 동안 보여준 코스피 지수의 움직임입니다.

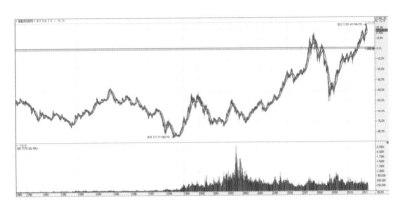

최근 20여 년간의 코스피 지수 움직임

20년이 넘는 기간 동안 IMF도 겪었고, 유례없는 대세 상승 구간도 겪었으며, 투자자들을 패닉에 빠뜨렸던 서브프라임 사태도 있었습니다. 가시적으로 확인 가능한 일관된 규칙성은 없다는 것을 알 수 있습니다.

이 기간 동안 코스피 일봉 지수의 '전일 종가 대비 당일 시가 상승률'과 '당일 시가 대비 당일 종가 상승률'에 어떤 속성이 존재하는지 확인하기 위해 20년간의 데이터를 모아 누적 합산해보았습니다.

주가가 불규칙적으로 움직이는 20여 년이라는 기간 동안 일간과 일중은 뚜렷한 경향성을 가지고 움직이는 것을 확인할 수 있습니다.

전일 종가 대비 당일 시가는 약간의 부침이 있으나 비교적 안정적으로 우상향하고, 이에 반해 장중의 움직임, 즉 당일 시가 대비 당일 종가는 완만하게 계속 하락하는 것을 관찰할 수 있죠?

데이터상으로 살펴보면, 전일 종가 대비 당일 시가의 상승률의 평균

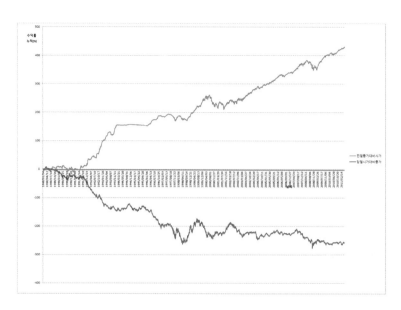

코스피 지수 전일 종가 대비 시가, 당일 시가 대비 종가의 20여 년간 누적합

은 0.07%였고, 당일 시가 대비 당일 종가의 평균은 −0.04%였습니다. 확연한 차이를 보이죠?

또한 전일 종가 대비 당일 시가가 상승할 확률은 55.7%인 데 비해, 당일 시가 대비 종가가 상승할 확률은 47.8%였습니다.

단순하게 두 가지 움직임으로만 구분해서 살펴보았는데 전혀 다른 경향성을 보이는 것을 확인할 수 있습니다.

코스닥은 더합니다. 한번 확인해보겠습니다.

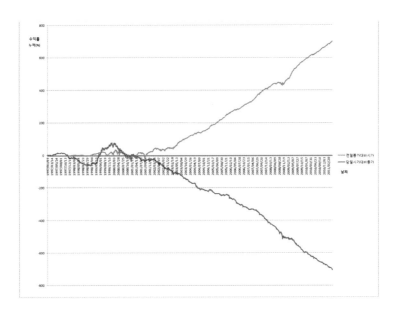

코스닥 지수 전일 종가 대비 시가, 당일 시가 대비 종가의 15년간 누적합

어떻습니까? 그나마 메이저 세력끼리 치고받는 거래소 종목은 그나마 불규칙한 구간도 있는데, 주로 소수의 세력에 의해 좌지우지되는 코스닥에서는 완전히 비대칭인 것을 알 수 있습니다.

왜 이런 현상이 나타날까요? 그것은 전일 종가에서 다음 날 시가의 시간대가 세력으로서는 주가를 올리기 가장 쉽고 편하기 때문입니다. 전일 종가에서 다음 날 장 시작 사이의 시간대가 장중의 시간대보다 거래가 훨씬 적기 때문이죠.

거래가 적은 것과 가격이 상승하는 것은 대단히 밀접한 관련이 있습니다.

간단한 질문을 하겠습니다. 아군과 적군이 전투를 벌이고 있는데,

언제 공격하는 것이 전투에서 이기기에 가장 효과적인 시간일까요? 아침? 대낮? 오후 늦게? 저녁때?

다 틀렸습니다. 보초만 빼고 적군 모두가 잠든 한밤중이나 이른 새벽입니다. 왜냐하면 형식적으로 보초를 서는 몇 명만 제외하고는 다 자고 있기 때문입니다. 즉, 적군의 저항이 가장 작기 때문입니다.

주가의 움직임은 결국 매수세와 매도세의 싸움입니다. 그렇다면 가장 손쉽게 매수세가 매도세를 제압할 수 있는 타이밍은 언제일까요? 정답은 2시 50분에서 3시 사이의 오후장 동시호가입니다.

여러분은 주식 매매를 언제 하시나요? 대부분 장중에 하지 않으십니까? 그것도 장 초반에 주가가 뜰 때 흥분해서 따라 들어가지 않으시나요?

장중에 매매에 참여하는 사람들이 많다는 것은 세력이 장중에 주가를 올리려 하면 그만큼 세력의 매수세에 대항하는 매도세 또한 많다는 것을 의미합니다. 이는 적군이 아침 든든히 먹고 무기와 전열을 완벽하게 정비하고 방어 라인을 구축한 상황에서 쳐들어가면 당연히 아군이 쉽게 이기지 못하는 것과 똑같은 원리입니다.

그러면 세력이 언제 매수해야 가장 쉽게 주가를 올릴 수 있겠습니까? 대다수의 매매자들이 장중 특히 장 초반에 매매를 열심히 마치고, 내일 아침에 주가가 어떻게 될지 모르니 불안해서 매매를 안 하는 오후장 후반이나 오후장 동시호가, 즉 종가에 적극적으로 매수하는 것이죠.

이때에는 매매자들이 적은데, 매매자들이 적다는 것은 세력이 주가를 쳐올리려 할 때 매도세도 줄어든다는 것을 의미하므로 세력이 적은 돈으로 주가를 쉽게 올릴 수 있는 절호의 기회가 되는 것입니다.

그렇다면 다음 날에는 세력이 오전 동시호가에 가볍게 주가를 올립니다.

동시호가 제도의 목적은 주가의 변동성을 줄이고 합리적인 시가와 종가를 결정하기 위함인데, 장중에 적극적으로 매매하는 사람보다는 동시호가에 매매하는 사람이 훨씬 적기 때문에 상대적으로 이 시간대에는 세력이 의도적으로 주가를 올리거나 조작하기가 더 쉬워진다는 허점이 발생합니다.

그렇다면 왜 세력들은 장 후반에서 다음 날 장 초반에 하락을 시킨 다음 주가를 올리지 않고, 장 후반에서 다음 날 장 초반에 주가를 올리는 시나리오를 택할까요?

그 이유는 장 초반에 주가를 하락시키면 이미 보유하고 있던 개미들은 손실을 보고, 이렇게 되면 '장중'에 매매하는 수많은 개미들은 겁을 먹어 주가가 조금이라도 오르면 팔아치우려는 생각을 하기 때문이죠. 이렇게 되면 수많은 개미들의 물량이 매물 저항으로 작용하여 세력도 주가를 올리기가 힘들어집니다.

오전장 초반은 매매자들이 가장 많고 활발하게 매매하기 때문에 세력이 많은 물량을 매도해도 개미들이 적극적으로 받아주는 시간대입니다. 따라서 세력의 입장에서 가장 이상적인 시나리오는 전날 오후 늦게부터 주가를 올려 아침 시가에 갭으로 주가를 살짝 띄운 이후 장중 내내 파는 것이죠.

주식은 절대로 남들과 똑같이 해서는 돈을 벌 수 없습니다. 여러분은 세력이 아니기 때문입니다. 이러한 현상이 어제도 발생하고, 오늘도 발생하고, 내일도 발생합니다.

청개구리식으로 장 초반에 올라갈 때 추격 매수하고, 오후장에 떨어질 때 손절하는 패턴으로 매매하면 매일 손해를 보고, 이러한 패턴은 평균적으로 매일 똑같이 반복되기 때문에 돈을 벌 수가 없는 것입니다.

아이러니하게도, 대다수의 투자자들이 이렇게 두려워하고 매매를 피하는 구간이기 때문에 역설적으로 세력은 이 시간대를 이용함으로써, 진짜로 수익을 내기 좋은 구간이 되는 것이죠. 주식판은 절대로 자선사업을 하는 곳이 아닙니다. 여러분을 비롯한 수많은 개미들이 장중에, 특히 장 초반에 매매를 시작해서 장중이나 장 후반에 매도하여 마무리하려는 생각을 가지고 있기 때문에 오히려 이 구간이 수익을 내기 어려운 구간입니다. 왜냐하면 주식시장에 공짜는 없기 때문이죠. 남들과 같이해서는 절대 수익을 낼 수 없습니다. 그래서 역설적으로 종가 매수가 우위를 점하게 됩니다.

지수 일간 움직임의 심화 분석

장 후반이나 종가 무렵에서 다음 날 시가나 장 초반 구간이 상승할 가능성이 크다는 사실을 안 것도 큰 소득인데, 이번에는 또 다른 관점에서 분석해보겠습니다. 전일의 봉 패턴과 다음 날 시가의 상승 여부입니다.

전일 종가 대비 당일 시가 상승률을 전날 음봉이 나온 경우와 양봉이 나온 경우로 구분해서 생각한다면 어떨까요? 직관적으로 생각해도 왠지 양봉이 나온 경우가 다음날 장 초반에 오를 가능성이 높을 것 같지 않습니까? 오늘 지수가 하락하면 왠지 불안해서 내일 시초가도 약세를 보일 가능성이 많고, 양봉이면 상승할 가능성이 많은 것, 아주 상식적이죠?

실제로도 그렇습니다. 그렇다면 왜 음봉이 나온 날보다는 양봉이 나온 다음 날 장 초반에 수익 구간을 줄 가능성이 높을까요? 이를 알아보기 위해 전일 종가 대비 당일 시가를 전일에 음봉이 나온 경우와 양봉이 나온 경우로 나누어 비교해보겠습니다.

우선 전일에 양봉이 나온 경우, 전일 종가 대비 당일 시가 상승률의 누적 그래프입니다.

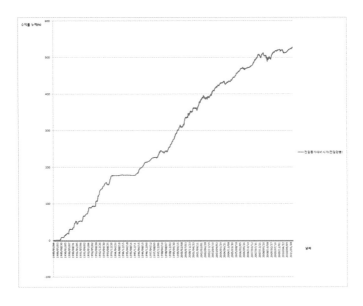

전일 종가 대비 당일 시가 상승률의 누적 그래프

어떻습니까?

전일봉을 양봉과 음봉으로 나누어 고려하지 않았던, 앞서 살펴보았던 경우(아래 그림)보다 훨씬 더 안정적인 추세를 보이죠?

그렇다면 전일에 음봉이 나온 경우는 어떨까요?

위의 두 가지 경우를 한 번 비교해 볼까요?

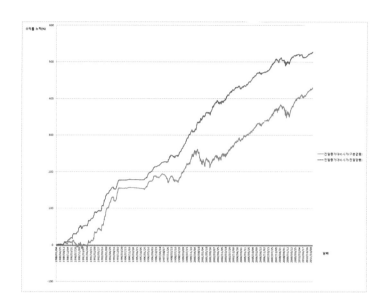

전일 종가 대비 당일 시가 상승률의 누적 그래프

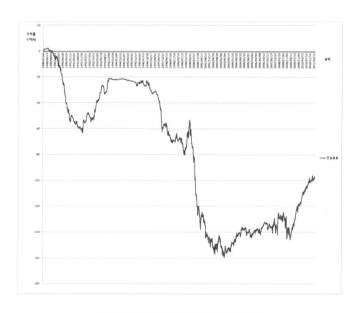

전일 종가 대비 당일 종가 상승률의 누적 그래프

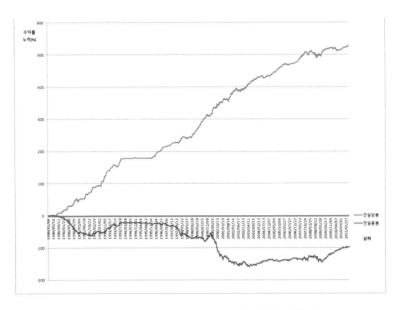

코스피 지수의 전일 일봉에 따른 전일 종가 대비 시가의 누적합 차이

이렇게 나누어보니 전일 종가에 비해 다음 날 시가가 무조건 다 올라가는 경향성이 강한 것은 아니었다는 점을 알게 되죠? 특별한 경향성이 없거나 대체적으로 음봉으로 마무리한 경우 다음 날 시가는 오히려 더 떨어지는 경향이 강하다는 것을 확인할 수 있습니다.

그렇다면 왜 이러한 현상이 나타나는지 알아보겠습니다. 이를 위해서는 양봉과 음봉의 본질을 이해해야 합니다.

양봉의 본질은 '세력이 개입하여 장중에 주식을 매수하고 매집하여 주가를 올린 상태로, 매수 물량이 상대적으로 차익 실현 물량보다 더 많아 주식을 보유하고 있는 상태'입니다.

음봉의 본질은 주가가 하락한 것이 아니고, '개입된 세력이 이전에 보유하고 있던 주식을 장중에 매도하여 차익 실현을 함으로써 주식을 보유하고 있지 않거나 보유 주식 수가 감소한 상태'입니다.

양봉을 만든 경우, 세력은 물량을 보유하고 있지만 차익 실현을 하지 않았기 때문에 수익을 내기 위해서는 다음 날 주가를 띄워서 팔아야 합니다.

따라서 기본적으로 양봉이 나타난 날 오후 늦게나 종가 무렵에 매수하면 다음 날에는 수익 구간이 날 확률이 높습니다. 장 초반에 갭을 크게 띄우면 이때 팔면 되고, 갭을 작게 띄우거나 의도적으로 하락시키면 어차피 세력도 손해를 보지 않기 위해 추가로 올리는 과정이 한 번은 나와야 하기 때문에 장중에 주가가 오르는 경우가 나타나죠. 일단은 올려서 팔아야 하기 때문입니다.

또한 정작 전날 종가에 사지 못한 사람들은 막상 다음 날이 되면 전날 양봉이 나온 것을 보고 그제야 군침을 흘리며 장 초반에 주가가 상승하면 추격 매수를 들어가는 경향이 강하기 때문에 장 초반에 더 상승할 가능성이 높은 것입니다.

하지만 음봉을 만든 다음 날의 움직임은 어떨까요? 전날 음봉으로 마무리한 경우는 세력이 물량을 팔았다는 것을 의미합니다. 이는 세력이 음봉을 만드는 과정에서 물량을 다 털어버리고 손을 뗐을 수도 있습니다. 또한 남아 있는 물량이 얼마나 있는지도 불분명하고, 적극적으로 이날 매수했다는 증거가 없다는 걸 의미하죠. 따라서 다음 날 장 초반에 주가가 오를 만한 구간이 있을지 없을지 모든 상황이 불분명하고 불확실한 것입니다.

설상가상으로 다음 날 장이 시작되었는데 조금이라도 주가가 하락한다면, 기보유자들은 전날 음봉이 나와서 손해를 본 데다 파란 음봉에 심리적으로 흔들리게 됩니다. 주가가 조금이라도 하락하면 잽싸게 손절할 목적으로, 또 반대로 주가가 조금만 상승하면 본전치기라도 할 생각으로 적극 매도하게 됩니다. 때문에 장 초반에는 주가가 오르기 힘들고, 설령 오르더라도 상승폭에 제한이 생기는 것이죠.

이러한 이유로 음봉보다는 양봉이 나온 다음 날 장 초반에 상승 구간이 나타날 가능성이 높고, 설령 장 초반에 하락한다 해도 심리적으로 흔들리지 않고 기다릴 수 있는 것입니다.

정리하면 이렇습니다. 기본적으로 전일 오후 내지 종가에서 다음 날 시가 내지 장 초반 구간은 안 오르려야 안 오르기 힘든 논리적 이유가 있는데, 양봉으로 마무리해주면 추가 상승의 논리가 더해지기 때문에 실제 데이터상으로도 저렇듯 뚜렷한 경향성을 보여주는 것입니다.

실시간으로 변하는 장중의 움직임은 예측이 불가능하지만, 당일의 움직임이 완전히 마무리되는 시점에서 그날의 주가 움직임을 분석해보면, 다음 날의 세력의 의도를 충분히 파악할 수 있습니다. 즉, 내일 주가가 오를지 내릴지 어느 정도 시나리오가 잡히는 상태로 매수할 수 있다는 것입니다.

지금까지의 사실을 종합하면, 음봉이 나온 날은 제치고 양봉이 나온 날 종가 베팅을 하는 것이 유리하다는 결론이죠?

그런데 뭐가 아깝습니까? 음봉이 너무 아깝습니다. 그렇다면 음봉이라고 해서 다 버릴 것이 아니고 개중에 쓸 만한 음봉이 있다면 골라서 종가 베팅에 활용하면 되지 않겠습니까? 한번 찾아볼까요?

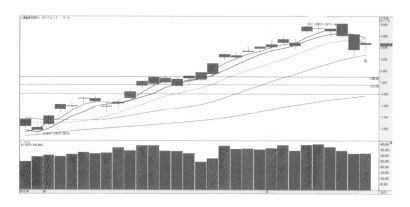

아래꼬리를 달고 상승한 음봉

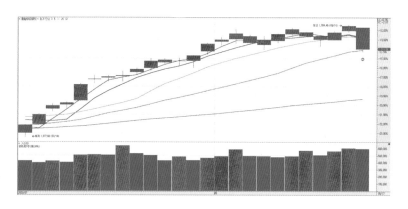

아래꼬리가 거의 없이 하락한 음봉

　여러분은 1번 음봉과 2번 음봉 중 어느 음봉이 더 종가 베팅하기에 안전해 보이십니까?

　아마 대부분은 1번 음봉이 안전해 보이리라 생각하실 것입니다. 왜 일까요? 1번 음봉과 2번 음봉의 실질적인 차이는 무엇일까요? 그것은 1번 음봉은 종가가 전날보다 상승(+0.45%)한 음봉이고, 2번 음봉은 종 가가 전일보다 하락(-2.79%)한 음봉입니다.

똑같은 음봉이라도 전일 종가 대비 상승한 음봉과 하락한 음봉 중에 상식적으로 어떤 음봉이 다음 날 시가가 뜰 가능성이 높을까요? 직관적으로 생각해도 당연히 상승한 경우일 것으로 추측할 수 있습니다. 왜냐하면 당일 시가보다 주가가 하락하긴 했지만, 전일 종가보다 주가가 높다는 것은 그 이하로 주가를 떨어뜨리지 않겠다는 매수 세력의 의지가 그나마 확인되었기 때문이죠.

즉, 종가 베팅을 할 수 있는 조건을 두 가지(양봉이냐 음봉이냐, 종가가 상승이냐 하락이냐)로 놓고 본다면, 최소한 양봉이나 종가가 상승한 조건 중 어느 하나라도 있으면 상승 에너지가 사라지지 않은 것으로 볼 수 있습니다.

우리가 피해야 할 것은 네 가지 조합 중 음봉이면서 종가가 전일 대비 하락한 경우(하락 음봉)겠죠? 왜냐하면 이 경우는 세력이 주가를 지지하려는 의도가 두 가지 경우 중에서 하나도 확인되지 않았기 때문입니다.

그렇다면 이러한 상식이 실제로 통하는지 살펴볼까요?

음봉이 나온 경우를 두 가지, 즉 상승 음봉(전일 음봉+종가 상승)과 하락 음봉(전일 음봉+종가 하락) 두 가지로 나누어 전일 종가 대비 시가의 상승률을 누적하여 살펴보겠습니다.

결국 상식이 통한다는 것을 보여주고 있습니다. 따라서 종가 매수는 반드시 양봉에서만 할 것이 아니라 지수가 음봉이라도 종가가 상승한 음봉에선 가능하다는 결론을 얻을 수 있습니다.

20여 년간의 코스피 지수를 대상으로 한 통계치는 다음과 같습니다.

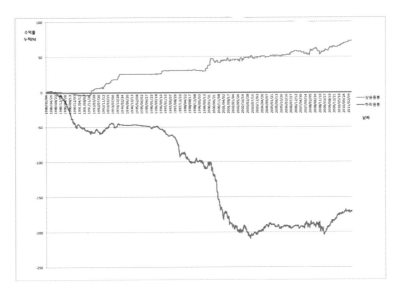

음봉 출현 시 당일 주가 상승 여부가 다음 날 시가에 미치는 영향

전일 종가 대비 당일 시가(상승 확률/손익비)

	종가 하락	종가 상승
음봉	44.9%/0.96	60.6%/1.06
양봉	60.1%/1.17	65.4%/1.05

코스피 지수의 일별 종가와 봉 패턴 통계(백분율)

	종가 하락	종가 상승
음봉	43.4%	8.7%
양봉	5.8%	42.1%

어떻습니까? 전날이 음봉이라도 종가가 상승하면 다음 날 시가가 상승할 확률은 60.6%임을 의미합니다. 양봉에 결코 뒤지지 않는 것을 확인할 수 있습니다.

음봉이면서 종가가 하락하는 경우는 다음 날 상승 확률도 떨어지는 데다 손익비도 1보다 작죠? 다른 세 가지 조합은 모두 상승 확률도 높으면서 평균 손익비도 1보다 크다는 것을 알 수 있습니다.

한 가지 재미있는 것은 하락 음봉이 네 가지 조합 중 43%에 달한다는 것입니다. 즉, 종가 베팅으로 수익을 볼 수 있는 구간은 전체 거래일 가운데 56% 정도, 즉 10일 중 4일은 매매를 쉬어야 한다는 결론입니다. 확률적으로 수익이 날 가능성이 떨어지는 구간에서 억지로 매매하는 것은 의미가 없음을 알 수 있습니다.

전일 종가 대비 시가의 누적 움직임을 다시 종합해서 확인해볼까요?

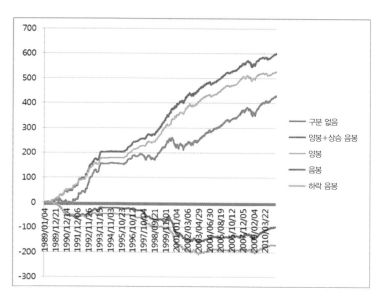

전일 종가 대비 시가의 누적 움직임

뭔가 감이 오십니까?

장중에 주가가 하락하는 이유

    지금까지 왜 전일 종가 대비 다음 날 시가의 구간이 평균적으로 상승할 수밖에 없는 구간인지 통계적인 데이터와 상식적인 이유를 통해 살펴보았습니다.

    지금부터는 왜 평균적으로 당일 시가 대비 종가는 마이너스, 즉 장중의 매매 구간은 평균적으로 하락 구간인지에 대해 살펴보겠습니다.

    첫 번째 이유는 전일 종가에서 당일 시가 내지는 장 초반이 상승 구간이기 때문입니다. 전날 장 후반이나 종가에서 물량을 매수하고, 장 초반에 주가를 쉽게 띄운 세력의 입장에서는 장 초반에 수익이 발생한 상황이어서 매도해도 전혀 이상할 게 없습니다. 차익을 실현해 돈을 벌 수 있기 때문이죠. 그래서 장중에 쏟아내기 때문에 주가가 하락하는 것입니다.

    두 번째 이유는, 장중에는 매매에 참여하는 매매자들이 많기 때문입니다. 앞서 전일 종가에서 당일 시가 내지 장 초반이 상승 구간이 되는 근본적인 이유는 매매자들이 많지 않아 매도 저항이 적어 세력의 입장에서 주가를 올리기가 쉽기 때문이라고 했습니다.

반면 장중의 구간에서는 매매자들이 많아 매도 저항이 큰 구간이라고 할 수 있습니다. 장중 구간에서는 주식을 사려는 사람도 있지만 세력을 제외한 개미들은 주가를 올리는 데 별다른 역할을 하지 못합니다. 하지만 주가가 오르면 매도하려는 개미들은 많이 있으므로 사실상 세력의 입장에서 주가를 올리기에는 매도 저항이 큰 구간이 바로 장중 구간이 되는 것이죠.

그렇다면 세력은 굳이 장중 구간을 주가를 올리는 구간으로 이용해야 할 필요가 있습니까? 전혀 없습니다. 인생 어렵게 살아갈 필요가 없기 때문입니다. 그냥 쉽게 돈 많이 안 들이고 동시호가에서 쳐올려 장초반에 주가를 띄운 이후 매도 저항이 큰 장중 구간 내내 천천히 팔면 됩니다.

장중의 구간이 하락 구간이라는 것은 앞서 보여드린 자료에서도 분명히 나타났었죠? 다시 보여드릴까요? 다음 페이지의 당일 시가 대비 종가 구간을 보시기 바랍니다.

'주가는 오르는 것이 기본 속성이기 때문에 장기적으로는 음봉보다 양봉이 많을 것이다. 한 치 앞도 내다보지 못하는 게 주가인데 종가에 매수하는 것은 바보 같은 짓이다.'

얼핏 생각하면 대단히 논리정연해 보이지만, 실제로 검증해보면 반대라는 것을 알 수 있습니다.

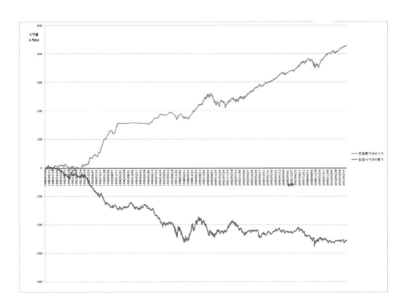

전일 종가 대비 시가/당일 시가 대비 종가 비율 누적(코스피)

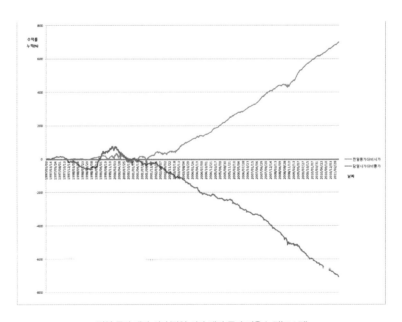

전일 종가 대비 시가/당일 시가 대비 종가 비율 누적(코스닥)

지금까지는 일봉 데이터를 통해 장중 구간이 하락 구간이라는 것을 확인했는데, 지금부터는 장중 시간대별 주가의 움직임을 통해 이를 다른 관점에서 분석해보겠습니다.

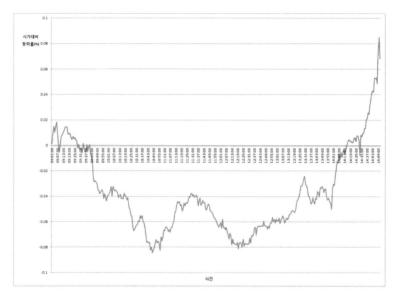

코스피 지수의 시간대별 평균 움직임

위의 그래프는 2010년 10월부터 2011년 3월까지 5개월간의 코스피 지수의 당일 시간대별 움직임을 평균 낸 것입니다. 그래프의 세로축은 당일 시가 대비 등락률을 의미합니다.

전형적인 패턴을 말씀드리면, 장 시작 후 9~10시경에는 반짝 상승을 하는 구간이고, 이후 12시 30분에서 오후 1시 30분경까지 주가가 지속적으로 하락하다가 오후장 들어 다시 상승합니다. 매매를 해보신 분은 느끼실 것입니다. 장 초반과 오후장에 주가의 탄력이 강하고 10시에서 점심시간 무렵은 주가가 떨어지는 경향이 강하다는 사실을 말이죠. 앞서 5개월간의 통계를 기반으로 한 그림에서는 장 초반 반짝 상승한 이후 지속적으로 하락하는 것으로 나왔지만, 훨씬 더 긴 기간의 데이터를 통해 확인해보면 평균적인 고점은 대략 오전 10시를 전후해서 나타납니다.

분명히 개별적인 장중의 움직임은 매일 제각기 다릅니다. 어떤 날은 줄곧 하락만 하고, 어떤 날은 장 시작해서 끝날 때까지 계속 상승하기만 할 때도 있습니다. 그런데 수많은 날들을 다 누적해서 '평균'적인 움직임을 내보면 이러한 패턴으로 고착화된다는 것입니다.

데이터가 추가되면 평균적인 움직임이 약간씩 달라지고 바닥과 꼭지도 조금씩 달라집니다. 그런데 흥미로운 사실은 이렇듯 오랜 기간 동안의 주가 평균을 추적하다 보면, 장 초반부터 점심때까지는 전반적으로 하락하고 오후장에 다시 상승하는 전반적인 패턴이 일정하게 유지된다는 것이죠.

또한 특별히 일중 주가 움직임의 평균적인 고점은 9시 20분에서 10시경이고, 평균적인 저점은 12시 20분과 오후 1시 20분경에 형성되는 경우가 대단히 많다는 것입니다.

이러한 현상은 왜 일어날까요? 그 이유는 시간대에 따라 거래에 참여하는 매매자들의 수가 달라지기 때문입니다.

장이 시작되면 수많은 전략과 꿈을 가지고 장이 열리기만을 학수고대한 수많은 매매자들이 오늘 장이 어떻게 될 것인지 기대하며 일제히 장에 참여합니다. 이렇게 되면, 시장이 북적북적해지고 매매자들의 수와 거래가 증가하기 때문에 주가의 탄력도 좋고 상승하는 구간이 일시적으로 형성됩니다. 그야말로 유동성이 가장 풍부한 시간대가 되는 것이죠.

그러나 한 시간 정도 지나면 소강상태에 빠지고, 장 초반에 일찍 매매를 끝낸 데이트레이더들은 매매를 접기도 합니다. 이러면서 거래량은 서서히 줄어들고, 점심시간이 가까워지면 식사하러 나가는 매매자들도 많이 생겨 시장은 더욱더 한산해집니다. 따라서 주가의 탄력이 떨어지고 하락하게 되는 것이죠.

만일 당일 시가가 +로 시작한 경우와 −로 시작한 경우는 어떤 차이가 있을까요?

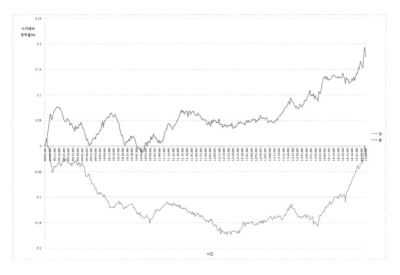

당일 시가에 따른 일중 지수 변화 차이

당일 시가가 +로 시작하건 −로 시작하건 오전장 초반에 비해 오후장으로 갈수록 주가가 하락하는 현상과 점심시간 이후 주가가 다시 상승하는 패턴은 변함이 없습니다.

한 가지 재미있는 사실은, 당일 시가가 전일에 비해 +로 시작하는 경우(빨간 그래프 참조), 장 시작 이후 계속 하락하는 패턴으로 진행합니다. 그에 반해 시가가 −로 시작하는 경우(파란 그래프), 대략 평균적으로 9시 30분에서 10시 사이에 잠시 상승했다가 하락하는 추세로 전환되는 패턴을 보인다는 것입니다.

그 이유는 무엇일까요? 시가가 전일 종가에 비해 +로 시작한다는 것은 전일 오후장부터 물량을 매집해서 당일 아침 동시호가까지 세력이 띄워 이미 수익권에 도달했다는 것을 의미하므로 차익 실현에 의해 바로 하락하는 패턴을 보입니다. 하지만 시가가 −로 시작하는 경우, 세력이 전일 종가 무렵이나 당일 동시호가에 물량을 매집하지 않았고, 또한 장 초반 하락으로 시작해서 상대적으로 주가가 싸졌기 때문에 저가 매수세가 유입되어 장 초반에 일시적인 반등을 보이는 것으로 해석할 수 있습니다. 이렇게 일시적인 저가 매수세가 유입된 이후에는 위쪽의 매물벽에 부딪히고, 또한 장중의 시간대에 따른 주가 탄력의 효과가 이어져 오후장까지 하락하는 현상이 나타나는 것으로 해석할 수 있는 것이죠.

재미있는 사실은 일중 평균적인 주가의 고점은 데이터가 누적됨에 따라 9시 20분에서 10시 사이에 변동이 심한데, 평균적인 저점은 거의 12시 20분과 오후 1시 20분 부근에서 형성이 고정되는 패턴을 보인다는 것입니다. 그 이유는 무엇일까요?

점심시간 때문이죠. 뭔가 고상하거나 심오하고 복잡한 이유가 있습니까? 여러분을 포함한 전국의 매매자들의 점심시간이 매일 달라집니까? 아니죠? 거의 일정합니다.

본질적으로 주가의 움직임이 상승할 가능성이 가장 높은 구간에서 매수를 하고, 매도하기 가장 좋은 구간에서 매도를 해야 수익을 쉽게 낼 수 있죠?

여러분은 이제 어느 쪽에 서야 할까요? 하루 이틀 동안은 얼마든지 이런 패턴과 다르게 주가가 나타날 수 있습니다. 양봉이 나와서 종가 베팅을 했는데 다음 날 갭 하락으로 시작한다든지, 장중에 주가가 하염없이 올라 양봉으로 마무리하는 식의 패턴 말이죠. 하지만 하루 이틀, 한 달, 수년 동안 매매를 계속한다면 여러분은 어느 쪽에 베팅해야겠습니까?

종가 매수를 하지 못하는 이유

여러분이 지금까지 막연하게 종가 매수를 두려워하거나 하지 못했던 가장 큰 이유는 바로 이러한 일중, 일간의 주가 움직임의 원리를 제대로 알지 못하고 있었기 때문입니다.

단기적으로 수익을 낼 수 있는 구간은 두 군데입니다. 첫째는 장 초반에 바로 하락하는 주식을 매수하여 장 초반에 반등을 노리는 구간이고, 두 번째 구간은 오후 1시 30분 이후 오후장 후반이나 종가에 상승하는 주식을 매수해서 다음 날 장 초반이나 이후에 매도하는 구간입니다.

많은 사람들이 두 번째 구간에서 수익을 낼 수 있다는 사실은 아예 모르고 있고, 막연히 위험할 것이라는 생각에 통계적으로 검증되고 분명한 이유가 있는 안전한 장 후반 내지 종가 베팅의 수익 구간을 매일 놓치고 있는 것입니다.

이러한 사고방식의 문제는 무엇일까요? 시가에 갭을 띄워 크든 작든 수익을 낼 수 있는 수많은 기회를 매일 날려먹는다는 것입니다. 종가에 매수하지 않고 다음 날 장 초반에 전일 종가보다 살짝 낮은 가격에 매수할 수도 있지만, 전일에 양봉을 형성하고 장 초반에 살짝 하락하는 경우에도 시가는 +를 형성하는 경우가 많습니다. 설령 시가가 −로 시작하더라도 장 초반에 반등 구간은 나오는 것이 일반적이죠.

따라서 여러분이 장 초반에 살짝 하락하는 구간을 노릴 바에야 전일 종가에 매수해서 크든 작든 갭이라도 먹고 판 다음 다시 낮은 가격에서 매수하면 이중으로 수익을 낼 수 있습니다.

종가 베팅의 실례(동원금속)

수급이든 재료든 모든 것을 다 제외하고 순수하게 기술적인 분석으로 살펴보겠습니다. 우선 대량 거래로 박스권 최초 돌파 시의 종가 베팅을 살펴보겠습니다.

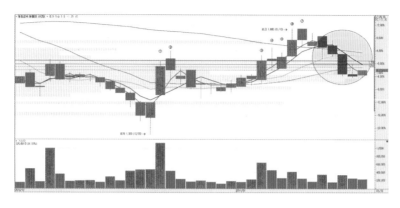

종가 베팅의 실례(동원금속)

우선 1번 구간을 볼까요? 14%에 가까운 급등을 한 장대 양봉이 나왔죠?

만일 이날 장대 양봉 종가에 매수했다면 어떻게 될까요? 다음 날 어떻게 되었을까요? '그것 봐라, 음봉이 나오지 않았냐'고 생각하셨다면 크게 착각하신 겁니다.

왜냐하면 다음 날(2번)에는 전일 종가 대비 시가가 2% 이상 갭으로 시작해서 장 초반에 5%권의 수익 구간을 준 이후 하락했기 때문이죠. 종가에 매수했다면 얼마든지 4~5%대의 수익을 낼 수 있었던 구간입니다.

1번 구간의 분봉을 볼까요?

장대 양봉이 나왔던 날의 지지선은 대략 저 두 군데로 잡을 수 있겠죠? 만일 지지선 매매만 하겠다고 생각했다면, 저 두 군데에서 분할 매수를 할 수 있었겠죠?

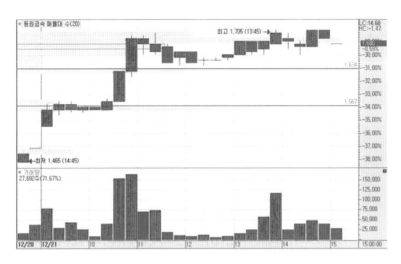

종가 베팅의 실례(동원금속 분봉)

다음 날의 분봉의 움직임은 어떠했을까요?

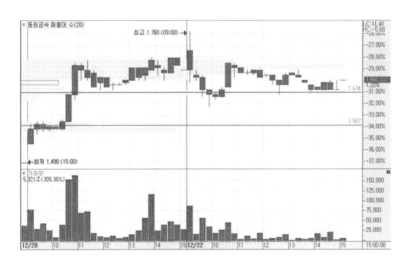

종가 베팅의 실례(동원금속 분봉)

1차 지지선에서 매수했다면 최대 수익 구간은 2%도 되지 않는 구간인 것을 확인할 수 있습니다.

물론 역추세 매매를 한 이후에 반등이 크게 나오거나 양봉이 나오는 경우도 있습니다. 여기서 제가 강조하고 싶은 것은, 종가 매수를 하지 않으면 이렇게 장 초반에 갭을 띄워 수익을 낼 수 있는 추가 수익 구간을 놓치게 된다는 것입니다.

이후의 구간도 살펴볼까요?

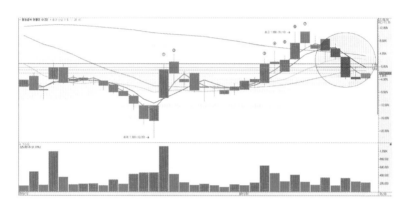

종가 베팅의 실례(동원금속)

3번, 4번, 5번, 6번, 7번 분봉을 유심히 살펴보시기 바랍니다. 대부분 시초가나 장 초반에 주가가 상승하는 것을 관찰할 수 있습니다. 이는 전날 종가에 매수한 경우 장 초반에 이런 수익을 얻을 수 있습니다.

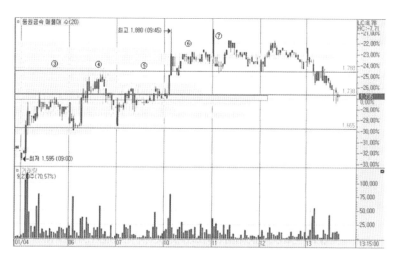

종가 베팅의 실례(동원금속 분봉)

눌림목도 마찬가지입니다.

종가 베팅의 실례(LG상사)

눌림목도 악착같이 조금이라도 싼 가격에 사기 위해 다음 날 전일 저가 부근에만 걸어두려 했다면 어떻게 되었을까요? 1, 2, 3, 4번 눌림목 모두 하나도 잡지 못했을 상황이죠?

시가에 '갭'을 띄우는 현상은 주가의 움직임에서 대단히 흔하게 나타나는 보편적인 현상입니다. 매우 흔한 현상임에도 불구하고, 강박관념이나 선입견에 사로잡혀 있으면 너무나 단순하면서도 쉬운 종가 매매를 마치 양봉에 따라붙는 추격 매수, 아무 근거도 없는 뇌동 매매식으로 비판하게 되는 것입니다. 따라서 단기 매매 관점에서 접근한다면 의미 있는 돌파나 눌림을 형성한 경우에는 캔들의 패턴을 고려해 부분적으로라도 종가에 물량을 잡는 것이 중요합니다.

종가 베팅의 실제

그렇다면 이제 구체적으로 어떤 종목을 대상으로 어떻게 종가 베팅을 해야 하는지에 대해 알아보겠습니다.

■ 종목 선정

종목 선정 방법은 박스권 돌파 매매와 눌림목 매매의 조건에 부합하는 종목이면 됩니다. 박스권 돌파 매매는 당연히 양봉이지만, 눌림목 매매는 종가 베팅 시 음봉인 경우도 많은데, 이때는 저가가 잘 지지되는지가 중요하고 음봉이라도 상승 음봉인 경우를 더 우선순위로 볼 수 있습니다. 또 조건을 만족시킬 경우, 당일의 장중 봉 패턴도 고려해 매집성 봉 패턴으로 끝난 종목을 선정하는 것이 바람직합니다.(추세 추종 매매 참조)

또 다른 방법으로는 지수 ETF(KODEX200)를 이용하는 방법이 있습니다. 일종의 지수를 하나의 종목처럼 생각해서 지수가 하락 봉으로만 끝나지 않으면 종가 베팅에 적합하므로 매수하는 것이죠. ETF는 세금이 없으므로 개별 종목을 매매하는 것보다 더 유리하고, 개별 종목을 여러 개에 분산시키면 평균적으로 지수의 움직임을 따라가므로 종목 선정이 귀찮을 땐 지수 ETF도 좋은 대안이 될 수 있습니다.

지수 ETF를 종가 베팅에 이용하면 앞서 살펴본 우상향 곡선이 여러분의 수익곡선이 됩니다. 앞서 보여드린 것은 단리식으로 단순히 수익을 합산한 것에 불과하지만, 복리식으로 계좌를 운용하며 장기간에 걸쳐 꾸준히 매매한다면 높은 수익률을 기대할 수 있습니다.

하지만 지수가 양봉으로 끝나거나 상승할 때 하루도 빠지지 않고 매수하여 다음 날 시가에 매도하는 것이 결코 쉬운 일은 아닙니다. 시가에 수익이 나면 더 오를 것 같아 수익을 실현하지 못하고, 시가가 하락으로 시작하면 손실이 나고 있기 때문에 왠지 반등이 나올 것 같아서 매도하지 못하는 현상이 나타나기 때문이죠. 심리를 다스리기가 대단히 어렵습니다.

또한 종가에 매수하여 다음 날 아침까지 불안한 마음을 가져야 한다는 것도 문제죠. 현실적으로 보면 결코 쉬운 일이 아니라는 걸 알아두시고 여러분이 정말 오랫동안 이 원칙을 지킬 자신이 있는지 판단한 뒤 결정하면 됩니다.

최근에는 지수의 움직임에 2배로 연동되는 레버리지 ETF도 나와 있으므로 이를 이용하면 더욱 공격적인 수익률을 노릴 수 있습니다.

■ 매수

매수는 오후장 후반 2시 30분 이후 주가의 흐름을 지켜보다가 조건을 만족시키는 종목을 오후장 동시호가에 시장가 주문으로 매수하면 됩니다. 물론 오후장 동시호가에 가격이 급격하게 변동하는 경우가 간혹 있지만 그리 많지는 않으므로 이때를 매수 시점으로 잡으면 됩니다. 가장 중요한 것은 매수 시점 역시 지수의 흐름을 반드시 참고해 지수가 양봉인 상황이나, 음봉이지만 전일보다 상승할 때에만 매수에 참여하는 것입니다. 그래야 장기적으로 수익을 낼 확률을 높일 수 있습니다.

지수가 하락 음봉으로 끝난 경우 종가에 매수하면 여러분의 마음도 편하지 않죠? 실제 데이터상으로도 다음 날 시가에 손해 볼 가능성이 많음을 확인했고, 여기에는 분명한 이유도 있음을 알았으므로 지수가 약세를 보이는 날에는 억지로 종가 매수하지 않는 것이 가장 중요합니다.

지금까지 확인한 지수의 일간, 장중 흐름의 원리를 이해하면 꼭 종가 베팅을 단기 수익 실현의 방법으로 이용하지 않더라도 스윙 이상의 추세 매매나 눌림목 매매에서 좀 더 가격적으로 유리한 조건에 매수하는 방법으로 응용할 수 있습니다. 예를 들어 오늘 대량 거래를 동반하는 박스권 돌파 종목이나 눌림목 종목이 나왔는데, 지수가 상승하거나 양봉으로 끝난 경우 다음 날 시초가가 상승할 가능성이 높으므로 종가에 물량을 실어 매수하고, 지수가 하락하면서 음봉으로 끝난 경우에는 시초가가 하락할 가능성이 높으므로 차라리 다음 날 시초가에 좀 더 낮은 가격대의 매수를 노리는 것이죠.

■ 매도

종가 베팅 시 매도의 기본 원칙은 매수한 다음 날 시가 혹은 장 초반에 매도하는 것입니다. 왜냐하면 종가 베팅은 기본적으로 시가는 높게 형성될 확률이 평균적으로 높다는 현상에 근거해서 이 구간만 노리는 단기 매매 방법이기 때문입니다.

물론 여러분이 스윙 이상으로 길게 끌고 갈 목적으로 박스권을 돌파하거나 눌림목을 형성하는 종목을 종가에 매수하는 경우는 이야기가 달라지지만, 순수하게 단기 차익을 노릴 목적으로 종가 베팅을 했다면 반드시 원칙을 지켜 다음 날 장 초반에 매매를 종결짓는 것이 바람직합니다. 왜냐하면 장중의 구간은 하락 구간이기 때문이죠. 이러한 원칙을 어기고 그냥 막연히 종가에 매수해놓고 다음 날 갭이 떴는데도 팔지 않고 그냥 잡고 있으면 장 후반에 떨어졌을 때 손해만 보게 됩니다. 한마디로 이도 저도 아닌 매매가 되는 것이지요.

종가에 매수한 경우 다음 날 가능한 시나리오는 세 가지입니다. 시가에 갭을 어느 정도 띄우거나, 보합권이거나, 하락하는 경우죠.

우선 주가가 어느 정도 갭을 띄우며 상승으로 시작하는 경우입니다. 급등주의 경우 3~4% 이상, 대형주의 경우 1~2% 이상 띄울 때는 걱정할 것이 없습니다. 수익이 났으므로 그냥 팔아서 수익을 실현하면 됩니다.

문제가 되는 것은 주가가 보합권이거나 하락해서 시작하는 경우입니다. 이럴 경우에는 어떻게 대응해야 할까요?

두 가지 방법이 있습니다. 첫 번째 방법은 하락하는 구간에서 추가로 물량을 잡지 않고 올라가기를 바라는 방법이고, 두 번째 방법은 하락하는 구간의 지지선에서 추가로 물량을 잡는 방법입니다.

시가에 하락하는 폭이 크지 않은 경우 굳이 물량을 늘릴 이유가 없기 때문에 홀딩하면 되지만, 시가에 하락하는 폭이 큰 경우 전일 종가가 매물벽으로 작용할 수 있으므로 하락 구간의 지지선에서 추가적으로 물량을 확보할 수도 있습니다.

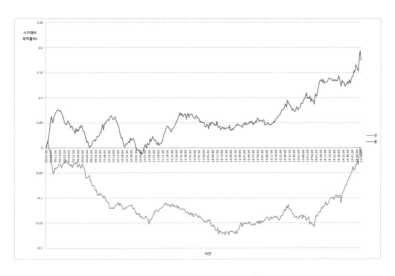

당일 시가에 따른 일중 지수 변화 차이

앞서 살펴본 표입니다. 파란색과 빨간색은 각각 시가가 하락 또는 상승으로 시작했을 때 주가의 움직임입니다. 갭 하락으로 시작하면 반발 매수세가 유입되어 장 초반에 상승하는 경향이 나타나고, 갭 상승으로 시작하면 추가적인 상승 구간은 나타나지 않을 가능성이 크다는 것을 의미합니다.

종합하면 주가가 상승으로 시작해서 수익 구간을 주었을 때, 팔지 않고 더 큰 수익 구간을 노리기 위해 버티다가는 수익을 다 까먹을 수 있고, 갭 하락으로 시작했다고 해서 바로 손절하면 장 초반의 상승 구간을 놓칠 수 있다는 것이죠.

그렇다면 어떻게 대응해야 할까요? 시가에 상승 구간을 주면 적극적으로 차익을 실현하고, 시가가 갭 하락으로 시작했다 해도 낙담하지 말고 10시경까지는 주가가 반등하기를 지켜보는 것이 낫다는 결론을 얻을 수 있습니다.

장 초반에 갭 하락 시 지지선에서 추가로 물량을 늘렸다가 주가가 이렇다 할 반등 없이 하락하면 손실이 두 배로 더 커지는 게 아니냐는 의문을 가질 수 있습니다. 이런 경우를 방지하기 위해 종가 베팅에서는 타임 컷(time cut)이라는 매도 방법을 씁니다. 타임 컷이란, 기술적 지표나 손익의 폭에 따라 매도하지 않고, 일정 시간이 지나면 수익이 나든 손실이 나든 매도하여 매매를 종결짓는 방법을 말합니다.

주가의 탄력이 가장 큰 시간대는 9~10시, 오후 1시 30분 이후의 구간이라는 것을 확인한 바 있죠? 종가 베팅을 한 이후 장 초반에 바로 하락하는 경우 대부분은 10시경까지 어느 정도의 반등 구간을 주기 때문에 본전이나 미약한 수준의 수익으로 마무리지을 수 있습니다. 지지선 부근에서 물량을 늘리면 평단가를 낮추므로 수익권으로 마무리할 수도 있고요.

만일 추가로 물량을 늘렸는데도 주가가 빌빌거리면 어떻게 해야 할까요? 10시 이후, 아무리 늦어도 10시 30분 넘어서까지 주가가 빌빌거리면 과감하게 타임 컷으로 끊고 매매를 마무리하는 것이 낫습니다. 왜냐하면 이후의 구간은 주가의 탄력이 떨어지는 구간이기 때문입니다. 물론 오후에 상승하는 경우도 있지만 대개는 하락으로 마무리하는 경우가 많습니다.

지금까지 종가 베팅 기법에 대해 알아보았습니다. 종가 베팅 기법은 어떤 의미에서 특정한 '기법'이라기보다는, 현재 동시호가 제도가 시행되고 있는 우리나라 주식시장에서 나타나는 평균적인 '패턴'이라고 볼 수 있습니다. 따라서 단기 매매나 단타 위주의 매매를 하는 투자자들은 이러한 현상에 대해 잘 알고 이를 잘 이용하여 시장의 흐름에 거스르지 않는 매매를 하는 것이 중요합니다.

요약

❶ 데이트레이딩이나 1~2일 정도 보유 후 매도하는 단기 매매에서는 일중, 일간의 지수 변화의 규칙성을 파악하는 것이 무엇보다도 중요하다.

❷ 주가가 상승하기 가장 좋은 구간은 하루의 매매가 끝나가는 오후장에서 다음 날 개장 초반 무렵의 구간이며, 이때가 수익을 낼 가능성이 가장 높다.

❸ 오전 10시 30분에서 오후 1시 30분 사이의 구간은 단기적인 매매 세력에 의한 유동성이 감소하는 구간대이므로 주가의 탄력이 떨어져서 손해를 볼 확률이 높으므로 매매를 삼가는 것이 좋다.

❹ 하루 정도 오버나이트하는 매매를 통해 단기적인 시세 차익을 취하려고 하면, 종가 무렵에 매수해서 다음 날 장 초반에 매도하는 패턴을 지속할 때 장기적으로 수익이 나는 매매 구조를 확립할 수 있다.

주식시장에서 승자가 되기 위한 두 가지 조건

이제 여러분께 말씀드릴 내용은 다 끝났습니다. 사실 제가 말씀드린 내용은 대부분 이미 알려진 것들입니다. 다만, 여러분이 이러한 기본적인 부분에 대해 진지하게 깊이 고민해보지 않았다면 왜 나름대로 머리를 싸매서 열심히 매매하지만 늘 손해만 보는지 그 이유에 대해서는 전혀 알 수 없었던 부분들입니다.

여러분이 이 책을 통해 무엇을 어떻게 느끼셨든 간에 저는 마지막으로 이 말씀을 드리고 싶습니다.

'주식시장에서 손해를 안 보고 무조건 돈을 벌 수 있는 방법은 전혀 없다.'

'항상 돈을 벌 수 있는 마법의 방법도 기법도 없다.'

'쫙쫙 빠지는 하락장에서 항상 수익을 낼 수 있는 방법도 없다.'

혹시나 여러분이 책을 읽으시면서 '야, 정말로 이렇게 하면 돈을 벌

겠구나'라고 여겨 흥분되셨다면 다시 한 번 제가 말씀드린 모든 것들을 곰곰이 생각해보시기 바랍니다.

자금 관리를 하지 않고 살아남을 수 있는지, 박스권 돌파 매매를 하면 손절 따위는 없고 항상 20% 이상의 수익을 낼 수 있는지, 하락장에서도 매매 기법의 규칙에 따라 무조건 의미 있는 지지선에서만 사면 항상 반등이 나오는지 등을 말이죠.

주가의 움직임에 절대 불변의 법칙은 없습니다. 따라서 기법 자체는 불완전할 수밖에 없고, 이를 보완하기 위해 자금 관리와 장세 판단이 필수적인 것입니다. 자금 관리와 장세 판단이라는, 가장 중요한 두 가지 조건을 만족시킨 상황에서 수익을 내기에 유리한 매매 기법과 매매 구간대를 세부적으로 결정하여 매매해야만 수익을 낼 수 있는 확률이 높아지는 것입니다.

주식투자는 장기간 싸움입니다. 여러분이 오늘 하루 큰 손해를 보았다고 주식시장에서 실패자가 되는 것도 아니고, 지난 한 달간 연속으로 큰 수익을 냈다고 주식시장의 승리자가 되는 것도 아닙니다.

주식에 일단 발을 들여놓으면 거의 대다수가 평생 이 바닥에서 빠져나오지 못하죠? 따라서 주식시장의 진정한 승자와 패자는 오늘 하루, 지난 한 달 동안 운이 좋아서 돈을 많이 벌거나 혹은 운이 나빠서 손실을 크게 보는 것으로 결정되는 것이 절대 아닙니다.

여러분이 주식시장에 머물러 있는 5년, 10년, 아니면 그 이상 동안 수많은 이익과 손실을 보는 과정에서 여러분의 자산에 큰 손실 없이 비록 거칠지만 안정적으로 우상향하는 곡선이 그려진다면 그때 비로소 주식시장의 승자가 되는 것입니다.

그러기 위해서는 가장 중요한 것이 '죽으면 안 된다'는 것입니다. 한 번에 몰빵해서 한 방에 가면 안 되고, 이 안전장치를 오늘 하루, 이번 한 달 동안만, 그냥 기분 내킬 때만 하는 것이 아니라 평생 하고 있어야 한다는 것입니다. 이것이 바로 자금 관리이고, 이것의 중요성을 모르는 사람들 눈에는 자금 관리를 철저히 하는 사람이 무식하고 쫀쫀해 보이지만, 결국은 100% 주식시장에서 퇴출되는 것이죠.

다음으로 중요한 것이, 수익이 나기 쉬운 유리한 장세에서만 매매해야 한다는 것입니다. 이 장세는 아이러니하게도 여러분이 일반적으로 생각하는 '주가가 계속 떨어져서 싸질 때'가 아니라, '주가가 계속 올라가며 비싸질 때'이며, 주식 전문가나 애널리스트들이 단기 과열권이므로 비중 축소를 계속 권할 때라는 점을 명심해야 합니다. 추세를 거슬러 큰돈을 벌 수 있는 방법은 없습니다. 하락 구간에서의 물타기는 결국 망하게 되어 있습니다. 또 장세가 좋지 않으면 그 어떤 종목 선정이나 기법도 무용지물이 되기 때문에 매매 이전에 지금이 주식을 매수해야 할 때인지 쉬어야 할 때인지를 판단하는 기준이 반드시 있어야 합니다.

자금 관리가 그 어떤 주식 매매 원리에 우선하듯이, 장세 판단은 그 어떤 매매 기법이나 종목 선정에 우선합니다. 따라서 여러분이 시장에 진입했는데, 여러분이 정한 기준상 장세가 하락 전환할 경우 기법과 종목에 무관하게 비중을 축소하는 것이 바람직합니다. 장세는 모든 기법에 우선하기 때문입니다. 마지막으로 중요한 것이 매매 기법과 매매 구간을 정하는 것입니다.

책을 처음 시작할 때에는 이런 기본적인 원칙에 대해 잘 말씀드렸지만, 혹시 여러분은 기법 쪽으로 넘어가면서 무의식적으로 위험 관리나 자금 관리, 장세 판단에 대한 중요성을 망각하고 당장 내일 어떤 종목을 어느 자리에서 살까부터 궁금해하지 않으셨나요? 제가 이 책을 통해 여러분께 강조하고 싶은 것은 주식투자에서 자금 관리를 통해 어떻게 죽지 않고 장기간 시장에 살아남을 수 있느냐와 바로 지금이 투자할 때냐 아니냐를 판별하는 것입니다. 이것이 가장 중요합니다.

물론 매매 기법의 원리가 중요하지 않다는 것이 아닙니다. 하지만 위의 두 가지에 비하면 기법은 불완전하고 가장 나중에 고려할 하찮은 것입니다. 왜냐하면 기법은 '절대 불변의 필승 법칙'이 아니라 '얼마든지 실패할 수도 있는, 불완전하지만 그나마 합리적인 매매 원칙'에 불과하기 때문입니다. 여러분이 자금 관리와 매매 시점에 대해 전혀 고려하지 않고 지수가 급락하는데, 차트가 예뻐 보이는 종목을 박스권 돌파 기법의 매수 지점에서 몰빵한들 손실만 볼 뿐입니다. 하지만 장세가 상승장일 때는 자금 관리 계획에 따라 아무 종목이나 대충 사도 수익을 낼 수 있습니다.

위험 관리, 자금 관리, 장세 판단에 대한 개념 없이 화려한 기법만 믿고 덤비는 것은 전세가 완전히 역전되어 아군이 후퇴하느라 정신없는 상황에서 나 자신의 뛰어난 사격술만 믿고 적군이 득실거리는 지뢰밭으로 혼자 뛰어드는 것만큼 무모한 짓입니다.

이 모든 조건을 치밀하게 만족한 상태에서 여러분이 그토록 목을 매는 기법이라는 창이 비로소 빛을 발하고, 그때 비로소 여러분은 험악한 주식시장에서 살아남게 됩니다.

기법은 중요합니다. 하지만 기법은 맨 마지막이고 가장 불완전한 요소입니다. 또한 자금 관리와 장세 판단을 하지 않은 상황에서는 아무리 멋진 기법노 무용지물입니다.

여러분, 기법의 원리는 한 번만 알면 그만이고 특별히 더 어려울 것도 새로울 것도 없습니다. 또한 완전하지도 않습니다. 하지만 정작 방금 말씀드린 내용이 얼마나 중요한지를 모른다면 여러분은 절대로 시장에서 살아남을 수 없다는 것을 다시 한 번 강조합니다.

마지막으로 여러분이 이 책을 통해 지엽적인 기법보다는 오히려 너무나 상투적으로 알려진 자금 관리와 장세 판단이 얼마나 더 중요한지에 대해 큰 깨달음을 얻으셨으면 좋겠습니다. 그런 깨달음을 바탕으로 세부적인 매매 기술과 좀 더 유리한 수익 구간을 판별함으로써 더 큰 수익을 낼 수 있는 것이고, 비로소 이런 기법들이 빛을 발하게 됩니다.

그럼 모두 건강하시고 '성투'하시길 바랍니다.

주식투자 리스타트

초판 1쇄 발행 | 2012년 7월 20일
초판 12쇄 발행 | 2024년 7월 27일

지은이 | systrader79
발행인 | 김태진, 승영란
편집주간 | 김태정
마케팅 | 함송이
경영지원 | 이보혜
디자인 | 여상우, 이연숙
출력 | 블루엔
인쇄 | 다라니인쇄
제본 | 경문제책사
펴낸 곳 | 에디터
주소 | 서울특별시 마포구 만리재로 80 예담빌딩 6층
전화 | 02-753-2700, 2778 팩스 | 02-753-2779
출판등록 | 1991년 6월 18일 제313-1991-74호

값 18,000원
ISBN 978-89-6744-000-8 13320

ⓒ systrader79, 2012